全球视野下的核心价值体系

——兼论对高校学习社会主义核心价值体系的意义

孙剑坪　著

中国社会科学出版社

图书在版编目(CIP)数据

全球视野下的核心价值体系：兼论对高校学习社会主义核心价值体系的意义 / 孙剑坪著. —北京：中国社会科学出版社，2015.6
ISBN 978-7-5161-6286-6

Ⅰ.①全…　Ⅱ.①孙…　Ⅲ.①社会主义建设—价值论—研究—中国
Ⅳ.①D616

中国版本图书馆 CIP 数据核字(2015)第 117753 号

出 版 人　赵剑英
责任编辑　冯春凤
特约编辑　许　晨
责任校对　张爱华
责任印制　张雪娇

出　　版　中国社会科学出版社
社　　址　北京鼓楼西大街甲 158 号
邮　　编　100720
网　　址　http://www.csspw.cn
发 行 部　010-84083685
门 市 部　010-84029450
经　　销　新华书店及其他书店

印刷装订　北京君升印刷有限公司
版　　次　2015 年 6 月第 1 版
印　　次　2015 年 6 月第 1 次印刷

开　　本　710×1000　1/16
印　　张　16.5
插　　页　2
字　　数　270 千字
定　　价　58.00 元

序　言

建设社会主义核心价值体系是我们党在思想文化建设上的重大理论创新和重大战略任务。社会主义核心价值体系的基本内容鲜明回答了在新的历史条件下，我们党用什么样的精神旗帜团结带领全体人民开拓前进、中华民族以什么样的精神面貌屹立于世界民族之林的重大问题。开展高校核心价值体系的教育和研究工作具有十分重要的理论价值和实践意义。

2006 年 10 月，党的十六届六中全会通过的《中共中央关于构建社会主义和谐社会若干重大问题的决定》，第一次明确提出了“建设社会主义核心价值体系”这个重大命题和战略任务。2007 年，胡锦涛同志在“6·25”重要讲话中强调，要大力建设社会主义核心价值体系，巩固全党全国人民团结奋斗的共同思想基础。社会主义核心价值体系包括四个方面的基本内容，即马克思主义指导思想、中国特色社会主义共同理想、以爱国主义为核心的民族精神和以改革创新为核心的时代精神、社会主义荣辱观。党的十八大报告明确指出，社会主义核心价值体系是兴国之魂，决定着中国特色社会主义发展方向。要深入开展社会主义核心价值体系学习教育，用社会主义核心价值体系引领社会思潮、凝聚社会共识。《党章》规定，要加强社会主义核心价值体系建设，坚持马克思主义指导思想，树立中国特色社会主义共同理想，弘扬以爱国主义为核心的民族精神和以改革创新为核心的时代精神，倡导社会主义荣辱观。

当今中国，社会主义核心价值体系是社会主义制度的内在精神和生命之魂，是社会主义制度在价值层面的本质规定，它揭示了社会主义国家经济、政治、文化、社会的发展动力，体现了富强、民主、文明、和谐的社会主义现代化国家的发展要求，反映了全国各族人民的核心利益和共同愿望。在当前经济体制深刻变革、社会结构深刻变动、利益格局深刻调整、思想观念深刻变化，思想大活跃、观念大碰撞、文化大交融的背景下，提出建设社会主义核心价值体系，具有重要的理论意义和极强的现实针对性。

建设社会主义核心价值体系，向世人展现了我们党思想上精神上的旗帜。改革开放以来，我们党带领人民成功探索出一条中国特色社会主义道路，并在经济、政治、文化等方面建立了一套比较成熟的制度和体制。与这些根本性的制度和体制相适应，必然有一个主导全社会思想和行为的价值体系。特别是随着改革开放和社会主义市场经济的进一步发展，人们思想活动的独立性、选择性、多变性和差异性不断增强，对社会主义价值体系核心内容作出清晰的界定越来越迫切。核心价值体系就是一面旗帜，鲜明地亮出这面旗帜，就是要昭示人们，不论社会思想观念如何多样多变，不论人们价值取向发生怎样变化，我国社会主义核心价值体系是不能动摇的。

建设社会主义核心价值体系，是巩固全党全国人民团结奋斗的共同思想的基础。共同的思想基础，是一个党、一个国家、一个民族赖以存在和发展的根本前提。没有共同的思想基础，党就会瓦解、社会就会动荡、国家就会分裂。对党和人民在革命、建设和改革的长期奋斗过程中形成的共同思想基础作出科学的概括和清晰的界定，明确其基本内涵和基本要求，使之容易为全党全社会更加全面准确地理解和把握，在今天社会思想观念和人们价值取向日益多样的情况下，就显得十分必要和迫切。提出社会主义核心价值体系，就明确揭示了我们共同思想基础的基本内涵和要求，将会推动全党全社会更加自觉地维护我们的共同思想基础。

建设社会主义核心价值体系，有利于引导全社会在思想道德上共同进步。当前，人们的思想观念、道德意识、价值取向越来越呈现出层次性。我们不能因为存在着多层次的思想道德而降低甚至否定先进性的要求，也不能不顾人们思想道德的客观差异，用一个标准要求所有的社会成员。那么，用什么来引领人们在思想道德上不断提升和进步呢？社会主义核心价值体系的提出，集中回答了这个问题。社会主义核心价值体系，既体现了思想道德建设上的先进性要求，又体现了思想道德建设上的广泛性要求；既坚持了先进文化的前进方向，又兼顾了不同层次群众的思想状况；既体现了一致的愿望和追求，又涵盖了不同的群体和阶层，具有广泛的适用性和包容性，具有强大的整合力和引领力，是联结各民族、各阶层的精神纽带。

建设社会主义核心价值体系，是增强民族凝聚力、提高国家竞争力的迫切需要。当今世界，各国经济既相互融合又相互竞争，不同文化既相互借鉴又相互碰撞。经济全球化的不断深入，既挑战着国家主权的内涵，又冲击着人们的国家观念、民族认同感。国家之间的竞争，既表现为经济、科技、军事等硬实力的竞争，又越来越反映在软实力之间的较量。在软实力中，最关键的就是核心价值体系，它直接反映着民族的凝聚力和国家的核心竞争力。提出建设社会主义核心价值体系，有利于进一步凝聚民心、鼓舞斗志，提高经济全球化条件下的国家竞争力，在激烈的国际竞争中维护国家和民族的利益。

此外，建设社会主义核心价值体系也是建设和谐文化的根本。只有抓住了这个根本，才能树立和谐的理念、培育和谐的精神，形成和谐的人际关系、塑造和谐的心态，才能营造和谐的舆论氛围，形成良好的道德风尚和共同的理想信念。

马克思主义指导思想，是社会主义核心价值体系的灵魂。我们是社会主义国家，马克思主义是我们立党立国的根本指导思想，是社会主义意识形态的旗帜。它为我们提供了科学的世界观和方法论，决定着社会主义核心价值体系的性质和方向。作为一个产生于150多年前的理论，今天为什么还要坚持呢？坚持马克思主义，是因为它是科学真理，它把严格的科学性和高度的革命性有机结合起来，揭示了人类社会的发展规律。综观当今世界，各种理论思潮、流派纷呈林立，但不容否认，马克思主义仍然处于人类社会思想史的高峰，仍然是指引人类前进的一盏明灯。中国特色社会主义共同理想，是社会主义核心价值体系的主题。这一共同理想，就是在中国共产党的领导下，走中国特色社会主义道路，实现中华民族的伟大复兴。回顾近代以来100多年的历史，实现民族复兴是中华儿女世世代代的追求和梦想。新中国成立后，我们党在领导人民建设社会主义的过程中，找到了建设中国特色社会主义的正确道路。这条道路既坚持了科学社会主义的基本原则，又根据我国实际赋予其鲜明的中国特色，赋予民族复兴新的强大生机。改革开放29年来，社会主义制度又在除弊创新中自我完善和发展，经济社会发展取得了举世瞩目的伟大成就，更加坚定了全国各族人民实现共同理想的信念。民族精神和时代精神，是社会主义核心价值体系的精髓。它是一个民族赖以生存和发展的精神支撑。在五千年历史演进中，中华民族形成了以爱国主义为核心的团结统一、爱好和平、勤劳勇敢、自强不息的伟大民族精神；在改革开放新时期，中华民族形成了勇于改革、敢于创新的时代精神。二者相辅相成、相互交融，已深深熔铸在中华民族的生命力、创造力和凝聚力之中，共同构成中华民族自立自强的精神品格，成为推动中华民族伟大复兴的精神动力。社会主义荣辱观，是社会主义核心价值体系的基础。一个社会是否和谐，一个国家能否实现长治久安，很大程度上取决于全体社会成员的思想道德素质。只有分清荣辱，明辨善恶，一个人才能形成正确的价值判断，一个社会才能形成良好的道德风尚。

如何进一步加强和改进社会主义核心价值体系的学习、教育和实践是现在和今后相当长一段时期内思想政治理论课和哲学社会科学教育教学必须认真研究和解决的重大课题。从文化多样性的研究角度和视野开展核心价值体系的比较研究是我们对这一重大时代课题的有效回应。因为，与其他教育研究形式相比，比较教育的研究具有下面几个方面的独特优势和特殊功能。从比较教育研究的特征来看，它具有三个方面的重要特性。第一是国际性。比较教育至少要对两个以上国家的教育进行比较研究。它是跨国家的，具有国际性的特征。第二是可比性。在国际教育方面，有比较才有鉴别，有鉴别才可能探索出符合客观规律的科学结论作为本国的借鉴。第三是综合性或跨学科性。比较教育学研究的任务，在于集中几门社会学科的成果应用于对各国教育的研究，它跨越了几门学科的范围。因此，需要有哲学、历史、政治经济学与社会学等方面的知识，并熟习这些学科的研究方法，才能对各国教育进行历史的、社会的具体分析和综合比较。从比较教育研究的功能来看，它也具有以下几个方面的特殊功能。其一是借鉴性功能。人们研究比较教育，可以吸取外国教育中的成功经验和失败教训，就是希望能借鉴他国的经验来寻求解决本国问题。其二是认识性功能。比较教育有很强的认识性功能，具有更新教育观念，排除陈规陋习，提高现代教育思想意识的作用。首先，比较教育的跨学科、跨国家的研究框架，可以为研究者提供全方位审视教育的视野，对开阔眼界、解放思想有重要作用。其次，比较教育的多元研究特点，能激发世界教育的多种观点碰撞冲击，有利于打破本族中心主义的文化壁垒，冲破特定民族文化的封闭屏幕，积极推进教育现代化。最后，比较教育提供大量信息和国际教育发展和改革的经验，将有助于提高本国国民的教育认识水平，认识教育与社会及经济发展的关系和功能，形成国民正确的现代教育观。其三是交流性功能。开展比较教育研究，有利于促进各国在教育信息、教育改革以及教育发展上的交流和借鉴，增进国际了解，促进国际间的文化交流，建立兼容多样化特征的全球性教育体系，同时也有利于促进世界各国教育的互动和合作。

《全球视野下的核心价值体系》一书是多年来我们对社会主义核心价值体系的重大意义、科学内涵、内在结构、基本特征以及实践要求等重大理论问题的认识不断深化的必然结果。在理论自觉的基础上，我们以辩证唯物主义和历史唯物主义作为方法论的指导，运用比较教育的研究方法，发挥比较教育研究国际性、综合性、整体性、跨学科等重要优势，从文化多样性的角度对美国、日本、德国、英国、法国等世界主要发达核心价值体系的生成机制、主要内容、教育形式、成功经验、失败教训、面临的挑战等方面进行了比较全面、系统、深入的研究，在探讨其各自的经济、政治、哲学和民族传统特点的基础上，研究了各国核心价值体系及教育的某些共同特点、发展规律及其总的趋势。在认真分析、研究和总结世界主要发达国家核心价值体系教育的成功经验和失败教训的基础上对我国社会主义核心价值体系教育的重要性、必要性、紧迫性，面临的主要挑战，影响因素进行了历史的、文化的分析和研究，对我国社会主义核心价值体系教育应该遵循的基本原则、主要方法和途径、领导体制机制等重要问题提出了一系列重要的观点、见解和论断，这对广大思想政治工作者进一步深入学习、研究社会主义核心价值体系的理论问题和实践问题无疑具有十分重要的、长期的借鉴作用和启发意义。

本书引用了大量文献资料，对所引文献、资料的作者及出版机构，谨此表示衷心的感谢！

孙剑坪

2014 年 6 月 3 日

目　录

第一章

新时期社会主义核心价值体系研究深化

——跨文化比较

一　问题的提出

当代世界，文化多元化和多样性不仅是一个事实，也是一个必须从整体上进行把握和正确评价的事实。改革开放30年来，我国文化领域取得的最大成就，是马克思主义中国化最新成果即中国特色社会主义理论体系的形成。当代中国文化出现一体多元、一元多样的格局和新特征："一元是指马克思主义中国化的最新成果，即中国特色社会主义理论体系。多样，是指多种社会思潮与价值观念的竞争并存。"①

新时期面临新的境遇和挑战，需要审时度势，认清形势。面对多元化格局，全球化的冲击，进行核心价值观的跨文化比较研究具有重要的理论和实践意义。通过比较从而进行进一步的鉴别，对于巩固和深化我国社会主义核心价值体系研究，推动高校学习践行社会主义核心价值体系的开展和取得更进一步的成效具有重要的现实意义。

当前我国的核心价值体系是社会主义核心价值体系。党的十六届六中全会第一次对社会主义核心价值体系做出完整论述，《中共中央关于构建社会主义和谐社会若干重大问题的决定》（2006）中论述到："马克思主义指导思想，中国特色社会主义共同理想，以爱国主义为核心的民族精神和以改革创新为核心的时代精神，社会主义荣辱观，构成社会主义核心价值体系的基本内容。"②

---

① 王中汝：《社会主义核心价值观与当代中国的文化发展》，《科学社会主义》2010年第6期，第104—105页。

② 《中共中央关于构建社会主义和谐社会若干重大问题的决定》，人民出版社2006年版，第7页。

对于社会主义核心价值体系的重要地位和作用也是历经实践检验和理论论证的。譬如，有学者指出："核心价值体系是居统治地位、起支配作用的社会价值理念的总和，涉及经济、政治、文化和社会生活等各个方面，规定和影响着其他价值观，它是一个社会得以正常运转的精神保证。社会主义核心价值观重在建设，在建设社会主义核心价值观中，首先要立足于社会主义核心价值体系建设……在社会主义核心价值观与核心价值体系的互动中社会主义和谐社会才能到来。"①

与此同时，社会主义核心价值体系是构建社会主义和谐社会的思想认同基础。《中共中央关于构建社会主义和谐社会若干重大问题的决定》指出，要"坚持以社会主义核心价值体系引领社会思潮，尊重差异，包容多样，最大限度地形成社会思想共识"。② 当前随着全球化的发展和蔓延，多元文化格局和全球化的冲击对我国当前主流意识形态带来挑战，形势严峻。另外，从我国的现实国情出发，我国是有着56个民族的多民族混居的国家，具有多民族的文化特征。不同民族之间的亚文化及价值观的交融与接触也会产生对主流价值观的冲击。

当前，我国主要表现为价值多元化发展趋势，具体表现为社会主义核心价值体系为指导，多种价值观体系共同存在的现状。进行价值观的跨文化比较是分析当前我国主流意识形态面临挑战现状的重要途径和方法之一，更是深入学习和践行社会主义核心价值体系的前提和准备，对于高校践行社会主义核心价值体系有着重要的理论指导和实践意义。

二　选取跨文化视角进行研究的意义

（一）现实意义：构建社会主义核心价值体系与高校思政教育发展

1. 社会主义核心价值体系的提出与内涵

党的十六届六中全会首次提出了建设社会主义核心价值体系的战略任务。党的十七大报告又明确指出，要"切实把社会主义核心价值体系融

① 任建东、仝涛：《论社会主义核心价值体系与核心价值观》，《中国井岗山干部学院学报》2010年第3期，第4页。

② 《中共中央关于构建社会主义和谐社会若干重大问题的决定》，人民出版社2006年版。

入国民教育和精神文明建设全过程，转化为人民的自觉追求”。①

从概念上讲，社会主义核心价值体系首先涉及科学发展观。科学发展观的第一要义是发展，核心是以人为本，基本要求是全面协调可持续发展，根本方法是统筹兼顾。科学发展观的深刻内涵是对我党三代中央领导集体关于发展的重要思想的继承和发展，是马克思主义关于发展的世界观和方法论的集中体现。科学发展观和社会主义核心价值体系都是马克思主义在中国特色社会主义事业实践中的新发展。二者具有密不可分的联系：科学发展观的战略思想规定了实践社会主义核心价值体系的必要性，实践社会主义核心价值体系能够为推动科学发展提供强劲精神动力。

从内容上看，社会主义核心价值体系内容丰富。第一，社会主义核心价值体系是以马克思主义理论为指导。第二，高举中国特色社会主义伟大旗帜，坚持中国特色社会主义道路，就要加深对中国特色社会主义理论的认识，包括邓小平理论、“三个代表”重要思想、科学发展观。为实现中国特色社会主义共同理想而努力奋斗。第三，要积极践行以爱国主义为核心的中华民族精神。民族精神是民族文化心理的历史积淀。中华民族的民族精神主要体现为：忧国忧民、天下为公的爱国精神；刚健有为、自强不息的进取精神；厚德载物、和衷共济的团结精神；勤劳节俭、艰苦奋斗的创业精神；崇德重义、修身为本的重德精神等。在赋予新的时代精神的内涵后，这些内容就成为有中国特色社会主义精神文化的重要的构成成分。第四，要积极践行以改革创新为核心的时代精神。处于一个高速发展和转型的时代中，人们的行为方式、思维方式变化显著。积极进行改革创新，不固步自封，墨守成规，紧紧跟随时代的发展主题和科技发展的日新月异的步伐，才能够在当今时代践行以改革创新为核心的时代精神，从根本上贯彻社会主义核心价值体系的内在要求。第五，积极践行社会主义道德观念。社会道德观念包括是非观、荣辱观、义利观等丰富内容。是非观即分清是非、对错，具备基本的正确的价值判断。荣辱观以“八荣八耻”为基本要求。义利观即确立正义、恰当的义务和利益、权利等观念。上述三观不仅是对合格的社会主义公民的基本要求，也是对践行社会主义核心价

① 胡锦涛：《高举中国特色社会主义伟大旗帜为夺取全面建设小康社会新胜利而奋斗》，人民出版社 2007 年版。

值体系的内在规定性和根本要求。上述论述也从内容上对社会主义核心价值体系的深刻内涵进行了阐述。

2. 全球化时代核心价值体系面临的挑战凸显

党的十七届四中全会所作的《决定》中指出，当今世界正处于大发展大变革大调整时期。世界多极化、经济全球化深入发展，国际力量对比出现新态势，全球思想文化交流交融交锋呈现新特点，不稳定不确定因素增多。同时随着持续融入全球化，我国发展也正呈现一系列新的阶段性特征，出现一系列新情况新问题。在如此复杂的态势下，建设社会主义核心价值体系的现实意义更为凸显。

“全球化”（Globalization）一词的由来，最早可以追溯到1943年。在Wendell Willkie所著的名为《一个世界》的书中，首次提及全球化的概念。1987年《世界发展报告》首次使用“全球工业化”，用以描述世界经济正在发生的根本性变化。20世纪80年代中晚期以来，全球化已成为西方普遍使用的名词，并演变成为一个涵盖极广的概念，涉及社会、经济、政治、文化等各个领域，在西方学者的著作中有“经济全球化”、“政治全球化”、“文化全球化”、“信息全球化”和“知识全球化”等多种提法。当前，国际领域还出现了一股力量在反对全球化。通常而言，全球化分为狭义和广义两个层次。狭义的全球化指经济全球化，而广义的全球化，则指在全球经济、文化、政治交流日益发展的情况下，世界各国之间的影响、合作、互动愈益加强，使得具有共性的文化与制度逐渐普及推广成为全球通行标准的状态或趋势。

作为全球化的影响、涵盖领域之一，文化的全球化势不可当，因而对于研究、比较文化多样性与核心价值体系具有深远的理论意义；对高校如何应对全球化挑战、积极学习践行社会主义核心价值体系具有现实意义。因而本书所涉及的全球化，集中于文化领域的全球化问题。

在全球化的趋势和潮流中，不容置疑的是，文化多样性是文化的一个鲜明的特征。2005年10月20日，联合国教科文组织大会通过了《保护和促进文化表现形式多样性公约》（UNESCO），《公约》把文化多样性定义为：“各群体和社会借以表现其文化的多种不同形式，这些表现形式在他们内部及其间传承。文化多样性不仅体现在人类文化遗产通过丰富多彩的文化表现形式来表达、弘扬和传承的多种形式，也体现在借助各种方式和技术进行的艺术改造、生产、传播、销售和消费的多种方式。”《公约》确认了文化多样性“是人类的一项基本特征”和“共同遗产”，强调了文化多样性对于各个国家、民族发展和进步的重要意义。

文化多样性研究历来引发学者们的关注。具有代表性的是吉尔特·霍夫斯泰德（Geert Hofstede）对国家文化的研究。他从五个不同的维度切入，提出国家文化维度模型：即区分不同国家的文化在五个不同的维度——权力距离、集体主义—个人主义、阴柔气质—阳刚气质、不确定性规避、长期导向—短期导向——上的差异。

文化多样性表现于社会生活的各个层面，涵盖于不同国家之间，同一国家的不同民族、族群和种族之间。例如，根据霍夫斯泰德的国家文化维度模型，在社会生活方面，在信奉个体主义的社会里，个体利益优先于群体利益，在个体利益得到有效维护的前提下，才谈得上群体利益。相反，在集体主义社会里，群体的利益高于个体利益。在政治生活方面，个体主义社会倾向于信奉自由主义，个人的自由优于社会的平等。集体主义社会对自由主义价值观心存戒备，国家民族的利益高于个人利益，倡导“舍小家，顾大家”。又如，在学校教育中，具有强不确定性规避社会的学生，往往喜欢按部就班，相信能够探寻到最终答案，老师则应该是相关领域的专家，要具备广博的知识，能够对于学生的疑问给出唯一正确答案。在弱不确定性社会，学生的学习方式比较随意，开放式学习受到多数人欢迎，人们相信真理不是唯一的，任何人都可能掌握真理，所以，老师不被要求掌握最终答案，即使不能回答学生的问题，也不会伤及老师的尊严。文化多样性的表现体现在社会生活的多个领域和方面。

上述论及全球化及文化多样性，接下来需要论述社会主义核心价值体系的影响因素。社会主义核心价值体系隶属于意识形态层面，属于马克思所说的国家上层建筑。一方面，社会主义核心价值体系的影响因素复杂而多样。首先，社会主义核心价值体系与社会主义市场经济体制相适应。马克思主义认为，观念产生于客观现实之中，人们的观念不过是人们对自己生活于其中的客观现实世界的反映。恩格斯指出：“一切历史现象都可以用最简单的方法来说明，而每一历史时期的观念和思想也同样可以极其简单地由这一时期的生活的经济条件以及由这些条件决定的社会关系和政治关系来说明。”其次，社会主义核心价值体系以社会主义民主政治建设为坚强保证。经济基础决定政治和思想文化上层建筑，其中政治上层建筑支配和影响着思想文化的发展。另一方面，从影响因素的来源上，可以分为外在影响因素和内在影响因素。其中全球化趋势和挑战是影响我国社会主义核心价值体系构建的外在因素，而国内多元文化并存的多民族国家的现实国情是内在的影响因素。本文着重论述内在和外在两种影响因素。

反观国情，现今我国的社会主义核心价值体系面临的挑战主要有全球化的冲击与国际多元文化的挑战，同时包括有国内多元文化和价值体系的现状。在经济全球化的推动下，各国的文化生态遭受到巨大变迁和冲击。一方面，西方某些发达国家借助经济、政治以及科学技术等各种力量和手段形成文化霸权，实施文化侵略；另一方面，许多国家和地区在自身发展的进程中忽视对传统文化和本土文化的保护和传承，导致自身特色受到异文化和外来文化的冲击。党的十七大报告明确要求，建设社会主义核心价值体系，增强社会主义意识形态的吸引力和凝聚力。当前我国的社会主义核心价值观念正处于三种极不相同的价值观念——传统价值观、西方价值观、社会主义价值观——的相互碰撞的过程之中，如何应对文化和价值多元的现状，成为当前我国社会主义核心价值体系建设和践行中的实际问题和挑战。

当前我国意识形态面临的国际和国内两种环境下的挑战。另外，在不同层面上，面临的挑战鲜明。其中意识形态层面的挑战是本质和核心部分。文化多样性挑战首先体现在全球背景下不同国家及其社会制度多样化之中。意识形态的存在事实上是与一定的社会制度相关联的。制度不同，表现在意识形态上也就必然会有差别。因而，只要世界上还存在不同的社会制度，不同的意识形态及其差异和冲突就会持续存在，不同阶级和集团、不同制度之间意识形态斗争就仍会存在并继续。历史上一直存在企图用一种意识形态取代多样化意识形态和社会制度的行径的存在。当今社会，在冷战结束和全球化态势下，仍然有美国等一些西方右翼学者大肆鼓噪意识形态的终结，其险恶用心就在于鼓吹西方资本主义意识形态的“永恒性”，从而否定社会主义意识形态的科学性和真理性，进而否定中国特色社会主义的和平发展道路。企图用西方资本主义的意识形态统领全球，弱化多元意识形态的现实和存在的根基。面对这些挑战，提高警惕，巩固与我国的社会制度和意识形态相容的社会主义核心价值体系是迫切而紧要的任务。让那些企图从淡化、弱化甚至最终破坏我们的社会主义核心价值体系的企图和误导没有立足之处。“在这一意义上，文化都是一定民族的文化。全球化带来的不是民族先进文化的消失，而是强化了文化的民族性。”① 因而从某种程度上来说，全球化是把双刃剑，既有其开放性的包容的优势，也有其文化侵略和霸权的滥用。这是进行跨文化比较和分析的重要的现实意义之一。

资本主义曾经以“自由、平等、博爱”作为自己的基本价值理念，并以此为旗号，赢得了大半个世界。因此，建设社会主义核心价值体系，赢得与资本主义相比较优势，关键在于深刻凝练能够体现社会主义核心价值体系本质和精髓，易于遵循的中国特色社会主义核心价值理念，并使之渗透于社会的经济、政治、文化和日常生活的各个领域，真正达到凝聚社会成员思想的作用。在目前多种所有制并存，各地区社会发展状况极不平衡的情况下，由于国家是独立自主的且实行不同的社会制度，处于特定的社会形态，所以类的存在形式实际上是在一个国家人群共同体中存在的，全人类共同价值标准是很难确定的。因此，真正的全人类的普遍价值还应该通过以本国人民为利益主体取向来确立自己的核心价值观来实现。

然而，面对价值观的多样化，一方面会使人们在多种多样的价值观面前，不知道自己真正需要的价值观在哪里，导致价值失衡的危险；另一方面，它又会威胁并干扰人们确立一种普遍有效的价值规范，造成价值危机和信仰危机。上述的影响都会危及价值认同的构建和核心价值观的确立和巩固。但是从另一方面而言，核心价值观也离不开从属的多样性价值观念的烘托，核心价值观是处于多种从属的相伴的价值观中间的具有核心地位和作用的价值观。价值的多样化能够赋予社会以生机和活力，赋予文化以强大的生命力和伸缩力。作为一个多民族国家，在处理各民族关系和事务中，在兼顾文化多元性现实与价值多元的现状的前提下，把握主体价值观和价值体系的指导作用，具有重要的现实意义。因此，对于一个价值体系而言，最为重要的是要确立并从而巩固一种核心价值观念。在我国的国情现实条件下，社会主义核心价值体系是我国的核心价值观念。

---

① 刘宝立、刘淑萍：《全球化与社会主义核心价值观的确立》2010 年第 1 期，第 185 页。

3. 我国国际地位提升背景下高校价值观教育的革新

历数我国的近现代史，经历了最初的闭关锁国的封闭时期，到后来的以计划经济为指导的一元经济体制治国政策，我国的价值体系也局限于封闭的一元价值观中。随着改革开放，国门打开，外来的经济体制、文化模式及价值观的传入，我国的价值体系从内容上、构成上都逐渐丰富起来。当前，随着我国加入WTO，打开国门与世界进行交流和沟通，以大国和强国的身份和地位参与国际事务的日益增多，我国的国家形象也在逐步提升。在这种由全球化发展所带来的挑战和机遇并存的现状之下，作为我国高等教育发展的阵营，高等学校肩负培养中国特色社会主义事业接班人和合格建设者的重要使命，必须从历史责任、落实党的教育方针和实现高校科学发展的要求出发，践行社会主义核心价值体系。

胡锦涛在建党90周年大会上发言指出，要坚持以德为先的用人标准，这是我们党和国家在新时代提出的选才、择才、用才的标准的新突破，这是与社会主义核心价值体系相协调一致的用人标准。这一标准的提出对于高校价值观教育意义深远，切合世情国情，符合民意民心。

价值观隶属于道德修养的范畴，在学校教育中隶属德育体系。中国自秦汉时期以来便形成了以儒学为主，其他学派为补充的意识形态结构，而意识形态结构是与具体时期的社会、政治、文化高度整合的。中国古代历来有对“为学”与“为道”即如何处理学习知识与提高精神境界之间的关系的阐述和论证。儒家、道家、宋明理学等流派分别有各自的观点和立场。“博文约礼”，是儒家所倡导的，即用礼、用道德约束所习得的文化学识与知识，重视道对文的引导作用。汉代董仲舒强调“必仁且智”，即强调把提高道德精神境界与增长人的聪明才智结合起来。道家学派中，以老子为代表提出的观点是“为学日益，为道日损”：提倡精神境界的提高需要排遣、摒除私欲的烦扰纠结，这其中存在着鉴别与甄选的过程。因而，在上述论证为学与为道的论争之中，可以发现对于道德修养的重要性和培养途径古已有之。所谓仁者见仁，智者见智，对于二者关系的论述也是随着人类思想的进步和社会发展而呈现出与时俱进的发展态势。因而在我国国际地位提升背景下高校价值观教育的革新具有现实的指导意义。

对于如何处理学习知识与提高精神境界之间的关系的命题的思考要求

与时俱进。社会主义核心价值观是中国文化发展的灵魂，是建设先进文化必须遵循的“纲”。社会主义核心价值体系是建设和谐文化的根本。高等学校及其高等教育是建设先进文化的重要的阵地。高等学校在肩负着传播知识，培养具有较高科学文化素质人才的重任的同时，进行德育教育，培养学生的思想道德素质，开展价值观教育和实践是另外一个重任。为道的现实意义日益凸显，在全球化与文化多元化的形势和现状之下，道德修养的标准的选定日益成为核心和焦点。如何在文化多样性中甄选标准加以贯彻和实践，是当今社会的一个亟待解决和澄清的问题。

高校的科学发展，其马克思主义思想灵魂、社会主义共同理想、中华民族的民族精神与时代精神以及社会主义荣辱观都是不可或缺的要素。《大学》开篇即说：“大学之道，在明明德，在亲民，在止于至善。”这实际上就是我们常说的德育问题。高校科学发展是实现服务中国特色社会主义事业的能力发展，是所培养人才的科学文化素质的发展，以及高校教育教学、科学研究、服务社会的综合能力发展。高校的发展，必须是科学发展。高校践行社会主义核心价值体系，必须统一于科学发展观的实践中。作为文化传播与继承的重要阵地，高校在构建社会主义和谐社会的过程中，担负着“发展科学技术文化，促进社会主义现代化建设”的重要任务。高校的价值观教育具有重要的现实意义。首先，践行社会主义核心价值体系是高等学校的重要使命之一。《高等教育法》规定，高等教育必须“使受教育者成为德、智、体等方面全面发展的社会主义事业的建设者和接班人”。这是党和国家对高等教育活动的法律规定，是对高校人才培养目标的根本要求。随着中国特色社会主义事业的持续推进，高校“培养什么样的人，如何培养人”成为比以往任何时候都备受关注的主题。其次，践行社会主义核心价值体系是党对高等教育的必然要求和检验标准之一。坚持社会主义办学方向，坚持为社会主义事业服务，是党在大学里的基本方针，是党的教育方针对高等教育的基本要求。党的十七大强调要“切实把社会主义核心价值体系融入国民教育和精神文明建设全过程”，这是新的世纪贯彻党的教育方针的具体内容。社会主义核心价值体系包含了马克思主义指导思想、中国特色社会主义共同理想、以爱国主义为核心的民族精神和以改革创新为核心的时代精神、社会主义荣辱观。这几方面的内容，相互联系、相互贯通、相互促进，是一个有机的整体，是社会主义意识形态最重要的组成部分。高校践行这一核心价值体系，是贯彻党的教育方针、切实落实党在新时期思想文化建设的精神实质、确保高等教育性质和方向的有力举措。最后，践行社会主义核心价值体系是高校科学发展的内在规定。在新的世纪，面临新的机遇、新的挑战，各高校无不思考如何发展、怎样发展的问题。通过深入学习实践科学发展观活动，梳理并廓清了思路，提高了认识。对“办什么样的大学，怎样办好大学”这一根本问题进行深入的探讨，充分领悟了高校贯彻落实科学发展观的内涵和实质。关于“办什么样的大学”的问题，是价值取向、是方向、是根本问题。关于“怎样办好大学”的问题，是方法取舍、是途径问题。高校的根本任务是培养人才，而社会主义大学就是培养社会主义所需的合格建设者和接班人。由此而言，高校的科学发展就是学生的科学发展、全面发展。对高校“好”的评判标尺就是培养出来的人才是否有利于社会主义事业的推进。

因而，在我国国际地位提升背景下，在全球化的冲击下，多元文化及多元价值并存的现状下，高校价值观教育革新具有现实的紧迫性和必要性，必须从意识形态领域开展开来，与时俱进，勇于创新，探索出符合中国国情的中国特色的社会主义核心价值体系建设与践行之路。

（二）理论意义：跨文化视角对核心价值体系研究的特别贡献

1. 如何正确认识普世伦理与价值

随着全球化对我国社会生活各个方面影响的扩大，全球化问题日渐成为我国人文社会科学研究的一个焦点。“普世价值”的提出也使得我们在研究社会主义核心价值体系和核心价值观的过程中提供了过多的理论思考和研究的空间。在对全球化的价值论诸多研究中，人们对很多问题的讨论都是围绕着“普世价值”展开的。但是对“普世价值”这一重要概念的理解现在尚且存在着相当大的分歧。

普世价值亦称普遍价值或普适价值，是指对世界上所有的人或大多数人都普遍适用、能够为人们普遍认同和普遍共享的价值。但是必须指出的是，普世价值并不必定是对世界上每个人都适用、能为每个人都认同和共享的价值，它也可以是对世界上大多数人适用并能为他们认同和共享的价值。一种价值到底是对世界上所有人还是大多数人适用并能为其认同和共享，并不是价值普遍与否的问题，而只是价值的普遍性程度方面的问题。因而在研究普世价值的相关问题和讨论时，首先要明确其本质内涵是指价值的普遍性程度而不是普遍的针对世界上的每个人而言的。普世价值论是近代以来西方资产阶级学者的一贯论调，他们向来都把西方所谓的自由、民主、平等、人权等说成是整个世界和全人类的普适价值。它是西方价值观念对外输出和普遍化扩张的理论基础。对于这种把西方价值观念所承认的西方价值冒充为普世价值、在普世价值的名义下兜售西方价值的欺世盗名的西方普世价值论，我们是坚决反对的。与此同时，我们不应该因为反对西方普世价值论而走向否认普世价值本身。我们要正确认识普世价值的真正内涵和意义。

针对普世理论，当今理论界存在不同的见解和看法。从笔者的归纳，可以得出，当今主要存在两种立场和派别。一派别推崇普世价值，与之对立的派别则是否认普世价值和伦理的存在，认为其是西方资本主义借以推行其自身价值观和进行文化和价值霸权主义阴谋的借口和凭据。“在当今的作为整体的世界还是阶级社会的历史条件下，根本不存在所谓‘普世’的、超阶级的价值体系和价值观。”① 另一方面，当前的研究集中于对普世价值存在基础的探讨：“就目前而言，属于全人类的共同精神文化财富是存在的，诸如在自然科学、语言文字、艺术作品中所表现的人类社会生活的共性；为全人类所共有、具有普世意义的价值关怀；等等。然而，自人类进入阶级社会，直至阶级现象被彻底消灭之前，凡是与一定社会阶级相联系的经济基础、利益结构和上层建筑，都具有鲜明的阶级性和意识形态指向，因此从根本上讲，并不存在所谓超阶级的、全人类的‘普世价值’。”② 正是在这种意义上，有学者一针见血地指出，“一些人鼓吹的‘普世价值’实质上就是西方的价值”③。因此，“当前思想舆论界争论的‘普世价值’问题不是一个纯学术问题，而是一个意识形态领域斗争的前

① 李崇富：《关于“普世价值”的几点看法》，《马克思主义研究》2008年第9期，第18页。

② 于春江：《论我国当前主流意识形态建设面临的挑战》，《山东省青年管理干部学院学报》2010年第4期，第8页。

③ 周新城：《一些人鼓吹的“普世价值”实质上就是西方的价值》，《政治学研究》2008年第6期，第3页。

沿问题”[①]。面对这样一种错误思潮的冲击和影响，我们要运用马克思主义的基本观点和基本方法，努力澄清“普世价值”问题上的是与非，揭露在“普世价值”外衣包裹下的诸如企图用某种思想和意识形态或者价值标准统帅所有的他者标准的错误思潮的实质，自觉抵制对“普世价值”思潮的错误理解和歪曲，巩固马克思主义在社会主义意识形态领域的主导地位及其指导意义。

据笔者看来，对于普世价值要辩证地看待，执其两端而取其中。从矛盾的特殊性与普遍性原理出发，普世伦理和原则的构建具有其哲学上的依据，充分认识到人类社会在发展的继承中普遍具有的共性，并以此进行文化交流和沟通，这是一种积极的态度和途径。应当承认，普世价值本身还是存在的。真正的普世价值是当代全球化中人类共同生活条件形成的产物。当今世界，环境污染、生态危机、跨国犯罪、毒品走私、恐怖活动、金融风险、核威胁等一系列全球问题，对整个人类社会的生存和发展都构成了严重的威胁，并从反面凸显了一系列对于整个人类社会都具有普遍重要性的价值原则，如保护生态环境、打击毒品走私、反对恐怖主义、控制核扩散、防范金融风险、保护人权等。显然，这些普世价值存在的基础是当代全球化背景下人类共同的生活条件。因而要正确看待普世价值，并将其合理运用于社会主义核心价值体系的构建和核心价值观的践行。

2. 普世价值对于践行社会主义核心价值体系的意义

承认普世价值的现实存在，对于加强我国社会主义核心价值体系建设具有重要的理论意义和现实意义。承认普世价值不会对我国社会主义核心价值体系建设造成冲击。因为我们所说的普世价值与我国的社会主义核心价值体系并不对立。当代全球性社会仍然是一个利益分殊和严重对立的社会，人类共同利益的形成并不意味着各种特殊利益的消失。如果说普世价值是人类共同利益的现实表现形式、承认普世价值是对人类共同利益的确认，那么，我国社会主义核心价值体系则是中华民族这一群体主体在当代的共同利益的反映。建设社会主义核心价值体系是对整个中华民族共同利

① 刘书林：《“普世价值”问题出现的过程、原因及实质》，《政治学研究》2008 年第 6 期，第 5 页。

益的维护。另一方面，先进文化的民族性也并不是搞民族本位主义。如果一个民族和国家把自己倡导的那一套文化价值观当作唯一合理的，并排斥其他文化价值观，那就是狭隘的民族主义，而狭隘的民族主义是文化霸权主义的根源。

当代中国社会是当代全球性社会的一个有机组成部分，全球性社会的健康发展是中国特色社会主义现代化建设的重要外部保障。克服文化中心主义、文化一元主义，积极利用普世主义价值的正确理念，克服狭隘的民族中心主义与文化霸权主义，发挥普世价值对践行社会主义核心价值体系的积极作用。

3. 跨文化视角对全球化时代社会主义核心价值体系建构的意义

在当前全球化背景下，随着我国改革开放的深入发展，我国社会生活日益多样化，人们的利益诉求和价值取向也日益多元化。在这种国际和国内多元价值交融的时代背景下，跨文化视角对于研究当前我国社会主义核心价值体系建构具有重要的实践指导意义。一方面，必须使人们普遍地认同社会主义核心价值体系。社会主义核心价值体系既是中华民族共同利益的反映，也是社会主义和谐社会内在本质的体现。社会主义和谐社会是“全体人民各尽其能、各得其所而又和谐相处的社会”，构建社会主义和谐社会必须尊重差异、包容多样、求同存异，在现实生活中整合多元价值。另一方面，必须承认和允许多元化的具体价值观。跨文化的研究视角启示我们要充分理解和尊重不同群体、不同个人在社会秩序范围内的不同的价值取向和价值选择。尊重社会成员在社会生活中的不同利益诉求和价值取向。但是这种多元价值必须是建立在对社会主义核心价值体系的践行基础之上的价值多元。综上所述，跨文化视角对全球化时代社会主义核心价值体系建构的意义体现在一方面要普遍认同在当代人类共同生活条件基础上形成的普世价值；另一方面要对各种文化价值观及其所包含的特殊价值予以承认、理解和尊重。

综上所述，在文化领域全球化席卷而来之际，如何把握他国价值观，增强文化适应能力，做到在国际交往中保持“不卑不亢”，既提升文化多样性辨识能力，增强应对意识形态斗争的能力；又增强多元文化选择能力及多元价值观的判断能力具有重要的理论意义和实践指导意义。文化震荡、文化休克等经常用于描述跨文化交际中出现的文化适应不良现象。跨文化视角对于正确对待和认识多元文化和多元价值观，完成全球化时代背景下社会主义核心价值体系的建构具有重要意义。

因而，实施传承优秀文化、借鉴世界先进文化、创新当代社会主义核心价值体系的三位一体、相互承接的文化战略是一条具有实践指导意义的策略路线：

> 它尊重价值差异，但不因此而滑入相对主义；它形成品格与美德，但不会僵化为绝对主义；它确保文化间的团结，但不鼓励顺从；它提倡平等，但并不因此而变得漠不关心。完成这项任务的确有些令人发怵，但却是极为紧迫的，因为我们的社会日益变得五彩缤纷。[①]

三　研究方法论：跨文化视角研究的方法论

（一）概念界定："文化"、"价值观"与"核心价值体系"

1. 文化

文化是一个极其复杂的概念，历来具有多种定义。围绕这一术语存在大量的争论，不同学者和学科会从不同的角度和方面予以界定和概述，至今尚未达成共识。本文中，笔者简要概述相关的文化概念和定义，力求获得对文化一词的条分缕析的概况了解。

《辞海》对于文化的解释是将其划分为广义和狭义之分。广义的文化是指人类社会历史实践过程中所创造的物质财富和精神财富的总和，狭义的文化指的是社会意识形态以及与之相适应的制度和组织结构。[②] 对于文化的定义，首先必须明确，文化不等同于文明。教科文组织《世界文化多样性宣言》（2001 年）将文化定义为"某个社会或某个社会群体特有的精神与物质，智力与情感方面的不同特点之总和；除了文学和艺术外，文化还包括生活方式、共处的方式、价值观体系、传统和信仰"。在 1982 年于墨西哥城召开的第二次文化政策世界会议上采用了如下文化定义：

---

① F. Clark Power. *Introduction*: *Moral Education and Pluralism*, *The Challenge of Pluralism*, Notre Dame Press, 1992: pp. 13—14.

② 辞海编辑委员会：《辞海》（1989 年版缩印本），上海辞书出版社 1991 年版，第 1731 页。

“文化是表现一个社会或社会团体的独特的精神、物质、理智和情感的各种特征的全部集合物，不仅包括有艺术和文字，而且包括生活方式、人权、价值体系、传统和信仰。”《当代西方社会发展理论新词典》将文化界定为：“文化是极其复杂的事象，自此之后文化学家们分别从文化现象的描述、文化的历史发展、文化的规范性、文化的结构、社会学、心理学、发生学等不同角度来界定的文化定义已达200余种，但没有一个定义足以囊括文化的所有内容。文化具有民族性。”《世界文化政策会议总报告》第30节将文化定义为：“文化可以理解为每一个人和每一个共同体独一无二的特征，以及思考和组织生活的方式。文化是每一个社会成员虽然没有专门学习但是都知晓的知识领域和价值观念。”再一方面，文化的特征集中体现在价值观中。“最能体现文化基本面貌的是文化的自觉性，即文化所蕴含的价值观。”[①] 再一方面，文化具有多样性。文化的多元化是其鲜明的特征之一。多元文化既体现了文化领域的活力，但也不可避免地带来某种程度的混乱与脱序。因而提升文化的自觉性，确立社会主义价值观念在文化领域的主导作用，引导各种社会思潮的发展方向，驱除个人主义、文化中心主义和文化一元主义，是当代中国文化发展急需解决的问题。

上文论及文化的概念及特征，从模式和层次上来看，文化可分为外显模式文化与内隐模式文化。美国文化人类学家克罗伯对文化所作的解释为：“文化包括各种外显的和内隐的行为模式。”通常意义上来说，文化的外显模式主要包括哲学、法律、历史、艺术、宗教、风俗、社会制度、行为规范、语言体系等，它们以文字等符号系统或人的具体行为为载体。文化的内隐模式大致包括价值观念、思维方式、情感取向等，这是人们在长期的文化历史发展中积淀而成的深层的东西。文化的外显模式与内隐模式在文化系统中既相互交叉，又相互渗透。其中在文化的内隐模式中，价值观居于核心地位。因此，对于文化多样性的把握，要重视文化的内因模式，发掘隐含于文化中并居于内隐文化核心地位的价值观，对于采用跨文化视角进行核心价值体系的比较研究具有指导意义。

---

① 王中汝：《社会主义核心价值观与当代中国的文化发展》，《科学社会主义》2010年第6期，第104—105页。

2. 价值观

价值观是文化的灵魂。马克思主义认为，社会价值观是一定历史时期社会成员对价值问题所持的立场、观点和态度的总和，深深植根在社会生活之中。全球化背景下的中国由于实行了市场经济，传统的价值观及计划体制下形成的价值取向受到了空前的冲击，一些反映现代市场经济制度的价值观如效率观念、信息观念、竞争观念、开放观念、创新观念、人才观念、民主观念、平等观念、利益观念等逐渐确立，价值观越来越呈现多样化的特点。价值观本身从不同学者的角度和视角看来，具有不同的定义和相应的分类。首先，价值观与经济学价值概念存在区别。主要表现在：

> 第一，经济学的价值概念主要是指劳动产品的这种物的价值，是从人和自然之间的关系而言的。价值观的范围更为广泛，还包括精神领域，如理想、伦理、道德、信仰和追求。第二，经济学的价值概念主要指的是已经实现了的劳动产品。价值观关注的主要不是已经实现了的活动或产物，而在于还没有实现的，但对于人的生活又是具有意义的、可珍爱、可敬的目标和可敬仰而值得的追求，它是一种导向。第三，价值观是指对一般价值的看法、态度，表达价值理念和价值判断，是一个观念王国。①

然而，这并不表明社会不需要核心价值观。一是中国的市场经济是建立在社会主义基本制度和原则的基础上的，这一制度和原则，要求人们要树立以人民为价值主体和评价主体，并反映社会主义本质要求的占主导地位的核心价值观；二是多样价值观的存在，恰恰从另一个方面表明核心价值观引导上的乏力。在多样化价值观面前，人们出现价值观上的混乱是难免的，再像过去那样强迫人们遵守一种统一的价值观的做法也早已行不通。

3. 核心价值体系

对于核心价值体系的研究涉及多个领域及其研究者。前文论及文化多样性提及霍夫斯泰德对于国家文化模式的研究及其提出的不同国家的文化

---

① 冯景源、林坚：《社会主义核心价值体系的基础、内容及意义》，《江淮论坛》2010 年第 2 期，第 64 页。

在五个维度上的区分和差异。美国社会学家英格尔斯以研究现代化而闻名于世，他提出国家的现代化，首先是国民的现代化。虽然其理论本身存在局限性，但是值得借鉴的是，他指出国民对于国家发展的意义所在。从广义上说，国民的现代化，首先是其价值体系的现代化，价值体系的与时俱进，顺应时代主流。著名的人类学家露丝·本尼迪克特（Ruth Benedict）以其文化整体观和文化相对主义确立了她在西方文化界的地位。她的文化模式理论具有强大的解释力和影响力。本尼迪克特认为，文化模式是相对于个体行为来说的。她认为，人类行为的方式有多种多样的可能，但是一个部族、一种文化在这样的无穷的可能性里，只能选择其中的一些，而这种选择有自身的社会价值趋向。这种价值趋向即涉及到社会价值体系，起着主导作用的则是核心价值体系。

每一个社会形态都存在着各种价值观念。价值体系是由居于核心地位的价值观念和处于保护地带的从属价值观念所构成。一方面，居于核心地位的价值观念，代表着价值体系的总方向和总特征，对于其他处于从属地位的价值观念起着统帅作用，它既约束着从属地位的价值观念，又为其提供方向和根据，从而为价值体系的稳定和统一起着维护作用。另一方面，核心价值观也离不开从属的多样性价值观念的烘托，一个社会正是由于价值多样化才富有生机和活力。因此，对于一个价值体系而言，重要的是要确立一种核心价值观念。而一个社会的核心价值观必须具备以下条件。首先，这种价值观念要具有统摄性。对于一个价值观念而言，要成为核心价值观，就要能够把它之外的各种不同价值观凝聚在自己周围，并对它们加以正确地协调、整合和引导。其次，这种价值观念要为社会所普遍认同。

上述“文化”、“价值观”与“核心价值体系”三个概念之间存在相互依存、相互贯通的关系：文化是意识形态的主要载体，价值观是文化的灵魂。文化是以人的存在作为载体和中介。价值观隶属于意识形态，但同时是为人的生存和精神领域的指导服务的。构建社会主义和谐社会的途径之一就是促进社会主义文化的繁荣和昌盛。和谐文化是社会主义和谐社会的特征之一。社会主义核心价值体系是建设和谐文化的根本。

（二）理论立场：文化的多样性与普世价值

在面临多元文化的挑战时，如何应对多元文化，稳固社会主义核心价值体系，是一个现实而又紧迫的问题。胡锦涛在十七大报告中指出，在社会主义核心价值体系建立的过程中，“既尊重差异，包容多样”，又要“积极探索用社会主义核心价值体系引导社会思潮的有效途径”。

“扬弃”是不同于否定的一种应对异文化的途径和原则之一。中国自古就有辩证思想的优良传统，继承合理因素，摒弃落后因素，这是中国辩证思维传统的原则之一。在这种扬弃的过程中，寻求二者之间的一种合理的平衡是一条重要途径。从这个意义上说，尽管集体主义价值观与当前中国一些社会思潮与价值观念有着不同之处，但他们之间并不是截然对立、完全排斥的，而是一元与多样，主流与支流的关系。唯有如此，才能谈得上尊重差异、包容多样、最大限度的形成社会思想共识，才能在引领社会思潮，抵制各种错误和腐朽思想的影响中发展富有活力的社会主义文化。“只有在多元中立主导，在多样中谋共识，才能夯实中国人自己的文化主心骨，进一步凝聚民心，鼓舞斗志，从而在激烈的国际竞争中维护国家和民族的利益。”“作为一个欲以自己的核心价值理念影响世界或让世界接受自己的民族，其价值理念只有具备普适性，才不会因与世界其他国家和民族文化或价值观差异过大而发生排异反应，这对于一个正处于和平发展的大国来说尤其重要。”①

中国提出建设和谐世界的理念和主张，得到世界大部分国家特别是发展中国家的认可，并且被外国学者看作是中国软实力的体现。中国特色社会主义核心价值理念应由公正、友爱、发展、和谐这四个基本理念组成②。从矛盾的普遍性和特殊性及其辩证关系的原理出发，对全球化背景下人类历史发展的新格局及其对民族国家政治伦理的影响进行剖析藉以寻求解决文化多元和共同发展的命题之所在；通过对国家的实质与功能之间的关系分析，阐述了民族国家政治伦理建设中一般与个别的关系问题。

与此同时，必须看到，普遍价值观念与核心价值观念具有内在的统一性。全球化突出了人的类意识，使人们能够站在人类发展的高度去认识共同价值问题。“人类今天面临的基本任务就是需要去促进关于我们相互依存

---

① 黄岩、陈伟宏：《中国特色社会主义核心价值理念探微》，《求实》2011年第1期，第29页。

② 同上。

的一种全球性的伦理上的自我意识，以及去缓和妨碍这种共识达成的强硬态度。"① 这就是说，全球化必然带来人类共同价值的追求，并倡导一种为人类所共同接受的普遍价值作为核心价值观，即一种普遍的、或超越了具体主体的以及具体个人等界限的共同价值。建构核心价值观当然不能不关注这一共同价值，但是，在目前多种所有制并存，各地区社会发展状况极不平衡的情况下，由于国家是独立自主的且实行不同的社会制度，处于特定的社会形态，所以类的存在形式实际上是在一个国家人群共同体中存在的，全人类共同价值标准是很难确定的。因此，真正的全人类的普遍价值还应该通过以本国人民为利益主体取向来确立自己的核心价值观来实现。

伴随着全球化进程的发展，文化认同已经超越本土文化的文化认同和价值认同而开始倡导世界理念下的"全球文化"。它是建立在全球社会化过程之上的全球价值或全球认同。世界上每一种文化都是当今人类社会多元文化中的一员，每一种文化都应该有一个恰当的定位。有研究者指出：

> 这种绝对性，一方面表现在它的稳定性上，在全球化背景下，面对外来文化的冲击，先进文化却能够以其顽强的生存能力得以保存下来，全球化不仅不能带来文化的同质化，而且因为自身能得以保存而导致文化的多样化。另一方面表现在它的民族性上，任何先进文化都是扎根于自身民族基础上的，在这一意义上，文化都是一定民族的文化。全球化带来的不是民族先进文化的消失，而是强化了文化的民族性。②

那么，如何应对全球化的冲击进而践行当前社会主义核心价值观呢？笔者认为，一个重要的视角就是切实把握全球化对我国的影响，确立起一种富有时代感的既反映人类共同理想又具有中国民族特色的核心价值观。按照这一要求，在当代中国，只有以马克思主义指导思想为灵魂、以中国特色社会主义共同理想为主题、以民族精神和时代精神为精髓、以社会主

① ［美］丹尼尔：《资本主义文化矛盾》，赵一凡等译，生活·读书·新知三联书店1989年版。

② 刘宝立、刘淑萍：《全球化与社会主义核心价值观的确立》2010年第1期，第185页。

义荣辱观为基础的价值观，才能称为社会主义核心价值观。在党的十七大报告中，中央明确地把建设“富强民主文明和谐的社会主义现代化国家”作为中国特色社会主义的奋斗目标，并将这一目标与关于人的自由全面发展的最高政治理想有机地联系在一起来加以认识。这一认识不仅囊括了我国社会生活的基本领域，也涵盖了经济、政治、文化、社会四大层面；不仅体现了共产主义的远大理想和最高价值，而且也反映了现阶段我国社会主义现代化建设的宏伟目标和总体布局，坚持了党的理想性和现实性、最高纲领和最低纲领的统一，以及社会主义的物质文明、政治文明、精神文明、社会文明和生态文明的有机统一，无疑是我们当前应当遵循和倡导的核心价值观。因此，我国新世纪的核心价值观的建设，既要努力吸取各种价值观的合理因素，确立一种核心价值观，使功利价值与超功利价值、个人价值与群体价值、义与利、理和欲等之间保持平衡；又要承认其各自存在的合理性，对各种价值观采取包容的态度，避免用核心价值观去代替一切、将核心价值观与其他价值观对立起来的做法。如果说我们以往过多地强调集体和社会利益而忽视个体利益，现在则又有一些人过分强调个体利益，将社会、集体利益抛在一边。我们要倡导的核心价值观就是要在这二者之间保持合理的张力。既要强调个体自主独立、个性自由，个体利益，又要主张个体利益与他人、集体和社会利益的协调，并以他人、集体和社会利益的实现作为自身利益实现的社会条件。

伴随着全球化进程的发展，文化认同已经超越本土文化的文化认同和价值认同而开始倡导世界理念下的“全球文化”。它是建立在全球社会化过程之上的全球价值或全球认同。全球文化是积极因素与消极因素的共存，回避或者盲目反对全球文化过程中所带来的文化传播、文化结合、文化冲突、文化替代、文化同化是狭隘的民族文化保护主义。要维护国家文化安全，必须认识到我们文化面临的不安全的现实。它决定着维护国家文化安全的原则。要使我们的文化变得安全，不是保守主义，更不是固步自封，而是要去除不安全和不利于安全的因素。

综上所述，方法论和认识论上的启示有：全球化提供了新的挑战和机遇。面对众多的思想意识形态和价值观体系的多元化现状，必须明确应对的方法和原则。要看到稳定的社会主义核心价值体系的稳定的相对性。

第一，正确分析并应对全球化对中国社会主义核心价值体系造成的冲击与威胁。同任何形式的文化霸权和文化中心主义和文化一元主义作坚决的斗争。

第二，要兼收并蓄，扬弃的同时吸收多元价值中有利于巩固和完善社会主义核心价值体系的内容。为社会主义核心价值体系增添活力和生命力，为其不断地创新做好准备。

“在与其他文化的和平相处中，大胆学习和吸收世界上一切优秀的文化成果，以鲜明的开放性去不断地丰富和发展自己。”中国文化的形成是兼容并蓄的历史。中国文化的形成与构成包含了中外文化的融合过程。“戊戌变法、辛亥革命、新民主主义革命，包括马克思主义本身，都是从西方引入的资产阶级革命思想和社会主义思想而成为中国文化的一个有机组成部分，甚至成为现当代中国文化的主流。而这并没有影响我们的独特文化气质，它不同于西方文化，也不能与东方文化相混淆。”① 全球化进程中，我们所倡导的中国文化身份，要在留存自身文化精华特质的基础上，以开放的姿态融合、包容全球文化，在世界范围内发扬中国文化。“在多元文化各显精彩的后现代社会”，“应该以不亢不卑的胸怀，不屈不挠的志趣和不偏不倚的气度，走出一条充分体现‘沟通理性’的既利己又利人的康庄大道来”②。

第三，要正确看待普世主义理念和文化霸权主义。伴随着全球化进程的发展，文化认同已经超越本土文化的文化认同和价值认同而开始倡导世界理念下的“全球文化”。它是建立在全球社会化过程之上的全球价值或全球认同。与中国政府提出的和谐世界的构建的理念有异曲同工之妙。

第四，要坚决同狭隘的民族中心主义作斗争。

（三）基本研究策略与方法

1. 运用跨学科分析策略，拓宽研究视野

人类学家、社会学家、心理学家都对文化多样性和价值多维度问题进行过研究，提出了富有借鉴意义和指导作用的理论观点和思想，因而在运

---

① 沈洪波：《全球化进程中的国家文化安全问题研究》，博士学位论文，山东大学，2005年，第100页。

② 杜维明：《现代精神与儒家传统》，生活·读书·新知三联书店1997年版，第468页。

用跨文化视角进行世界多国家核心价值体系的比较研究中，运用跨学科分析方法有助于研究的深入开展，有助于获得富有建设性意义的研究结论，对于我国高校在全球化背景下践行社会主义核心价值观具有重要的理论意义和现实指导意义。

2. 借鉴人类学跨文化比较法，加强研究的深度

“文化”是人类学核心概念，在研究文化多样性和核心价值体系的跨文化比较中，借鉴人类学的跨文化比较法有助于从概念上把握研究脉络和思路，拓宽研究方向。

首先，人类学跨文化比较法中民族志方法值得借鉴。人类学的民族志方法在研究每个社会的文化现象时具有整体性视角，关注普通人的日常生活，具有文化平等意识，这些优点和长处使得我们能够真正理解并学会欣赏某种文化。[①] 相对于其他方法，人类学民族志方法具有明显的优势：“在完全具体的状态中观察‘实际生活的不可测度方面’。为了获得第一手的经验知识，民族志学者必须亲自‘在场’收集资料，‘在场’使得民族志作者感知与把握整体得以可能。”[②] 因而在进行跨文化比较研究中，通过民族志方法进行分析和比较有助于掌握研究主题相关的文献资料和研究成果。

历史上运用民族志方法进行异文化研究的经典包括有玛格丽特·米德的民族志著作《萨摩亚人的成年》。《萨摩亚人的成年》写于20世纪20年代，米德在书中详细论述了那个年代的萨摩亚人的成年中各种生理上和心理上的经历与体验。这成为一种对于异文化研究的经典而有效的方法。此外，《菊花与刀》也是一部经典的异文化研究著作。1944年该书作者鲁思·本尼迪克特应美国政府之邀，对日本文化进行研究以便为制定对日政策提供帮助和科学依据。1946年，作者将研究成果整理成书出版，便是这本《菊花与刀》。本书出版后在日本和世界引起广泛关注，被视为研究日本最有见地的作品，被公认为了解日本的必读书，是解析日本民族精神、文化和日本人性格的名作。在书中作者运用文化人类学的研究方法，

① 张金岭：《中国人类学者海外民族志研究的理论思考》，《西北民族研究》2010年第1期，第59页。

② 同上。

具体而言，通过对在美国生活的日本人的访谈对日本民族精神、文化基础、社会制度和日本人性格特征等进行分析，并剖析以上因素对日本政治、军事、文化和生活等方面历史发展和现实表现的重要作用。

另外，有效跨文化比较研究的前提和基础是，准确把握和深度描述不同文化的价值观。这需要借鉴人类学民族志方法思维并从中获得启示和指导。其一是全貌观。人类学研究中的全貌观方法有助于研究者获取对所研究的异文化社会的全景观。只有从整体上掌握异文化的全部生活，才能获得对异文化的全方位的透彻理解，这是进行跨文化研究的关键所在。

人类学研究方法的全貌观对此研究具有启示：首先，建设社会主义核心价值体系不能仅从观念体系入手，而应将其看成是一个建设社会主义和谐社会的系统工程。社会主义核心价值体系的建设是与社会制度创新、公民社会的确立、信仰体系的构建、道德行为规范体系、知识体系（科学技术创新体系）和法律体系相互依存并由各个子系统组成的一个综合系统。因而，要将社会主义核心价值体系的建设置于构建社会主义和谐社会的系统工程中来加以研究。在兼顾国际视野的研究原则基础上，要对社会主义核心价值体系系统之内的各成分进行比较和分析，实现研究的本土化。

其二，生态与文化。在全球化概念提出后，1972 年，Dennis Meadows 等人合著了《发展的极限：罗马俱乐部关于人类困境的课题报告》一书，呼吁人们注意因生态危机产生的全球挑战。① 其远见引发了人们对于生态与文化之间不可分割的关联的关注。适应是人类文化中一个重要的概念，指的是有机体应对环境刺激，发展自身的生理与行为特性，使其能够在所处的环境中生存和繁衍后代的一个过程，是人的需要与环境之间的动态平衡。适应并非完美的，有时也是不可持续的。适应分为生物性适应和文化适应。② 本书论及的主要是文化适应。人类学对于生态与文化的研究对于我们开展文化多样性和核心价值体系的比较研究具有方法上的指导，促使对于探寻提升全球化背景下增强我国社会主义核心价值体系的文化适应性和生命力的研究。

---

① Jost Delbruck, Globalization of Law , Politics , and Markets – Implications for Domestic Law: A European Perspective [J] . *Indiana Journal of Global Legal Studies* , 1993, (1): 10.

② John Omohundro, *Think like an anthropologist.* McGraw – Hill Higher Education Press. 2006.

其三，文化流变与文化传统。人类学研究中注重从时间流变中考察文化的变迁。因而，在进行文化多样性和价值体系的比较研究中，要处理好传承、借鉴和创新三者的关系，要看到文化随时间的变迁，传承文化经典，摒弃文化和价值体系中不适应社会发展的内容，推动社会主义核心价值体系的与时俱进。在借鉴他国文化和核心价值体系内容时要考虑到国情、世情，要用时间和变迁的观点理性对待外来文化和价值观。在做到上述两个方面的基础上，才能够做到文化和价值观的创新，推动社会主义核心价值体系的实践层面上的践行和理论内容上的丰富。

这种文化人类学的研究方法对于本研究即将开展的世界多个国家核心价值体系的比较研究具有重要的启示意义和指导价值。通过人类学的方法论指导，有助于获取对样本国家文化及其核心价值体系的全面认识，从而有助于获取对我国核心价值体系构建及践行的启示。

3. 以马克思主义思想作为指导，确保研究的方向

结合科学的哲学方法论体系，遵循矛盾的特殊性与普遍性、相对性与绝对性相统一的原则，要正确认识全球化背景下多元文化和价值观并存的现状，要清晰的认识先进文化内涵的相对性与绝对性的统一。要尊重差异，在文化多元的现实中，探索有助于社会主义核心价值体系构建和践行的正确的哲学和思想路线及方针政策。

社会主义核心价值体系是以马克思主义思想作为指导的一种科学的价值体系。马克思主义是我们立党立国之本，是我国的根本指导思想。马克思主义在社会主义核心价值体系建设中，为我们提供了正确的世界观和方法论。

马克思主义是开放的、与时俱进的理论体系，因而为我们在践行社会主义核心价值体系过程中提供了与时俱进的方法论和原则启示。面对全球化的挑战和中国改革开放和经济建设的新局面，必须坚持解放思想，坚持从实际出发、实事求是的原则，推进马克思主义中国化的进程。通过马克思主义与中国实际相结合，从中国所处的时代条件和全球化国际环境出发，运用马克思主义世界观和方法论来解决中国在全球化挑战和现代化建设与改革进程中的重大现实问题。始终坚持马克思主义的指导地位，推动马克思主义的中国化进程，运用马克思主义指导思想引领和整合多元化社会思潮，这是本研究的重要的方法论基础。

总而言之，跨文化比较要遵循“国际视野，本土行动”的研究原则。本研究从国际视野层面出发，拟选取若干焦点国家作为跨文化个案进行核心价值体系的研究和比较，旨在通过比较研究推动我国社会主义核心价值体系构建及其相关理论和实践研究的深化，推动全球化时代背景下社会主义核心价值体系的本土研究，促进社会主义核心价值观在与时俱进中得以继承、发展和创新。最终实现传承优秀文化、借鉴世界先进文化、创新当代社会主义核心价值体系的三位一体、相互承接的文化战略和发展路线。

四　跨文化个案的选取:焦点国家

一个国家的核心价值体系属于其文化重要的组成部分。文化是作为一个群体成员习得和共享的意义系统，而思想、意识、观念及其形成的价值观是文化的重要内容，各种文化都是人们对其所属的生态、社会政治场景长期适应的结果。本书对在文化上具有典型传统与特征国家的价值观教育进行介绍，希望给我国社会主义价值观教育的实施带来启示意义。

作为一个发达资本主义国家，美国十分重视价值观建设，并在实践中逐渐形成了一套符合本国国情的价值观体系。强调个人主义、实用主义、平等竞争、努力工作以及时间效率等构成了当前美国社会的核心价值观。美国的价值观建设在促进美国经济社会发展等方面起到了十分重要的作用。美国建国的历史并不长久，而且是一个典型的移民国家。联系美国各种族、民族关系，促进社会一体化的纽带就是美国人所拥有的共同的意识形态或社会价值观念体系。在美国，价值观建设始终是国家建设的一个重要方面，美国历届政府十分重视对公民进行价值观教育，并依据美国的实际情况，精心构筑能被美国社会各种族、民族共同认可的核心价值观念体系。美国经济社会发展的现实表明，美国价值观建设取得了一定的成效。虽然中国和美国的社会制度和核心价值理念存在很大的不同，但美国价值观建设方面的一些具体经验和做法无疑对我们进行社会主义核心价值体系建设具有一定的借鉴和启示意义。

英国是一个种族、民族、信仰多元化的国家，如何使社会核心价值观教育在加强学生对英国传统价值观的继承的情况下，促进他们对不同文化的理解和尊重，并对种族和信仰多元化的国情有更深刻的认识，学会如何正确面对和处理种族分歧问题，成为构建多元文化社会和发展多元文化社会中的社会核心价值观教育的核心之一。在加强认同和尊重多元社会中差异的同时，英国公民教育仍然强调其核心价值，因为多元文化主义的逻辑并不是要削弱机构一体化和对自由民主价值观的尊重，而是把融入主流的公共机制、政治价值和移民对这些政治价值观的接受看作是理所当然的，详细说明这些政治和社会一体化以一种尊重、包容和多样化的方式发生。加强核心价值观的内容和方式首先是加强归属感，其次是国家利益和荣誉至上意识，再次是培养集体精神。在英国公民教育课堂上，教师经常向学生们进行共同利益和目标的灌输，并努力将个人价值与社会价值相联系。在英国，价值观建设始终是国家建设的一个重要方面，英国历届政府十分重视对公民进行价值观教育，并依据本国的实际，精心构筑能被社会各种族、民族共同认可的核心价值观念体系。

德国价值观教育具有广泛而特色鲜明的经验。德国文化模式的形成是基于特定的生态文化场景及其历史积淀，而德国核心价值体系则是其文化模式中最重要的组成部分。德国在其漫长的历史进程中，形成了一种强烈的德意志民族意识与性格，具有向往自由、敬畏法制与秩序、严谨而忠诚等核心内容的价值体系。文化与教育紧密联系。传统的民族文化既影响了教育发展的模式，更是教育的重要内容。一个民族的价值观属于民族文化的重要内容，教育承担着传承民族文化，尤其是民族核心价值观的使命和责任。学校是德国价值观教育的最核心机构，是德国一个重要的政治教育与政治社会化机构。学校教育是其核心价值观教育最基本的途径，是青少年价值观发展与形成最系统化、最强有力的影响因素。德国各中学开辟多种渠道，采用多种方式对学生进行教育。在德国，学校中的价值观教育在方法和模式上，注重“问题式”和“探索式”教学。学校注重学生的自我修养和知识的内化。而这又需要学生依靠社会政治实践的体验和感知，实现“知行合一”。

法国的德育一直是把“培养法国公民”作为其目标的，自大革命以来，法国一直坚持博雅的教学方向，坚持了德育教育应有的地位。与美国相比，中央集权化和教育的“世俗性”原则又保证了德育教育地位的确立和落实，保证了教育的连续性。法国是一个中央集权化的国家，教育体制和教育内容整齐划一，有统一的教学内容标准和年度计划标准，在强调标准的同时又注重教学自由，强调充分发挥地方特色。在教育目的上，突出公民素质，法国道德教育的目的之一就是要培养学生具有民主法制思想、追求自由并能自律、热爱法兰西民族与文化。把学生们培养成公民甚至是整个教育的首要任务。法国公民课本内容的选材生动有趣又基础实用，强调从周围的社区环境出发，引导学生逐步扩大视野；强调从具体简单的事物、事实出发，合理引导抽象的概念和准则；强调从历史发展和地理环境出发，最后导出社会的政治经济制度和法律。在教学方法上，传统为主，革新为辅。在法国中小学，传统的教学方法是主流，在全局上主要还是采用以灌输知识为目的的班级授课。但也有诸多革新：提倡说理，提倡师生之间、学生之间相互交流，尤其重视学科之间、学科内部的协调、配合。

重视本民族传统的道德价值观教育是日本德育的特征之一。武士道是日本人将外国文化与本民族精神相互融合的产物，是武士文化的中心价值体系，强调以生命效忠主君的无私奉献精神，忠实的反映了统治者的意识，其文化渊源主要包括佛教、儒教和神道教。日本德育的核心目标是培养民族精神，日本人的民族认同感非常强烈。日本学校德育内容主要是文部省制定的道德条目为主，每一德目都有详尽说明，特别强调德育与各科及课外活动配合。因此，德育实际是由德育课以及历史、地理、公民、政治经济、家庭技术等社会科和社会实践课程、生活指导课、劳动课等共同承担的。其本质是培养懂得廉耻、服从国家意识、拥有民族优越感的“高大”日本人，使全体日本人树立起民族意识。日本民族精神之精髓——勇于进取、百折不挠、忠精团结、舍身奉献等德性教育浓浓地渗透于各门德育课程及活动之中。日本德育的成效人们是有目共睹的，大和民族强调集体主义价值观，突出群体意识，倾向于从集体主义的道德观去看人生的价值，国民的同舟共济的意识浓厚，这是日本学校德育的成效。

特殊的历史地位，特殊的生态环境，奠定了俄罗斯人精神结构的基础，使俄罗斯民族精神具有一个根本性的特征，即“双重性”，亦即“对立面的融合”。俄罗斯传统价值体系包括四个方面的内容：一是爱国主义；二是强国意识；三是国家观念；四是社会团结。俄罗斯政府在公民素质教育中以人为本，尊重个性的原则，与其说是对新型价值观教育的自发选择，不如说是对当前公民思想现状的顺从。但这种无奈的顺从符合了新型的教育理念，也恰好和实际情形相吻合。俄罗斯的公民价值观教育不再强调以培养德、智、体、美、劳全面发展的共产主义新人为最终目标，但充分发展个性，培养符合时代要求和世界标准的高素质公民仍是其公民教育的宗旨，不论是国家颁布的教育法令和新的教育发展纲要，还是教育主管部门制定的中短期教育优先发展目标及教改措施，实际上都是以个性的全面发展即道德素质、智力素质、身体素质的综合发展为出发点的。

新加坡作为亚洲新兴工业化国家，其因为稳定的政治环境和良好的社会秩序为新加坡取得卓越的经济成就提供了重要的条件，而作为文化软实力之核心价值观发挥了更为重要的作用。在这样一个东西方文化交汇的多元化社会，新加坡政府建立了一个宽容的社会环境，在倡导借鉴西方先进文化的同时，大力弘扬东方儒家文化传统。新加坡和谐共融的社会环境孕育了其核心价值体系，这种价值体系的形成是儒家文化现代化的结果。新加坡的国情决定了其必须培养国民的忧患意识和精英意识，这是新加坡人共享的核心价值观。从学校课程的设置上看，学校直接向学生正面传授公民与道德知识、行为规范，以提高年轻一代的道德认知水平，树立正确的价值观。为了从小培养公民的爱国精神及对国家的认同感，学校非常重视日常生活潜移默化的教育。总的来看，本文认为，新加坡价值观教育是这样一种教育：这是一种东西方兼收并蓄的价值观教育，既倡导儒家文化为核心的“东方价值观”，又吸收了西方现代文明的精髓。这是一种家庭、学校、社会三位一体的价值观教育：新加坡特别重视家庭教育对学生价值观形成的影响，强调学校应与家长建立良好的关系。

中华民族具有五千年悠久的历史文明，在长期的历史发展中形成了世代相传的文化传统，这主要包括了一个民族特有的价值观念、思维方式、审美情趣及行为准则等。其中，价值观及其体系是文化传统的核心与本质。在文化变迁与社会变革中，中华民族的核心价值观薪火相传，生生不息。中国传统文化中的核心价值观不仅是世界文化宝库中的瑰宝，尤其对东亚文化圈影响深远，作为亚洲四小龙之首的新加坡，其提出的“共同价值观”就受到中国传统文化深刻影响。在时代发展的今天，梳理并反思中国核心价值观及其体系，取其精华，去其糟粕，这对于中华民族文化命脉的传承具有重要意义，是新时期我国大力倡导社会主义文化建设重要的战略任务与目标，为我国构建社会主义和谐社会提供强大的精神动力与智力支持。

美国、英国、德国、法国、日本、俄罗斯以及新加坡等国的价值观教育各具特点，这些国家的价值观教育之所以出现这些不同，与这些国家的地理生态、历史积淀以及文化模式是分不开的，希望通过本书的介绍，能够为开展具有中国特色的价值观教育提供借鉴与启示。

第二章

美国核心价值体系及价值观教育

——牛仔文化与实用主义哲学

一　引言:为何选择美国

美国，全称美利坚合众国，位于北美洲南部，领土还包括北美洲西北部的阿拉斯加和太平洋中部的夏威夷群岛等。其北与加拿大接壤，南靠墨西哥湾，西临太平洋，东濒大西洋。海岸线22680公里。大部分地区属于温带大陆性气候，南部属亚热带气候，西部沿海地区分布有温带海洋性气候和地中海气候。中北部平原（中央大平原）温差很大。面积937.26万平方公里。行政区划分为50个州和哥伦比亚特区。其中两个州远离本土，一是北美洲西北端的阿拉斯加，另一是太平洋中部的夏威夷。首都为华盛顿。英语为其国语。美国是一个多民族、多种族的国家，人口约3.07亿（2009年，世界国家和地区第3名，次于中国、印度），人口密度约32人/平方公里（世界国家和地区第178名，次于津巴布韦、纳戈尔诺—卡拉巴赫）。[①] 各民族的文化相互交融，形成了美国多元文化的社会。美国是一个高度发达的资本主义国家，工农业生产均居世界首位。美国实行联邦制，联邦和各州均按宪法实行分权，各州拥有相当大的权力。

作为一个发达资本主义国家，美国十分重视价值观建设，并在实践中逐渐形成了一套符合本国国情的价值观体系。强调个人主义、实用主义、平等竞争、努力工作以及时间效率等构成了当前美国社会的核心价值观。

---

① 来安方:《新编英美概况》（最新修订版），河南人民出版社2002年版，第25—249页。

美国的价值观建设在促进美国经济社会发展等方面起到了十分重要的作用。众所周知，美国建国的历史并不长久，而且是一个典型的移民国家。然而，就是在这样一个历史短暂，种族、文化、价值观念复杂多样的环境中，美国发展成了当前世界上的头号资本主义强国。于是我们不禁要问，在崭新的、由移民组成的美国，是什么力量将各种族、民族紧紧维系和凝聚在一起，并成就了美国今天崛起的神话呢？对此，美国政治学家罗伯特·达尔曾经给出过很好的回答，他说："美利坚是一个高度重视意识形态的民族，只是作为个人，他们通常不注意他们的意识形态，因为他们都赞同同样的意识形态，其一致程度令人吃惊。"换言之，联系美国各种族、民族关系，促进社会一体化的纽带就是美国人所拥有的共同的意识形态或社会价值观念体系。在美国，价值观建设始终是国家建设的一个重要方面，美国历届政府十分重视对公民进行价值观教育，并依据美国的实际情况，精心构筑能被美国社会各种族、民族共同认可的核心价值观念体系。美国经济社会发展的现实表明，美国价值观建设取得了一定的成效。虽然中国和美国的社会制度和核心价值理念存在很大的不同，但美国价值观建设方面的一些具体经验和做法无疑对我们进行社会主义核心价值体系建设具有一定的借鉴和启示意义。

二　美国核心价值体系的生成机制

（一）美国核心价值体系生成的生态视角

一种文化中的思维和行为习惯反映了该文化群体周围的自然生存环境，而相反地，人类的行为也会影响到他周围的环境。美国具有独特的地理生态环境。早期移民带着宗教理想和发财致富的愿望来到北美大陆，北美大陆地广人稀，资源丰富，只要认真努力，人们很容易迅速地发财致富。此外，北美大陆封建思想余毒少，社会流动性大，门第观念薄弱，宗教气氛宽容，英国殖民者由于远在大洋彼岸，对这里的统治也十分松弛。这些使人们无论是物质上，还是精神上都能享受充分的自由。但是，前面等待他们的并不是想象中远离欧洲封建压迫和宗教迫害的理想王国，而是陌生的环境和艰辛的劳作，于是他们形成了自强不息、努力奋斗的务实精神。恩格斯当年曾称赞美利坚民族"是一个比任何别的民族都要精力充沛的民族。”①

1607年，当来自欧洲的拓荒者和冒险者踏上北美大陆东岸的时候，整个大陆仅有三百多万印第安人，但是这里有着世界上最大的河系，森林茂密，矿藏丰富，沃野无垠，几乎完全未经人工的雕琢和开发。从那时起，美国人总是不停地向西部开拓新的疆界，不断地拔桩而起，重新定居，直到19世纪末，浩瀚的太平洋出现在眼前时为止。拓荒虽然走到了尽头，但是这种生命不息奋斗不止的边疆心态却保留了下来，深深地印在美国人的性格之中。美国人要想在这未经开发的蛮荒之地求生存，他们就要依赖自己，自谋生路，胼手胝足开发荒原，因此这些在拓荒中靠自给自足方式生存下来的美国人很自然地形成并强调个人奋斗的价值观，相信个人可以骑马扛枪闯天下，个人能够征服自然，于是不加任何限制的个人主义成为美国人的信仰，他们不仅教导后代不断追求这一理想，而且以个人主义作为衡量人和一切社会现象的标准。

个人主义是美国民族性格和价值观的核心，是这个国家的思想基石。这种价值观反映在美利坚民族意识领域的各个方面以及生活的点点滴滴之中，美国人强调自我意识、自我依赖、自我实现、个人奋斗、个人尊严、个人价值、个性自由等观念都是个人主义价值观的具体体现。美国人所强调的个人主义和欧洲所倡导的个人主义在某些方面存在着很大的不同。美国的个人主义是来源于欧洲的，当欧洲个人主义来到北美这片大陆后，与美国的实用主义哲学相融合，不断被赋予新的内涵和意义，产生了美国这种有别于欧洲的个人主义价值观。在个人主义价值观的发展过程中，美国开拓边疆轰轰烈烈的西进运动为个人主义价值观的产生与发展提供了肥沃的土壤。强调个人价值和个人尊严的个人主义诞生于美国西部。美国人强调个人的价值，他们歌颂个人的力量，尊崇不屈不挠的个人奋斗精神。他们坚信，通过个人的不懈奋斗，人类能克服一切困难和险阻，战胜自然，战胜邪恶，把个人的价值发挥到极限，把个人的价值和尊严最大化，能实现人类的一切梦想。在西进运动中，有一个美国人家喻户晓、尽人皆知的个人主义英雄——丹尼尔·布恩，他带领全家人克服重重困难，在崇山峻岭，野漠荒原之间，坚强生存。他熟悉各种荒原上的生存技巧，能够开荒

① 《马克思恩格斯全集》第36卷（下），人民出版社1974年版，第668页。

造田，会耕作，善骑射，英勇无畏，他不顾个人安危，与当地的印第安人进行顽强的搏斗。在他的一生中，不断向西迁徙，从北卡莱罗纳州一直迁徙到密苏里河流域，他的西进梦想至死方休。在他的故事中，他不依赖任何人，单纯凭借个人的力量，与恶劣而遍布凶险的自然环境相抗争，改造着荒原贫瘠的土地的同时，也改变了当地人落后的生活方式，传播了美国文化与文明。丹尼尔·布恩的故事集中体现了美国人对个人主义的信仰，对个人价值和尊严的重视和热爱。在西进运动中，大多数移民都面对着和丹尼尔·布恩相似的生存环境：荒蛮而未开发的土地，怀有强烈敌意的印第安人，随时会伤害他们的野生动物，不可预测的疾病、饥饿和严寒等。他们只有依赖自我，充分独立，才能与艰险的大自然相抗争，才能生存下去。正是在这样的奋斗过程中，这个民族养成了独立、自立的性格，形成了奉行个人主义的社会主流价值观。

同时，在西迁的过程中，美国移民必须要放弃原有的生活方式，原有的文化和熟悉的生活习惯，投身到未知的荒蛮世界当中。在这种全新的环境当中，他们完全摆脱了原有社会秩序的束缚和禁锢，旧的社会背景、阶级出身等变得无足轻重，在这里不会得到任何考虑，他们只能依靠自我奋斗来实现自己的理想和自我价值。在这种环境中他们自由竞争，完全靠自律和自立来实现自我价值。所以他们崇尚自由，反对权威，热衷于个人的成功，尊重和重视个人的意志和个人的选择。正是在西进运动中，个人主义的含义不断被深化，被复杂化，被强化，从而获得了顽强的生命力和发展。

实用主义是美国最典型的哲学和社会价值观。虽然“实用主义”这个词语起源于欧洲，并由欧洲人把它上升成系统的理论，但这一思想理念却在美国长成了参天大树，美国人在日常生活中忠实地执行着实用主义哲学观。他们轻思辨而重常识，讲求行动和理论的有效性，强调利益，看重实际结果，尊重经验，认为所有的理论都具有弹性，不信仰空洞的、一成不变的理论和教条。美国人的实用主义哲学诞生于殖民地时期，在西部残酷的生存环境中得到了迅速地发展。在摆脱原有的文明与道德禁锢，踏上西部自由土地之后，拓荒者们没有现成的生活模式可以依照，他们不得不进行自我摸索前进。在艰险的环境中，只有适者才能生存，所以他们把生存作为第一要务，一切的观念、理论、思想都要服务于这一要务。他们同时也用事实来验证先人留给他们的经验，这就塑造了美国人实用主义的价值观。他们不屈从于任何权威，认为现实的经验要优先于先哲的理论和原则，认为现实生活具有可塑性。西进运动滋养了美国人的实用主义理念，他们看重实际结果，强调利益，不屈从于任何权威。西进运动使美国梦根植于美国人的心中，使他们勇于实现自己的理想，勇敢地追求成功。

美国西部一望无际的大平原自然环境与畜牧边疆的牧牛方式，是牛仔精神文化产生的先决条件。大平原的广袤和安静，时而恶劣的气候与自然环境总给初来乍到的陌生人以新奇和振奋的感觉。人们感受或想象它的神秘与浪漫，有时也会产生无名的孤独和恐惧感。与东部截然不同的自然环境迫使牛仔尽量适应这种新异并且残酷的自然环境，而这同时又意味着对东部传统生活模式的背离，使牛仔的生活方式与众不同。作为一种独特的生活方式，马、六响枪、套索及烙铁等都与牛仔紧密相联。马作为一种动物在人们心理上产生的作用是奇特的，对牛仔来说，跨上马立刻会增强其力量意识，同时也唤起步行者心中的谦卑意识与羡慕感，马成为一种优越感和成功的象征。如果说牛仔以骑马为荣，那么六响枪更是增加了骑在马上牛仔的威力和力量。在西部人看来，很难找到比腰挎六响枪的马上牛仔更威风凛凛的人物了。敞开放牧比牧场封闭式的喂养更能展开人们的想象力，牛仔在漫无边际的大草原上，以蓝天白云为伴，与草地河流为伍，自由驰骋。“长途赶运”作为牧牛边疆的一大景观也充满了冒险与浪漫的色彩。所有这些，都使那些未能体验畜牧边疆生活的东部人充满遐想，激发人们去著书立说，编撰一个个充满冒险经历乃至荒诞的牛仔故事，诞生一系列催人泪下的悲喜剧和寓意深刻的讽刺作品。

（二）美国核心价值体系生成的历史积淀

从社会历史文化及思想理论背景等多维视野解析美国社会核心价值观的源起原因，包括美国当时的社会历史条件、其独特的生活方式、美国的传统思维方式及西方哲学思维方式的转型等，从而明晰美国社会核心价值观的源起是多种因素综合作用的结果，是美国当时所处的特定历史时代及其特定文化的产物。

早期的移民来到北美建立起不受国王、教会等封建势力统治的殖民地，很大程度上，他们成功了。1776 年，英国殖民地宣告脱离英国，建立一个新国家——美利坚合众国。在这一过程中，美利坚民族推翻原有来自英国的殖民统治，宣告统治国家的权利在人民手中。在 1789 年，当他们起草宪法时，他们把教会与国家权力分离了，这样就不会产生政府支持的教会，从而大大限制了教会的权力。同时，在宪法中明确禁止贵族称号。这些早期移民做出的历史性的决定对美国人国民性格的形成影响深远。通过限制政府、教会的权利，禁止贵族称号，他们创造了一种以个人自由为重点的自由、民主的大气候。在思想上，美国人逐步形成了个人自由的概念，这也许是美国一切价值观的出发点。

探究个人主义价值观形成的根源，对于认识美国个人主义价值观的实质，从而更好地理解美国文化的这一核心价值所在是十分必要的。相信自我拯救的清教主义是美国个人主义价值观的宗教根源；颂扬个人自尊、自立、自信的美国超验主义构成了个人主义价值观的思想基础；美国的民主政治制度及自由经济体制，为个人主义价值观的形成与发展提供了政治上的保障及经济上个人奋斗成功的可能性；突出人的作用，张扬独立个性，崇尚个人英雄的美国传统文化则在社会行为准则方面对个人主义价值观得到普遍认同起到了推动作用。

美国因其特有的历史文化背景形成了这个民族特有的价值观——个人主义，这也是美国文化的核心之一。这种思想是有深远的历史根源的。美国主流文化被称为白人盎格鲁·撒克逊新教文化。新教是 16 世纪欧洲天主教会内为反抗并改革天主教而分裂产生出来的基督教派。新教主张教徒自己拯救自己，而传统的天主教则强调教徒必须靠教会、教皇或其他教主得到拯救。如果说今天美国人是个人主义者，那么，新教传统是个人主义的主要根源。新教随着英国移民进入北美，成为产生美国文化的主要根基。新教源于德国。1517 年的一天，德国一个小城神学院马丁·路德教授在当地教堂大门上贴了一张抗议书，反对天主教会向教徒索取钱财以赎买免罪拯救灵魂的腐败行为。在他看来，只有个人信念才能救自己。他认为教会和神父都可能有错，唯有《圣经》一贯正确。每个教徒必须自己潜心研读《圣经》，自己感悟上帝的意志，这样才能获得新生，进入通向天堂的大门。这种靠个人信念通过持之以恒的个人灵魂深处追求与奋斗而获得新生的理论是基督教教义的核心，是美国新教文化的一大支柱，是个人主义的思想源泉。

在自由竞争的经济体制下，体现个人奋斗的“美国梦”应运而生。美国人相信，在美国，只要经过努力不懈的个人奋斗，而非依赖于特定的社会阶级和他人的援助便能获得美好幸福的生活。尽管有人批评美国梦过度强调经济含量以及物质财富在衡量个人奋斗胜利和快乐上扮演的角色，但大多数美国人深信，这种获得成功的机会在世界上其他国家是难以找到的，这是因为美国的政治经济体制使美国人享有相当大的经济自由度。由此可见，体现个人主义价值观的经济体制以及在此支配下个人奋斗成功的榜样，为强化与推进美国的个人主义价值观起到了不可或缺的作用。

19 世纪德国伟大思想家和著名诗人海涅在《从慕尼黑到热那亚旅行记》中曾经说过，“每一时代都有它的重大课题，解决了它，就把人类社会向前推进一步。”哲学理论作为解决问题的重要手段，同任何一种其他理论一样，也是时代的产物，其源起与当时的社会历史条件是分不开的，并与时代的需要密切相关。马克思认为，“哲学不是世界之外的遐想”，“它是文明的活的灵魂”，“任何真正的哲学都是自己时代精神的精华”。[①]同样，美国社会核心价值观也同样产生于美国社会的现实。

实用主义作为美国土生土长的哲学，是植根于美国特定时代的历史和文化背景之中的。正如恩格斯所说：“社会上的需要远比十所大学更能推动科学的进步。”理论的源起也是如此，而实用主义哲学的源起，正是美国资本主义现代化发展的需要。19 世纪末，经过独立战争和南北战争，美国逐步扫清了资本主义发展道路上的障碍，正处于大规模的扩张和改造时期。大量移民的涌入引起的人口爆发式的增加，特别是工业技术的最新成就导致的大型企业的迅速发展，对哲学提出了新的挑战。为了取得经济上的快速发展，并从理论上阐明现实，美国人必须找到一条有别于欧洲传统文化，代表和体现本民族精神的哲学，以便为资本主义现代化提供一条有效的思想路线。实用主义就是在这种历史背景下应运而生的。它代表了那个时代的要求，是对传统哲学理论不满、进而寻求新的哲学的产物，是在对传统哲学进行斗争并加以改造的过程中形成的，它代表了美国的民主和大众文化对欧洲的贵族传统、知识精英、理性和形式主义的反抗。同

① 《马克思恩格斯全集》第 1 卷，人民出版社 1956 年版。

时，美国独特的生活方式又为实用主义哲学的源起提供了可能。美国是个多民族多种族的国家，素有“大熔炉”之称。美国史前长时期的移民运动、开拓疆土的冒险活动、为资本主义发展扫清道路的一系列战争以及克服资本主义危机的种种努力，都需要付出沉重的代价，而所有这些艰难和代价使美国人在最大程度上学会对人的积极行动及其后果作出最高的评价。这也决定了美国人必然突出地强调理论的实用性，突出地强调他们的实践活动的客观效果。美国民族文化渗透着创业者的注重实际、乐观积极向上、勇于开拓进取的精神。这种精神被誉为“美国精神”。实用主义正是这种精神在哲学上的概括和反映。

美国人渴望成功，在他们的内心深处，都信仰着这个观念：一个人，无论他的出身背景如何，只要他勤劳和节俭，他就能够成功——这就是美国梦。美国梦是美国文化的重要组成部分，是美国民族性格和价值观的重要体现。美国是个移民国家，当移民最早踏上北美大陆时，他们怀有的就是对自由和幸福的向往、对土地和财富的渴求。应该说，从美国民族形成一开始，他们就怀有对成功的追求，这种追求在西进的过程中不断被强化。西进运动时期是美国经济不断发展，国力不断增强的时期。在这一时期，历史塑造了无数的成功典范，这些典范又激励更多的美国人去奋斗，去追求成功。也正是因为这样，拓荒者们才能无视未知的西部世界里无处不在的艰险，去追寻自己的梦想。在西部地区，所有的人都一无所有，他们只有凭借自己的双手和意志，艰苦奋斗。在那里，他们享受真正的平等，没有显赫的贵族，没有清高的脑力劳动者，这使更多的人相信自己能够成功，能够实现梦想。同时，在西部的荒原上，修建房屋、砍伐树林、平整土地、清理石块、撒种播种，甚至饲养家畜、野外狩猎等，都要靠拓荒者们的辛苦劳作，这使美国人养成了热爱劳动的性格。对劳动的热爱也成为了他们成功理念的一部分。

以将来时间为取向的民族。时间取向（Time Orientation）是指人们对待时间的态度及控制利用时间的方式。美国人类学家 Hall 认为时间取向分为四种：零时间取向、过去时间取向、现在时间取向和将来时间取向。不同的文化拥有不同的时间取向。[①]

① 贾玉新：《跨文化交际学》，上海外语教育出版社 2002 年版。

过去时间取向的文化注重旧式的生活，喜欢回顾历史，在社会伦理方面表现出对父母和长者的尊重。该文化中的人们信奉“历史是现实的一面镜子”。中国、印度等历史悠久的国家是过去时间取向的国家。中国是一个以过去取向为主的社会，或者是重视过去的社会，例如，我国传统文化代表——儒家创始人孔子所倡导的述而不作思想。过去的成败往往是现在甚至将来的参考标准，循规蹈矩也成为一种社会规范。因此在中国的价值观中，崇拜祖宗、敬老行孝、论资排辈等观念很重要。而美国是一个以将来时间为取向的民族。他们相信时间是一种线性的单向运动。在将来时间取向的文化中，人们的一切活动都面向未来，信奉“希望只存在于未来”。他们不停地为将来打算，却很少循规蹈矩、很少崇拜祖宗，而超越现在的各种创新却层出不穷。根据犹太基督教的说法，时间不是周而复始地运动，而是有始有终的，一旦失去，将不再重来。因此，美国人往往十分珍惜自己和他人的时间，生活以及工作都被安排地井井有条。

时间，对美国人来说是十分重要的。在外国人看来，美国人似乎更在乎能否按计划准时完成工作，而不愿意把时间花费在内部的人和人关系协调上。工作计划一旦制订，美国人就会去不折不扣地落实。他们认为时间是一项有限的资源，所以他们试着去爱惜时间且加以管理。美国人经常参加有关时间管理的研习会或者阅读这方面的书籍，专业人士随身带着口袋型笔记本，有些甚至是电子的记事本，好随时留意所订的约会与工作截止日期。美国历史非常短暂，他没有值得骄傲的历史和过去，因此美国人只有开拓，创造未来。美国人对过去的事（无论是“好事”，还是“坏事”）似乎很“健忘”，也不沉湎于当前，他们总是用更多的精力关注未来，相信明天会更好。他们着眼于未来，不愿意遵守陈规陋俗。正因为如此，美国人很擅长做规划，也很善于、勤于执行好短期计划。詹姆斯·费尼莫·库珀在其经典小说《拓荒者》中揭示了美国人的一个典型特点，那就是着眼未来，也就是说，他们能够从未来的角度看待现在的一切，可以不为过去所羁绊地看待现在，在情感上更多地依附于未来的事物。

（三）美国社会的文化模式:牛仔文化

对大多数美国人甚至世界上许多人来说，美国西部牛仔是具有英雄主义与浪漫主义色彩的人物形象。一百多年来，由于层出不穷的文学作品和西部电影、电视节目等的渲染，干练、勇敢而善良的牛仔形象深入人心，倍受欢迎。标志牛仔身份的牛仔服亦备受人们的青睐，牛仔装风靡世界，在不少国家甚至一度被视为一种时尚。至今，仍有许多人忠诚不渝地崇拜牛仔及其精神，视其为美国文化的标志。

美国南北内战结束之后，由得克萨斯州向北向西扩展，直抵落基山麓，在中西部广袤无垠的大草原上崛起了一个庞大无比的“牧牛王国”。“牧牛王国”横空出世，决非偶然，而是受益于得天独厚的自然条件。这里不但气候宜人，而且有品质优良的得克萨斯长角牛以及赫里福德牛。还有被人们称作“地面上的黄金”的神奇肥美的牧草——格拉玛草，这种草即使在冬季仍然保持天然的甜味和营养。种种有利条件皆备，“牧牛王国”的养牛业便以令人目眩的惊人速度发展起来。得克萨斯州、堪萨斯州、内布拉斯加州、科罗拉多州、怀俄明州很快变成了牛的海洋。养牛地带还逐渐扩展到新墨西哥、亚利桑那、俄克拉荷马、南北达克他、蒙大拿、俄勒岗等州。及至 1880 年，“牧牛王国”已拥有 450 万头牛，比 20 年前的 13 万头增加了 30 多倍。[①]“牧牛王国”是由牧场主和牛仔们共同营造的大帝国。牧场主个个财大气粗，养尊处优，好不自在，然而无情的岁月早已将他们化作历史的尘埃。而牛仔只不过是牧场主雇来的打工仔，但他们以胼手胝足筚路蓝缕的创业精神和跃马扬鞭气吞万里的豪迈气概谱写的西部边疆壮丽史诗，却足以使他们彪炳青史，流芳人间。

盛极则必衰，美国西部的“牧牛王国”仅仅像昙花一现那样出现了二十几年就迅速地衰败了。其中原因也十分复杂。主要因素有三：一是养羊业的利润渐渐超过养牛业，遂使许多牧场主趋之若鹜；二是种植业不断由东向西拓展，不少牧场主弃牧而改营农场；三是西部铁路干线大规模兴建，使得火车运牛很快取代了牛仔赶运。就这样，人类历史上一个极富传奇色彩的牛仔时代随即戛然而止。

然而，一百多年过去了，人们惊奇地发现，牛仔时代虽然短暂，但是牛仔文化却魅力不衰，它像磁石一样吸引着千百万人的心。例如，当今好莱坞拍摄的影片中最吸引观众的仍是西部片，观众心目中认可的西部英雄典型不是别人，正是骑在高头大马上的英武雄健的牛仔。还有就是在为众

---

① 杨生茂、陆镜生：《美国史新编》，中国人民大学出版社 1990 年版，第 257 页。

多广告商拍摄的电视广告片中，尤其是“万宝路”香烟的广告片中，仍以魅力四射的牛仔形象作为招徕顾客的一张王牌。今天，世界各国不分种族不分肤色的青年人甚至中年人都喜欢仿效西部片的牛仔穿一条牛仔裤，以此为时尚并显示一种潇洒的风度。1976 年美国总统大选中，吉米·卡特正是穿着牛仔裤发表他的竞选演讲的，他的竞选班子在未来总统的形象设计上着实技高一筹。

尽管今天美国仍在经营养牛业的牧场主已经开着小汽车甚至驾着直升机来观察和照料牧场上的牛群，但是人们依然怀念和崇敬一百多年前那些沉默寡言、性格刚毅、英姿勃勃、技艺超绝的马上英雄。虽然美国西部草原上的牛仔早已是历史中人，但是牛仔精神和牛仔气质在美国社会生活中依然清晰可辨。由于人们对牛仔怀有的亲切和崇敬之情，各行各业品格出众、能力超群的杰出人物往往被人们喻为“牛仔”。风靡全球的畅销书《廊桥遗梦》中的那个男主人公罗伯特·金凯前后四次被称作“牛仔”，可见该书作者对牛仔精神的确是情有独钟。[①] 英国历史学家哈里·艾伦早就指出：“半个世纪以来，牛仔的传奇吸引了千百万人。它投合了人们的心意并且一直是这样。由于它有像戏剧和小说那样的固有的价值，有使人产生共鸣的那种野外风味和对老老少少都有的吸引力，它具有一种永恒的时代性。”[②] 这段话也许是对美国牛仔永恒魅力的一种试探性的概括语。

牛仔精神产生于 18 世纪末，兴盛至 19 世纪末的美国西部大开发时期，西部牛仔的开拓、吃苦及独立自主的精神更是对美国历史产生了重要的影响。牛仔精神作为美国人的精神支柱，鼓舞着美国人在不到一个世纪的时间开垦疆域，增强国家实力，同时也为美国的现代化之路铺平了道路，因此，这种力量是不容忽视的。那些牛仔英雄是拓荒者的化身，他们那种不屈不挠的独立精神再配上那非常忠诚的骏马和那十分显露的枪支，是美国人的理想、勇敢和男子气概的象征。他们的行为和态度象征着美国这个新兴民族的精神和追求——敢于冒险、积极进取、向往正义、秩序、自由和进步。牛仔文化已经深深地烙印在了美国人的血液和骨髓里了，同

---

① Robert J. Waller. , *Bridges of Madison County* . Warner Book Inc, 1992.

② 杨生茂编：《美国历史学家特纳及其学派》，商务印书馆 1984 年版，第 294 页。

时，牛仔形象也变成一种特殊符号，印在美利坚民族的文化当中。

西进运动是美国移民造就美利坚民族勇敢冒险与开拓精神的历史，也是美国牛仔精神的具体体现：勇敢和冒险的精神、乐观面世的精神以及独立自主的精神。

西部对于移民来说是一个憧憬中的美好世界，同时又是陌生的危机四伏的世界。“当他们踏上征途以后会立即发现自己走上了荆棘丛生，到处是艰难险阻的危险道路。单是西部的穷山恶水、沙漠荒原、严寒酷暑，沿途缺水断粮和疾病的折磨就夺去了不少移民的生命。如果再加上同印第安人的冲突和匪徒的袭击，那就是一路上都要受到死亡的威胁。”① 西进运动实际上是一种冒险，没有充分的精神准备是很难把这条路走到底的。

当然，西进运动在某种程度上是一场集体性的冒险运动，一方面，许多移民对西进路途一无所知，只是一种“盲目性”的冒险，在没有行动计划，只是随着探险家的传闻匆匆上路的情况下，先后掀起的“俄亥俄热”、“俄勒冈热”、“加利福尼亚热”，大多数人只是跟着传闻中的“目标”前进。另一方面，移民在西进途中要经受各种困难和考验的挑战。边疆学派的创始人特纳曾说过：“封锁去路的莽莽森林，峭然耸立的重峦叠嶂，杳无人烟、荒草丛生的草原，寸草不生、一望无垠的荒原，还有干燥的沙漠，剽悍的蛮族，所有这些都是必须加以征服的。”② 如果他们了解的再多一些，他们反而不会像初生牛犊那样全然无畏了。对西部美好世界的向往和信念，也使得西部牛仔队面对困难和死亡却全然无畏。这是一个与欧洲截然不同的世界，是一个名不副实的新世界。没有国王，没有贵族，没有等级制度，一切都像空气一样自由。对于所有人来说，西部是冒险者的天堂，怯弱者的坟墓。在后来“淘金热”掀起来后，很多人为了实现发财的梦想而勇往直前，也造就了美利坚民族的勇敢和冒险精神。

边疆开发是大国在现代化过程中面临的共同问题，即在由传统农业经济向现代工业经济转变的过程中，常常伴随着一个由沿海到内地的发展过程。边疆是机会、力量和财富的源泉，西部的广阔原野给美国人提供了众多的机会，也让美国人乐观进取的精神种子在西部得到生根。在条件艰苦

---

① 张友伦：《美国西进运动探析》，人民出版社 2005 年版。

② 卡尔金斯：《美国扩张与发展史话》，人民出版社 1984 年版。

的西部除了需要勇敢和冒险的精神外，还需要他们积极乐观面世的人生态度。分析其原因，首先主要是他们热心追求物质生活享乐；其次是那里的移民可以自由地改变自己的地位而不受法律和习惯的限制；最后是人民普遍相信各种职业对一切人都是平等开放的，而他们自身也都是自由体。但是他们始终没有忘记的是发财致富，如果他们看此地不能发财致富，就足以让他们放弃并迁走。积极面世的态度让移民在艰苦的条件下相互协作、互相帮助、患难与共，直到争取最后的胜利。对于拓荒者来说，生活就像一场不断地斗争，互相合作有助于人们最终解决路途中的困难，而把生死联系在一起朝夕相处的人们在战胜困难的过程中也形成了美国人乐观主义的可贵精神。

西进运动加强了美国人喜欢独立，不依赖别人，甚至不依赖父母的个性。"移民去西部拓荒是一家一户的事情，完全由自己做决定，自己筹措费用、自己承担一切风险，应付路途中的变故和享受成功的果实。"[①] 家庭就是一个独立自主的小实体，对社会的依赖比较少，而移民家庭中的成员也都必须承担自己的职责，并且同样面对险恶的环境和种种变故的考验。个人主义是美国文化的核心。美国的个人主义主要来自两大分支，一是新英格兰清教中的个人主义成分；二是边疆拓荒状态下发展的个人主义。边疆个人主义的特点是希望能控制自己的生活，在寻找自我发展的时候，尽可能少地受到来自外界包括政府的干预，这就是个人政治上的自由。西部移民的美国人来自社会的各个阶层，但他们能否成功取决于个人的奋斗精神和个人的创造力。任何的家庭背景、社会地位在那里是没有任何意义的。西部人强调个人作用，尊重个人尊严和自由，反对权威及其对个人的支配，对西部开发有积极的意义，靠个人奋斗获得成功的边疆人所具有的勤奋、坚韧和献身精神等美德，构成了美国精神的良好一面。但是过分强调自我地位的美国人带来的却是对美国精神的消极影响，而且这种傲慢神态仍然残留在今天的美国人身上。

发生在 19 世纪的西进运动推动了美国社会的高度发展，同时也巩固了美利坚民族的牛仔文化传统。美国牛仔文化的显著特点是依靠边疆性形

① 何顺果：《大西部的开发与美国现代化》，《南通大学学报》（社会科学版）2006 年第 22 卷第 3 期，第 80—83 页。

成的，粗暴、强健，加上精明、好奇这种特征，头脑既切合实际又能独出心裁，想的办法快这种特点；掌握物质的一类的东西，手脚灵巧，不过艺术性较差；精力充沛，生气勃勃的特征；个人主义突出，为善为恶全力以赴这种特性；同时热爱自由，华而不实这种特征都是边疆的特性。西进运动对美利坚整个民族来讲其影响是全局性的，特别是对美国牛仔文化的影响，美国人在西进运动中坚强的意志得到更高的升华，同时也促进了美国民族性格的形成，为统一的美利坚民族的建立奠定了良好的基础。

三　美国核心价值体系的内容阐释

相对于历史悠久、文明古老的中国，美国是一个移民国家。由于美国社会的大熔炉效应和多元文化的不断融合，有一些基本的价值观是为不同种族和文化背景的人们所共同信守的。这些价值观包括个人主义、实用主义哲学、讲求平等竞争、重视努力工作以及强调时间和效率等。这些为各民族和各种族的人民所接受的价值观构成了当前美国社会的核心价值观。仔细研究美国人日常生活中几种重要的价值观，可以帮助我们理解美国人的言行和美国社会的基本准则。

（一）个人主义

个人主义是美国社会价值观中最为基本的、重要的价值观。个人主义也被称之为个人自由。个人自由的信念可能是美国人所有信仰中最基本、最有影响力的信仰。要理解美国人，最重要的是要理解他们对“个人主义”（individualism）的热爱和忠诚。在他们看来，每一个人都是独一无二的、特别的，完全与其他人不一样的，是自然界中最基本的单位。个人的利益应该是最重要的，所有的价值观、权利和责任皆源于个人主义。[①]美国人认为每个人均可根据自己的意愿和能力主宰自己的命运，而不受任何外部力量，包括政府、教会、贵族阶层或其他任何权威机构甚至父母的控制。一般认为，个人自由的发展经过了两个阶段：消极自由和积极自

① Larry Samovar and Richard Porter, *Communication Between Culture. 5th. edu*, Wadsworth Publishing Co, 2004.

由。前者强调个人自由和权利不受侵犯；后者强调每个人获得自由的同时应当不妨碍他人的自由。在美国，你可以发现这两种个人自由的成果是共同存在的。一方面，个人权利得到尊重，《独立宣言》和《权利法案》的通过是最好的例证；另一方面，美国也是一个法制健全、依法治国的国家，其人民法律意识之浓厚、国家法典之完备可以说是独一无二的。因此，一个人要想获得个人自由，必须遵守公共秩序，同时，还必须自我依靠、自我奋斗。比如说，美国的孩子在20岁左右就开始不依赖父母而独立生活了。美国人认为，这个年龄的孩子应当自己照顾自己，自己解决困难。如果一个人过于依赖他人，他不仅会丧失个人自由，同时也不为他的同伴和社会所尊重。如果一个人要想融入美国的主流社会——有权力并受到社会的尊重，他就必须是一个自立自强的人。

美国人认为：个人必须依靠自己，否则就可能失去自由。这意味着个人要尽早在经济上、感情上从父母身上独立出来；这意味着美国人必须自己照顾自己，解决自己的问题，自力更生。他们认为：整个个人的命运都在他们自己手里。自力更生这种信念到今天，还是美国社会一条基本的价值观念。美国人认为：他们必须自力更生，来保持个人自由。如果过分依赖家庭、政府或任何组织，他们就不能自由地去做自己想做的事了。对于美国人来说，过了20岁，还与父母同住，就该向父母交付食宿等费用，这是很自然和合理的事情。与成年子女同住的老年父母也可能向其子女支付食宿费用。支付房租和食宿费用是一个人向他人表示独立、自力更生、为自己负责的一种方式。因为依赖他人，不仅会冒失去自由的危险，也会遭到同伴的轻视。即使他们并非真正地自力更生，大部分美国人认为他们应至少看起来是这样。为了使自己生活于主流社会中，个人必须自力更生。尽管有些人接受慈善机构、家庭或政府的经济援助，但这样的人不会被社会所推崇和尊重。很多人相信：接受救济的人树立了一个坏榜样，有可能会从整体上削弱美国人的国民性格。

（二）实用主义哲学

产生于19世纪末20世纪初，脱胎于“美国精神”并进而成为其本质的实用主义哲学，具有显著的独特性。它强调哲学要立足于社会现实。要以行动求生存，以效果定优劣，以进取求发展。它改变了传统哲学脱离实际的学院性质，把哲学信息同美国现实紧密结合，对美国社会起了巨大的推动作用，它既包括了传统“美国精神”的基础内涵，更具有作为哲学世界观的系统性和理论性。

实用主义是一种行动哲学。其英文原名为 Pragmatism，源于希腊文 Pragma，原意就是行为、行动。实用主义者特别强调实践对人类生存的决定性意义。当代美国实用主义者莫利斯指出：“对于实用主义者来说，人类行为肯定是他们关注的核心问题。”实用主义者甚至把自己的哲学称为“实践哲学”、“行动哲学和生活哲学”。实用主义认为哲学研究的中心是人，但不能像传统哲学那样，只从人的认识或人的理性去考察人，把人的理性称为人的本质，而应当把人的生存活动作为人的本质。人作为人必须是实践的人，必须是有实践能力的人，思想不论多么发达，理论无论多么远大，如果不行动也只是空想，对人生没有任何实际意义，人生也不会取得任何成功。詹姆士在《实用主义》和《彻底的经验主义》等著作中，也指责传统哲学不重视人的实际需要和行动，只重视人的认识和理性。他认为：我们所处的世界并不是一切都安排好的世界，而是一个可能美好的世界，这个可能美好的世界要变成现实的美好世界全靠人们的行动和奋斗。这个世界是充满风险的，在这个世界上进行活动和奋斗，有可能成功也有可能失败，成功和胜利是没有把握的。因此，我们人类不能害怕失败，要勇敢地行动、奋斗，只有行动、奋斗才有可能成功。杜威在《哲学的改造》中也十分强调人是行动的主体。胡克也指出：“人们必须行动……他们始终是行动的。”

同时，实用主义也是一种效用哲学。实用主义哲学认为，人是通过实践活动给事物以价值和意义的，行动和效果是检验一切的标准。所以，人不是为活动而活动，也不是做无效果的事情。人活动的目的在于取得对人生有意义的最好的效果和实利。实用主义强调个人生活要有实际效果，在于强调人有了思想或计划，还必须投入行动，有了行动，还必须使世界有所改造，使之成为越来越有益于人类生活的世界。实用主义哲学认为，人的活动要获得实效或实利，必须有科学的方法。这个方法不是最先的范畴和原则，而是最后的效果和事实。詹姆士认为：“实用主义不代表任何特别的结果，它不过是一种方法。”无论做什么事情，成功与否，既不在于前提条件，也不在于追求的目的，关键在于方法。哲学的价值也在于方法的价值，哲学必须面向实际，面对人生，研究与人生有关的实际问题以及研究解决这些问题的行动方法，特别是摆脱境遇，取得成功，获得实效的方法，实用主义就是这样的哲学。

（三）讲求平等竞争

正如《独立宣言》开篇所讲的那样，“人人生而平等”。但是，这种平等并不是说每个人应当是一样的，而是说每个人应当有同等的机会去获得成功。大多数美国人认为生活就是一场追求成功的竞赛，均等就意味着人人都有同等的机会参与这场竞赛并取得胜利。当然，人们必须为机会均等付出代价，那就是激烈的竞争。美国人认为一个人生命的历程如同一场马拉松长跑，只有拼命奔跑才能最终获胜。因此，那些喜爱竞争并最终胜出的人被称之为“英雄”，并为人们所敬重；相反，那些害怕竞争并未能成功的人则被认为是“失败者”，为人们所鄙夷。竞争的压力使美国人更具活力。亚伯拉罕·林肯总统这么说：“我们希望下层社会的人和其他人一样有致富的机会。一个人出生贫寒，在自由社会里，他知道他可以改善自己的状况；他知道他的劳动状况并不是一成不变的。”

美国人信奉机会均等和竞争的基本价值观，正如《独立宣言》所说的：“人生而平等。”尽管有时候他们在日常生活中违反这个理想，但是，美国人深信：从根本上来说，每个人都有同等的价值，没有一个人生来就比别人高贵。这是移民被吸引到美国来的重要原因：每个人都有成功的机会。一代又一代的移民，从最早的乘坐“五月花”号到新英格兰的移民到现代的移民，都带着这个梦想。这些移民认为：因为免受过分的政治、宗教、社会的控制，个人就有更好的成功机会。特别重要的一点是美国没有贵族，由于美国宪法禁止贵族头衔，在美国就没有贵族阶级。在美国历史的早期，很多移民选择离开古老的欧洲，因为他们知道在美国没有拥有巨额财富和特权的贵族阶层。这些移民的希望在这个新兴的国家里实现了。出生下层社会的人可以通过自己的努力爬上社会阶梯。因为成千上万的移民成功了，美国人逐渐信仰机会均等，尽管有些情况例外。对美国社会研究得越深，就会更加清楚地认识到：机会均等是其他很多信念的源泉。

在美国独立后的 100 多年间，各国的移民可以自由移居美国而不受任何条件的限制，为此，法国人民曾把高 45.3 米、重 225 吨的自由女神雕像作为礼品赠送给美国人民。这座雕像的座基上锻刻着艾玛·莱塞勒斯那永恒的诗句：

把你们贫困的，劳累的、穷愁潦倒
而渴望自由空气的人们
把你们那些漂泊无依者
都送到这里来吧。
……

是什么吸引着各国移民背井离乡踏上美国这个陌生的国土呢？除了美国尊重个人权利和自主权的价值观之外，就是“人人平等”的信条。

（四）重视努力工作

拥有并保持大量的物质财富对大部分美国人来说是极其重要的。因为，对美国人来说，这种实利主义是自然的、正确的。在美国，大家把财产作为衡量一个人社会地位的标准，因为美国人拒绝欧洲的世袭贵族制，这样，就必须找到一个衡量社会地位的标准，因而，一个人财产的数量和质量就变成了衡量其成功与否和社会地位高下的标准。此外，美国新教徒还把财产和对神的虔诚联系在一起。然而，美国人必须为物质财富付出代价，那就是努力工作。当第一批移民到达北美大陆时，发现这里自然资源丰富，但所有这些资源却都未开发。只有通过辛勤劳动，自然资源才能变成物质财富和舒适的生活。从历史上看，辛勤劳动不仅成为必要，而且也是有回报的。因为这一点，人们开始把物质财富看成对他们辛勤劳动的自然回报。从某些方面来说，物质财富不仅被视为人们辛勤劳动的一个明显证据，同时也是个人能力的良好佐证。财富的差异反映了个人能力的差异。大部分美国人相信：如果一个人好好工作，他就有可能过上好日子。超过 90% 的美国年轻一代认为他们会实现他们的理想，几乎十个人中有八个人认为他们通过辛勤劳动能够实现理想。美国民众一直接受这样的教育：努力工作和得到更多象征成功的物质财富是好的，这也意味着他们更好的未来。纵观美国第 16 任总统林肯的一生，他欢乐的时刻要远远少于悲痛与烦恼的时分，但他还在坚持不懈地拼搏。这一点就连他的对手都对他敬佩不已。斯蒂芬·道格拉斯这个两次击败过林肯的竞选对手在评价老对手时说："他是他党内强有力的人物，才智超群，阅历丰富；因为他那副滑稽可笑和说笑话不动声色的模样，他是西部最优秀的竞选演说家。"南军总司令罗伯特李将军也曾言：林肯是他一生中最敬佩的人，尽管他们的政见不同。林肯总统努力工作，在逆境中奋斗不止的精神是美国人重视努力工作基本价值观的重要体现。

价值观是社会发展的产物，而谚语又直接体现了具有时代特征的社会价值观，因此学习谚语也就是学习谚语国的社会价值观。谚语反映了大众的智慧，包涵哲理并且有很强的民族性。培根说："一个民族的特征，机智和精神，都可以从这个民族的谚语中发现。"的确，通过这些言简意赅、生动隽永的谚语，我们窥视了美国文化一路发展的过程。体现美国人重视努力工作基本社会价值观的谚语主要有：God helps those who help themselves（自助者天助）。这是清教徒们带到北美洲的信仰：要想成为上帝的选民而受到恩宠，就要勤劳节俭；懒散的生活方式是不可容忍的。Pull yourself up by your own boot straps（靠自己的努力改变境遇）。遇到困难他们首先想到的是自己：贫困不可怕，可怕的是失去了进取心。Remember the roots of your family tree, but you are known by your fruit, not by your root（不可忘本，但是扬名不是靠家族，而是靠工作成就）。

（五）强调时间和效率

对美国人来说，时间是一种资源，时间就是金钱。一个人只有一次生命，时间有限，所以我们要更合理地使用时间。除非人们能利用时间做一些有建设性的、为将来做打算的事，否则将来将不会比过去或现在好多少。因此，美国人敬仰做事有计划的人。一位理想的人士应该守时，珍惜他人的时间。每个人只要有可能，都要节约时间，并合理利用时间。如果你想访友、看医生或是到其他重要场合，你都要预约，否则你会在大部分情况下被婉拒，因为人们的时间排得很紧，希望按照日程安排表做事，而不想被打搅。的确，美国人珍惜时间如同珍惜生命，如同珍惜金钱。凡事都准时无误，不随意更改时间，对待时间的约束也很严肃。当然，这方面的谚语也有很多：Time lost cannot be won again（光阴一去不复返）。Time and tide wait for no man（岁月不待人）。Any time means no time（什么时间都行，等于什么时间都不行）。He that gains time gains all things（赢得时间就赢得了一切）。

美国人重效率，这与他们对将来、变化和时间的概念紧密相连。最有效率地做事，即用最快捷、花费资源最少的方法来做事。像麦当劳、肯德基这样的快餐工业可以被看作是美国文化产品的一个例子，因此快餐业能在一个人们希望减少做饭和用餐时间的国家里繁荣。随着快餐业在美国遍地开花，成百万在快餐店就餐的美国人不会细嚼慢咽，他们被视为是美国社会和文化注重速度和效率的象征。

四　美国价值观教育的经验

价值观教育是美国学校“思想政治教育”的核心。美国以一套行之有效的价值观教育体系成功解决了多民族国家团结和多元文化社会整合的难题，积累了许多价值观教育方面的经验和教训，赢得了“民族熔炉”的美誉。自20世纪中叶以来，美国各级政府、社会团体和学校纷纷重视价值观教育，大力倡导美国精神和美国梦，把以核心价值观教育为基础的品格教育作为学校“思想政治教育”的主导思想，为增强美利坚民族的凝聚力和吸引力、保持社会持久稳定、提高青年的道德品质立下了汗马功劳。

美国实行地方分权制，因此，美国各州甚至每个学校都按照自己的特点设置和教授道德教育课程，其内容表现出很大的差异性，但总体可归纳为以下三个方面，即公民教育、价值观教育及个人品质教育。

以爱国主义为核心的公民教育《美国的公民教育》一书指出，公民教育的主要目标是：对政治体制有所了解，养成参与公民生活的技巧，奉行符合民主制度原则的道德标准，同时有能力分析这些道德标准所产生的结果。在美国学校教育中，公民教育由爱国主义教育与法制教育两个部分组成，旨在培养青少年具有合乎社会政治制度要求的态度与信念，明确每个公民的权利和责任，美国将其称之为政治社会化。“课本、文选和供青年人阅读的历史几乎每一页都讲到爱国主义。一整套故事、英雄传说和格言把一个存在各种地区分歧的民族团结起来，使一个来自四面八方的民族形成自己的传统。”[①] 美国从小学到大学都极为重视爱国主义教育，同时又根据青少年的心理、思想发展水平而各有侧重。美国中小学的培养目标，从总体上看是要将学生培养成：“责任公民”，即具有爱国主义精神，能对国家尽到责任与义务的公民。在一些中小学里，每一间教室都挂有国旗和学校所在的州旗。每天的第一节课，让学生做的第一件事就是让他们面对国旗肃立，右手置左胸前唱美国国歌，以培养他们的爱国情感。[②] 值得注意的是，美国学校利用历史教学加强爱国主义教育这一作法是十分突出的。美国从建国至今只有两百多年的历史，正是由于她的历史不长，美国人也就特别珍视自己的历史，并以此作为维系整个国家人民的纽带。美国的小学、中学和大学分别根据学生的年龄特点，对学生进行具有不同侧重点的历史教学。小学主要学习历史故事、伟人轶事；中学侧重学习历史事实和过程；大学侧重对历史进行理论分析。法制教育是美国学校公民教育的另一项重要内容，其目的在于为美国社会培养遵守法律和忠于美国制度的公民。美国从小学到大学具有环环相扣、由浅入深的法律教育。中小学讲法律的具体内容和条文，大学讲法律的形成、演变，从社会背景中分析美国的法律及制度，说明美国法律和政治制度的合理性和权威性，以及这些制度的神圣不可侵犯和永恒性。

以个人主义为核心的价值观教育。美国是一个自称自由、人权、民主最充分的国度，“自由”指不受政府、贵族统治阶级、教会或其他组织机构的干扰，自己掌握自己命运的个人的愿望和能力。美国前总统胡佛在《美国的个人主义》的演讲中指出：“美国制度是个人奋斗的自由放任主义。”20世纪80年代，美国前总统尼克松写书重申：我们认为个人是重要的，我们的制度保证给予个人以最大的活动范围。美国学校所要传授和鼓励的价值观就是个人主义价值观。美国纽约州立大学校长兼纽约教育司长詹姆斯·艾伦在他的《教育：为国家还是个人》一文中明确指出：我的这篇文章是要使人们注意一向作为我国整个教育体系的基础是重视个人的原则……大家公认的教育目的，是使学生能够为自己打算，并做出自己的打算。我确信，以个人为基础的教育制度，一定能够继续造就出越来越

① 见《美国大学的道德教育》，《高等教育研究》1992年第1期。

② 见［美］H. S. 康马杰：《美国精神》，光明日报出版社1988年版。

多的有根基的公民领袖和公民维护者。

美国卡内基基金会主席博耶在谈到大学的责任时就曾明确指出："大学期间，正是学生开始探索个人前途选择并形成自己价值观的时期。"因此，美国大学普遍开设价值观教育课程，如伦理道德课，并通过哲学、神学、历史和艺术等教材对学生进行价值观的感性、理性的综合教育。此外，美国大学还利用校园文化和校园生活影响学生价值观的形成。学校的各种规章制度向学生暗示学校的价值观念，学校的传统、学风、各种仪式活动也对学生构成强有力的影响。学校的竞争气氛使学生逐渐形成一种信念：要想出人头地，必须依靠个人的奋斗。可以说，美国大学校园里的各种活动和课程都对学生形成个人主义价值观起到了促进的作用。

以社会行为准则为核心的个人品质教育。美国是法制健全、物质文明发达的资本主义强国，它要求学校进行以社会行业准则为核心的个人品质教育，以促进社会形成文明、积极的精神风貌。"品格教育"（Character Education），又译为品质教育或人格教育，是美国道德价值观教育的模型。1987 年，美国国家学校联合会向美国教育部提出了"在公立学校塑造品格"的计划，提出要在全国 23 所学校中加强品格培养。经过十几年的发展，品格教育目前已被认为是美国最实用的道德价值观教育模型。新品格教育运动宣称，品格教育应该向青少年一代传授一系列能为所有文化接受的、具有共同性、普遍性的核心价值。这些价值包括：同情、勇敢、礼貌、公正、诚实、善良、忠诚、坚毅、尊重、负责。为增强品格教育的有效性，达到促进青少年品格健康的积极效果，美国各品格教育机构还具体制定了进行品格教育的活动和评价原则。在美国，品格教育不仅仅是学校的事情，它受到了各级政府、各社会阶层和团体的高度重视。自 1994 年开始，每年举行一次"白宫品格教育会议"，总统及夫人分别在品格教育会议上发表演讲，由总统制定品格教育的测试方案，每年拨款 400 万美元予以支持，美国政府用于品格教育方面的拨款已达到 22 亿美元。

此外，美国学校道德教育的途径方法出现了多样化的特征，除了理论灌输之外，还有大量的实践活动和渗透教育，实现了显性教育和隐性教育的结合，但总体上，美国学校道德教育的隐蔽性更为突出。

道德教育与其他学科的有机融合。主张德育与其他学科融合是杜威的教育思想，美国各学校长期以来一直遵循这一原则。将道德教育寓于学校生活和各学科教学当中取得了显著的成效。美国学者约翰·埃利亚斯指出，道德教育是一个需要多学科共同研究的领域，仅仅通过一门学科来探讨这一领域既是有限的，也是危险的，因此，他们十分注重各学科的德育渗透作用。人文和社会学科本身就是道德教育的组成部分。美国学校虽然少有专设的道德教育课程，但普遍开设了历史、公民学等有关课程。在对学生进行学科知识的传授过程中，渗透着美国精神和民族文化的教育内容，强调美国对于世界政治、经济的影响和领导作用。美国高校的公共基础课普遍开设美国总统制、欧洲政治思想、美国政治生活中的道德问题、美国现代文明等课程，这些课程的政治性和理论性都很强，充满了美国所认可的核心政治观和价值观。此外，美国学校还十分重视自然学科与道德教育的结合，其方法是对每一门主修的专业，都要从历史、社会和伦理学的角度进行学习研究。即要求学生在学习任何一门专业课程时，都需要考虑三方面的问题：这个领域的历史和传统是什么？它所涉及的社会和经济问题是什么？要面对哪些伦理和道德问题？对这三个问题作出正确分析与解答，实际上就实现了德育之目的。

注重活动式道德教育。活动式道德教育，即道德教育联系社会生活实际，使德育贴近学生生活，贴近实际。教育者在教学中，设计一系列的教学活动，让学生主动参与、亲自实践，获取道德知识、养成良好的行为习惯。在美国通行的德育模式一般是按照“设置场景——引导角色进入——体验——选择”进行的，即通过把教育对象置于一定的情境中，引导学生进入角色，进行选择，其中无不贯穿学生的思考活动。[①] 在课堂外，让学生参加各种各样的社会活动，体验社会。自20世纪80年代后，美国学校规定学生必须参加社会活动，参加多种形式的义务服务，以取得相应的学分，方能毕业。美国学生参加社会活动的范围非常广泛，有募集资金，竞选宣传，环境治理，为老年人和残疾人提供慈善工作服务等。通过各种形式的社会服务，不仅能加深学生对社会的了解，获得服务社会的体验，而且还能培养学生自我管理、自我教育以及社会生存的能力，培养学生的社会责任感和公德意识。

---

① 陈俊珂：《美国大学德育的途径与方法》，《比较教育研究》1999年第1期，第38—41页。

注重发挥隐性课程的德育功能。隐性教育是课堂内外，间接的、内隐的，以特定方式呈现，通过受教育者无意识地、非特定的心理反应发生作用的教育因素。[①] 美国学校非常注重发挥隐性课程对学生思想品德形成和发展的影响作用。一方面，不回避道德教育的阶级性、政治性，通过开设“公民”、“美国宪法”、“民主问题”等课程进行公开的正面的教育。另一方面，十分注重发挥隐性课程的德育功能，充分利用课堂内外，间接的、内隐的教育因素进行渗透式教育。这种隐性教育方式具有极大的自然性和隐蔽性，通过情境交流，在愉悦的气氛中，使受教育者自然而然地接受教育，达到教育目的。例如，美国学校中普遍建立了心理咨询机构有固定的编制、行政拨划的经费和正规的工作制度与规划，成立专门从事学校道德教育的机构。咨询人员是受过专门训练的专家，有较高的职业道德素养，专门为学生提供咨询，排忧解难。心理咨询机构除了开展日常的心理咨询和心理教育外，还开展各种形式的团体心理训练活动。一些学校在新生中开展“情感适应”训练，包括增强责任心，人际交往的能力培养，自信心的培养，学会客观全面地评价自己，促进学生与学校融为一体能力的培养等。心理健康教育对促进学生在思想上和心理上的成熟，培养健全人格起到了非常重要的作用。

此外，美国学校重视社会环境的教育作用，利用社会公共环境的情境熏陶、渲染、渗透作用对学生进行道德教育。如美国首都华盛顿以拥有众多的博物馆而著称于世。像美国国会大厦、白宫、华盛顿纪念馆、林肯纪念堂、杰佛逊纪念堂、国会图书馆、航空航天博物馆等场所大都免费向学生开放。这些文化设施，不仅发挥着陈设与展览作用，而且具有鲜明的公众传播和教育功能，集中表现了美国的物质文明和精神文明，宣扬美国的政治制度和价值观念，是美国向其国民包括本国学生进行道德教育的基地。学校德育在这里得到了有效的呼应与补充。

五　美国的价值观教育的教训与面临的挑战

在短短二百余年的时间里，美利坚合众国从原始社会迈向文明社会，

① 董小燕：《美国学校德育的进程、特点及启示》，《外国教育研究》1997 年第 1 期，第 45—49 页。

建立了世界上第一个没有封建残余的纯粹资本主义制度的共和国，颁布了世界上最先进的宪法，并成为当今世界的超级霸主。正是由于如此的成功与强大，美国人对自己的价值观感到无比自豪，不但高度肯定，而且认为他们有义务有责任把它推广到全世界。

自从美国作为主权国家与外部发生关系以来，输出或传播美国价值观便成为美国政府决策者的一项考虑，始终存在于美国对外政策之中。冷战结束后，美国政府更是把“价值观输出”提高到前所未有的战略高度。于是乎，我们看到，美国政府一手拿着巡航导弹、航空母舰，一手擎着“民主、自由、人权”的橄榄枝，四处出击，妄图用美国的面目改造世界，使别的国家都受它的支配和摆布。最明显的就是，2003 年 3 月 20 日，美国竟然绕过联合国，藐视国际法，置世界人民反战呼声于不顾，联合英国，以“使伊拉克民主化”为名，悍然发动了对伊拉克的侵略战争，给伊拉克人民造成了极大的人道主义灾难，这使美国“输出价值观”的狰狞面目暴露无遗。在这种情况之下，对美国个人主义价值观及其“输出价值观”的实质进行深入系统地分析实属必要。

美国道德教育目前存在着许多问题，主要体现在以下两方面：第一，道德教育共识正逐渐丧失。美国人认为，个人的道德在家庭、学校以及社会中形成。这三种场所为个人提供了道德学习所需的整合性背景。而美国现代社会令道德教育难以实施的社会现象之一，就是道德教育的上述三种场所之间丧失了道德共识；第二，传统道德教育的逐渐衰败。今天美国正规教育关注的焦点在于向学生传授计算机时代所需要的技巧与知识，而道德教育则被忽略。与此同时，学校却为普遍的道德危机苦恼着。美国学校道德教育近些年所推崇的是价值澄清法，这种方法实际上是一种无原则的指导方式，不允许教师就自己的价值观对学生进行指导，要学生自己讨论与产生观点，而这种方式实际上是不可能的。这无疑也影响了学校道德教育的实际效果。

客观地说，我们必须要承认，历史地看，个人主义在美国这块广袤而人迹稀少的大陆上确实曾起过开拓荒野、发展经济、反抗外来压迫与抗拒封建残余的积极作用。但是，随着时间的推移，随着资本主义固有矛盾的发展，美国的个人主义价值观越来越走向自身的反面。由于过分重视个人主义，造成美国是全世界犯罪率、吸毒率和离婚率最高的国家。美国的杀人罪为英国的6倍，日本的4倍；强奸罪是英国的11倍，日本的9倍；抢劫罪是英国的7倍，日本的16倍；囚犯人数高于西欧和日本10倍，1996年受到法律制裁的人数为550万人。美国毒品的消耗量占全世界60%，毒品销售的利润每年高达1000亿美元以上，与最大汽车公司（通用）的规模不相上下。相关企业的色情市场年产值也超过1000亿元，赌场金额更高达4000亿元，超过美国国防预算。离婚率为20%，也造成20%的单亲家庭。①

关于个人主义价值观发展的严重后果，美国学者丹尼尔·贝尔看得非常清楚。他认为这种价值观强调的“不受束缚的自我”和“享乐主义”，其恶性发展已威胁到资本主义的正常运转，使“美国资本主义已经失去了它传统的合法性”，并“构成了西方所有资产阶级社会的历史性文化危机，这种文化矛盾作为关系到社会存亡的最重大分歧长期存在下去”。②美国前总统卡特的国家安全事务助理布热津斯基指出，美国“必须认真地认识到：以相对主义的享乐至上作为生活的基本指南是构不成任何坚实的社会支柱的；一个社会没有共同遵守的绝对确定的原则，相反却助长个人的自我满足，那么这个社会就有解体的危险”③。在同一本书中他还发出疑问，“一个不受一系列全球至关重要的价值观念指导的国家，究竟能不能长时间地发挥其优势”。

美国社会学家菲利普·拉夫认为，文化的核心在于它禁止做什么。文化是一整套道德要求。也正是在这个意义上，他认为美国是一个“没有文化的社会”。在美国社会中，已没有任何东西被视为神圣，因而没有任何东西被认为是犯禁的。今天美国的自由主义政治和社会政策把容忍视为是最高美德，将容忍与爱加以混淆。美国所面临的犯罪问题、教育问题、吸毒问题和未婚先孕问题等都表明美国年轻一代道德上的颓败，在他们的心目

① 布庆荣：《评美国的价值观》，《内蒙古民族大学学报》（社会科学版）2004年6月第30卷第3期。

② ［美］丹尼尔·贝尔：《资本主义文化矛盾》（中译本），生活·读书·新知三联书店1992年版，第132页。

③ 兹比格涅夫·布热津斯基：《大失控与大混乱》，中国社会科学出版社1995年版，第125页。

中已没有所谓价值的观念。可以说，美国的青年对价值问题茫然无知。他们指责社会的伦理要求是对他们个人自由的干预，他们认为个人的权利应包括“创立个人的价值”。但他们并不了解价值本身就包含道德义务。

另一方面，美国社会秩序的混乱与美国社会中盛行“自我实现”和“自我尊重”的风尚有关。由于“自我尊重”的膨胀，人们不再顾及公民义务，不愿将自我利益置于一个总的社会意志之下，这正是世纪末美国主义的真髓。美国社会学家注意到了美国社会中传统内部约束机制的丧失。由于工作伦理价值受到福利主义的冲击，由于自我放纵不再受到社会约束，美国社会学家提出了一个严峻的问题：在这种情况下，民主社会还可能生存吗？

实用主义不仅相当全面地改变了美国的传统教育，而且向世界各国的教育体制发出了一个巨大的冲击波。由于中小学的课时大为减少，美国的小学基本上不布置家庭作业，中学的家庭作业也很少。寒暑假时间较过去增加了，使中小学生有了大量自由支配的时间，可以用来做自己想做的事，也可以用来游戏和旅行。实用主义教育以活动代替书本，强调应用技能，虽然他们自身提出要把活动和思维结合起来，但在具体运用中，常常不可避免地导致忽视理论知识。这种技术先于和重于科学的倾向，在工业化的初级阶段，曾促进了美国经济的发展，但随着现代经济进入高科技竞争阶段，它的缺陷便日益显露出来，因为现在有重大意义的实用技术几乎都是伴随基本理论的重大突破而出现的。在一定意义上说，理论知识的掌握已具有特殊的重要性，高科技的发展和突破必须以深厚的理论素养为前提，经验主义的时代已成过去。

一些美国人还批评说，美国以前的传统教育十分重视道德陶冶，而在实用主义得势后，虽然口头上仍称“道德为教育之最高和最终目的”，但实际上美国道德教育水准却在不断下降。学校虽然开设了这方面的课程，但由于学生获得了选课的充分自由，他们无意听教师或长辈在这方面的唠唠叨叨。升国旗、背诵美国誓词等传统的爱国主义教育仪式也由于实用主义哲学家斥之为超验的形式教条而被取消。特别是实用主义认为善是基于个人经验所作出的判断和选择，道德判断要以实用和实效为基础，“能满足需要的就是善”，这使得一些青少年更加有理由不接受传统道德观念的约束，在社会和家庭关系上采取一种放纵的各行其是的态度，造成美国青少年犯罪率不断上升，两性关系的随便和紊乱。美国许多社会人士和家长对此都十分不安，他们大声疾呼："现在应当是对美国的哲学和文化进行反省的时候了。"

参考文献

［1］黄哲明：《梦想与尘世：二十世纪美国文化》，东方出版社 1999 年版。

［2］林宏宇：《"天赋使命"与美国外交——兼论外交哲学的作用》，《国际关系学院学报》2002 年第 2 期，第 3—9 页。

［3］Denise M. Bostdroff, *The Presidency and the Rhetoric of Foreign Policy*, Columbia: University of South Carolina Press, 1994.

［4］王庆奖、何跃：《论西部观念与美利坚民族的使命》，《新疆大学学报》（社会科学版）2001 年第 29 卷第 3 期，第 60—66 页。

［5］何顺果：《大西部的开发与美国现代化》，《南通大学学报》（社会科学版）2006 年第 22 卷第 3 期，第 80—83 页。

［6］邵龙宝：《价值观教育的特点与方法》，《教育探索》2001 年第 3 期。

［7］葛建平、葛春：《美国公立学校价值观教育初探》，《思想理论教育》2006 年第 7 期。

［8］殷炳华：《集体主义、个人主义与市场经济》，《湖南师范大学社会科学学报》1996 年第 1 期。

［9］吴家华、顾广玲：《市场经济与集体主义》，《安徽大学学报》（哲学社会科学版）1999 年第 6 期。

［10］张红、刘斌：《中美价值观教育比较——集体主义与个人主义的对照》，《教学与管理》2004 年第 15 期。

［11］王俊霞：《美国的个人主义与中国的集体主义》，《佳木斯大学社会科学学报》2005 年第 2 期。

［12］顾明远主编：《民族文化传统与教育现代化》，北京师范大学出版社 2002 年版，第 2 页。

第三章

英国核心价值体系及价值观教育
——绅士与经验主义

一 引言:为何选择英国

英国全称大不列颠及北爱尔兰联合王国，是由英格兰、苏格兰、威尔士和北爱尔兰组成的联合王国，一统于一个中央政府和国家元首。英国位于欧洲大陆西北面，英国本土位于大不列颠群岛，被北海、英吉利海峡、凯尔特海、爱尔兰海和大西洋包围。隔北海、多佛尔海峡、英吉利海峡与欧洲大陆相望。它的陆界与爱尔兰共和国接壤。海岸线总长 11450 公里。全境分为四部分：英格兰东南部平原、中西部山区、苏格兰山区、北爱尔兰高原和山区。英国受盛行西风控制，全年温和湿润，四季寒暑变化不大。属温带落叶阔叶林带。通常最高气温不超过 32℃，最低气温不低于 -10℃，平均气温 1 月 4 ~ 7℃，7 月 13 ~ 17℃。年平均降水量约 1000 毫米。英国主要的矿产资源有煤、铁、石油和天然气。硬煤总储量 1700 亿吨。铁的蕴藏量约为 38 亿吨。西南部康沃尔半岛有锡矿。在柴郡和达腊姆蕴藏着大量石盐。斯塔福德郡有优质粘土。康沃尔半岛出产白粘土。奔宁山脉东坡可开采白云石。兰开夏西南部施尔德利丘陵附近蕴藏着石英矿。在英国北海大陆架石油蕴藏量约在 10 ~ 40 亿吨之间。天然气蕴藏量约在 8600—25850 亿立方米左右。英国国土面积 244108 平方公里，人口 6000 万，主要是英格兰人，占人口的 80% 以上，其次为苏格兰人，爱尔兰人，威尔士人等。[①] 居民多信奉基督教，其中大部分属于英格兰教会（英国国教），一部分属于苏格兰教会，另有部分居民信奉天主教。首都

---

① 来安方:《新编英美概况》（最新修订版），河南人民出版社 2002 年版，第 256—402 页。

伦敦是欧洲最大和最具国际特色的城市。英国是一个君主立宪制国家，女王是名义上的国家元首，议会为最高立法机构，政府是执行机关。英国在政治上实行民族区域自治，苏格兰和北爱尔兰均享有广泛的地方自治权。英国是世界上第一个工业化国家，有许多科学发现和发明，如蒸汽机、青霉素、脱氧核糖核酸（DNA）、第一部计算机、多利羊和喷气式发动机，等等。英国的经济在世界上占第五位，而且是欧洲最大的金融中心。伦敦的金融市场吸引着世界各地的众多公司来此利用英国的商业契机。

英国是一个种族、民族、信仰多元化的国家，如何使社会核心价值观教育在加强学生对英国传统价值观的继承的情况下，促进他们对不同文化的理解和尊重，并对种族和信仰多元化的国情有更深刻的认识，学会如何正确面对和处理种族分歧问题，成为构建多元文化社会和发展多元文化社会中的社会核心价值观教育的核心之一。在加强认同和尊重多元社会中差异的同时，英国公民教育仍然强调其核心价值，因为多元文化主义的逻辑并不是要削弱机构一体化和对自由民主价值观的尊重，而是把融入主流的公共机制、政治价值和移民对这些政治价值观的接受看作是理所当然的，详细说明这些政治和社会一体化以一种尊重、包容和多样化的方式发生。加强核心价值观的内容和方式首先是加强归属感；其次是国家利益和荣誉至上意识；最后是培养集体精神。在英国公民教育课堂上，教师经常向学生们进行共同利益和目标的灌输，并努力将个人价值与社会价值相联系。在英国，价值观建设始终是国家建设的一个重要方面，英国历届政府十分重视对公民进行价值观教育，并依据本国的实际，精心构筑能被社会各种族、民族共同认可的核心价值观念体系。虽然中国和英国的社会制度和核心价值理念存在很大的不同，但英国价值观建设方面的一些具体经验和做法无疑对我们进行社会主义核心价值体系建设具有重要的借鉴和启示意义。

二　英国核心价值体系形成的背景

（一）生态视角

“地理是历史之母”，地理与文化的形成和发展密切相关。一个国家或民族所处的地理环境对该民族或国家的历史发展、国民性格形成等有深刻地影响。历史上，英国特殊的岛国地理和环境为该国航海事业、海军的发展、以及对外扩张和强大帝国的建立创造了有利条件。岛国地理和辉煌历史又造就了英国人强烈的岛国情结，形成了英国人鲜明的性格特征，这种性格特征又影响到英国社会生活的方方面面。

笼统地说，文化不仅是一种社会现象，也是一种历史现象，是社会历史积淀的产物。文化具有民族性的特征，一个民族的文化与该民族所处的客观环境以及由此产生的人类实践活动不可分割。正如日本学者内山完造在其《一个日本人的中国观》中所指出的："中国人的根性不妨称为大陆的，茫茫大陆之上，任何事物不能明晰地加以区别划分，不能有绝对的完整，中国人即使见到完整的东西，也无意识地觉得把握着完整，未免太过于累赘繁重，只要能选出其中主要部分来，便已是足够足够了。"[①] 综观世界历史，可以发现一个国家的地理和经济有着十分密切的联系，而这种关系对于该民族的性格形成也有着不可低估的作用。同样，英国的岛国地理与环境和其历史发展有着密切的关系，岛国地理环境影响到了英国的方方面面。

独特岛国地理位置在漫长的历史进程中为英国的发展带来无限契机和巨大辉煌，使英国人对岛国形成了牢固的优越感和依赖感，这种感情让英国人在具有自信、民主和开拓精神的同时，也具有保守等明显特点，从而形成了一种社会文化——岛国情结。这种岛国情结在扩张与殖民中不断成长与成熟，从民族意识变成民族自觉，并延续至今，投射到英国社会和生活的方方面面。英国人的岛国情结由来已久。1485 年，英国建立了封建的都铎王朝。正是在这一阶段，特别是伊丽莎白时代（1558～1603），英国人对其岛国地位有了准确和客观的认识，"岛国意识"开始形成并最终确立。这也许是英法百年战争的副产品，是上帝赋予英格兰人的礼物[②]。岛国观念在英国人的想象中占有重要的地位。大文豪莎士比亚很早就流露出英国人的岛民心态，如《查理二世》里冈特的老约翰说："这镶嵌在银灰色大海里的宝石，那大海就像一堵围墙，或是一道沿屋的壕沟。"莎士

① 黎德化：《论文化的冲突与协调》，《首都师范大学学报》1998 年第 3 期，第 118—122 页。

② 彭树智：《英国人》，三秦出版社 2003 年版，第 113 页。

比亚在言辞之间流露出对自己国度处于大海之中的优越感[①]。岛国情结让英国人富于想象并善于开拓，对英国文学产生了深远的影响。18 世纪丹尼尔·笛福的《鲁滨孙漂流记》就是取材于水手亚历山大·赛尔科克的精彩故事，成为不朽的“海岛题材”小说之一。

由于四周都是大海，安全有了保障，英国人很早就获得一种自信。岛国情结深深地印在了英国人的头脑里，让英国人为自己生活在这样一个岛国无限骄傲，从而对外界表现出排斥与蔑视的民族性格。我们很难不得出这样的结论：内心深处，英国人其实瞧不起外国人。1592 年，在描述维尔腾姆公爵弗雷德里克访问英国的情景时，一位德国作家这样评论：“居民们……非常傲慢，盛气凌人……他们对外国人毫不尊重，而且藐视和嘲笑他。”[②] 英国人对外国的蔑视常表现在日常小事上，比如他们将煮得既不好看，也不好吃的牛排形容为“像法国人煮的”；当英国人说了粗话请求原谅时，会说：“请原谅我用了法语”（梅杰首相在 20 世纪 90 年代经常用这个口头禅）；把不告而别称为“请法国假”；称腐败是“西班牙习俗”等[③]。这些指责是英国人一种自大心理的缩影。1983 年，伊丽莎白·普莱思在她撰写的《了解不列颠》一书中，谈到了英国人的传统形象：“人们认为一个传统的英国人内向，感情淡漠……坚定地相信不列颠人比其他民族优越。”可以说，就是这种“坚信不列颠人比其他民族优越”形成了英国人骄傲的群体形象。英国文化协会曾经委托莫里调查机构进行一项历时两年的调查，共访问了 3000 多名世界各地的人士，了解他们对英国的印象。结果发现，他们普遍认为英国人传统保守，对外国人显得冷漠、自大的态度实在令人不敢恭维。受访者普遍认为英国人的排外性甚强，其中一名新加坡被访者说：“老一辈还以为自己仍是殖民地主人，看不起其他种族的人。”

英吉利民族这种讲求实效的性格与其生存环境有极大的关联。英国位于西欧一隅，气候变化无常，地形复杂，除东南部地区外，其余是山区和丘陵，矿产主要是有限的铁和煤，农业资源也并不丰裕。四周怒涛滚滚的

① 刘作奎：《英国人有种岛国情结》，《环球时报》2004 年第 22 期。

② 杰里米·帕克斯曼：《英国人》，严维明译，上海译文出版社 2000 年版，第 37 页。

③ 彭树智：《英国人》，三秦出版社 2003 年版，第 115 页。

海域形成了对外交往的天然障碍。所以，传统上，无论是耕种贫瘠土地的农夫，运用有限资源的工商阶级，还是在变化莫测大海中搏击的水手，都形成了这种性格：务实、求稳、冷静，凭经验行事，不走极端和无谓冒险。

马克思主义认为，人是生产力中最活跃的因素。工业革命的发生需要大批技术发明者、新机器的制造者，但在当时只有英国拥有一批从事创造和发明的技师、工匠，这就为英国率先进行工业革命提供了丰富的人力资源。其实，这与英吉利民族特有的经验主义思维方式是分不开的。经验主义的思维方式即崇尚经验，注重直觉，讲求实际效用，理智行事。这种思维方式与英吉利民族的生存环境极其相关。马克思曾经说过：“不同的公社在各自的自然环境中，找到了不同的生产资料和不同的生活资料。因此，他们的生产方式、生活方式和思维方式也就各不相同。”① 英国位于西欧西部，气候变化无常，四周为大海所包围、变化莫测的海域使英国人形成了务实、求稳、冷静、凭经验办事的思考方式。这是英国人发现真理、进行发明创造的独特思维方式。牛顿从苹果落地的经验中发现了“万有引力定律”，不是抽象思维的结果，而是源于他艺术家般的“创造性直觉”②。法拉第把力看作是一种管状的东西或似乎具有橡胶制品的技能，卢瑟福把原子当作集市上的掷骰子游戏来加以研究，等等。工业革命时期，科学技术还没有真正结合，经验就成了技术发明的“头号功臣”。正是英吉利民族凭借这种特有的思维方式，把人类领进了工业社会的大门，并使英国经济领跑世界一个多世纪。

（二）历史积淀

英国历史演变的一个重要特点就是其文化传统有较大的连贯性。在远古时期，许多不同的民族曾先后进入不列颠，但都处于氏族社会阶段，没有建立国家。在公元 1 世纪，不列颠成为古罗马较晚才征服的一个地区，但帝国派驻的总督并没有将这个偏远的异族行省视为自己的势力范围，因而不列颠并没有经历过古代共和制的洗礼，甚至没有被拉丁化。后来，不

① 《马克思恩格斯全集》第 23 卷，人民出版社 1972 年版。

② 陈俊森、樊葳葳主编：《外国文化与跨文化交际》，华中理工大学出版社 2000 年版。

列颠虽遭受了数次外来入侵，但入侵者都未能维持长久的统治，未能达到彻底的征服。1215 年约翰王与诸贵族签署了《自由大宪章》，这标志着一个统一的封建国家在英国建立起来了。标志着英国进入现代社会的 1688 年资产阶级革命也基本上是以“和平”方式完成。议会邀请荷兰的威廉来接管英国王位，但条件是他必须遵守议会的法律。至此，英国消灭了专制王权，以妥协的方式进行了资产阶级革命，封建传统也就相当完整地保留了下来。此后，英国的一系列变革大都是以渐进方式进行的，并将传统带入一个又一个新时期。总之，由于近代英国没有经历法国资产阶级大革命那种较为彻底的变革，所以现代社会在英国的出现，几乎是水到渠成，自然而然。它沿着历史长河缓缓而来，并没有被切断、被阻绝之感，传统与变革和谐地交织在一起。可以说，“没有任何一个民族（像英国那样）把它的过去如此完整地带入了现代生活”①。

英国的经验主义在哲学方面有着深深的根源。F. 培根、J. 洛克和 D · 休谟等英国哲学家都对经验主义哲学进行了相关的论述。培根首先抨击了中世纪盛行的空洞无用的经院哲学，宣称人类的力量不是来自上帝或先哲的典籍，而是来自人类自身的经验，并认为一切应当着眼于人类幸福生活而不是为来世作准备。洛克反对法国哲学家笛卡尔学说中的先天观念，提出了著名的“白板论”。他认为，心灵生来时就像一个白板，其所获的每一个观念都必须来自经验，或来自外部感官的实践，或来自心灵内部的知觉，所以，“理智之中的任何事物，没有不是曾在感觉中存在过的”②。但洛克又认为，人类通过感觉而获得关于外部世界的经验，或者通过反省而获得内部世界的经验，这两种经验都不确实，只能提供或然性的东西；根据理智的直观可以得到具有普遍必然性的知识，但其范围有限，故大多数知识是或然的。休谟也认为，最生动活泼的思想都抵不上最迟钝的感觉，但他更强烈地表现了英国经验主义的怀疑精神。他不仅否认天赋观念，甚至认为除了特殊观点外，所有一般观念都不存在。他认为，印象是经验的最初材料，借助于记忆和想象，印象就转化为观念。由于不存在“自我”这种印象，因此也没有“自我”这种观念。这样，我们就

① 阿萨 · 阿里格斯：《英国社会史》，陈红平等译，中国人民大学出版社 1991 年版。

② 《大英百科全书》第四卷，台湾光复书局 1990 年版，第 58 页。

没有理由断定物质实体和精神实体的存在。所以休谟说："在人生的各样事情上，我们还是应当一概保持怀疑主义的态度。"① 19世纪英国著名思想家H·斯宾塞则进一步提出要摈弃一切虚妄、揣测、不确定、不精确的和绝对的概念，将实证性的、科学的理性思维放在至高无上的地位。他将这一思维引入社会科学。他主张在表述社会法则和拟订社会改革措施之前，应当详细了解社会的实际情况，给国家的活动规定严格的界限。总之，到19世纪后期，英国人已习惯用理性和科学的经验主义思维方式来看待这个世界，不仅以之看待自然界，也同样看待人类社会。

英国有着悠久的自由主义传统。西方的自由主义早在古希腊城邦政治中就已经深入人心。由于古希腊文明是欧洲文明的基石之一，欧洲的资产阶级在16、17世纪时，为反对封建专制和教会的权威，发展了自由主义的政治学说，以抨击封建的君权神授论。由于英国历史进程的独特性和洛克等英国政治学家的倡导，英国的自由主义在观念和实践上都形成了与欧洲大陆国家不同的传统。

在法国，"自由"虽是资产阶级革命的一个响亮口号，但法国在政治上却逐步形成了中央集权和划一秩序的传统。法国王权起初极弱，但后来日益强大，成为主宰一切的力量，贵族也被迫依附国王，最终形成了专制王权。另外，由于法国长期受罗马天主教的影响，天主教的唯理性、讲秩序、集权制等特点，深深在法兰西民族身上打上了烙印。因此，法国人在生活上和艺术上很浪漫，在学术和政治方面却极为理性。正如坎德尔所说："法国人的主要特征在于理论，重逻辑、有思想、有计划、好秩序。"②

德国人的自由观带有浓厚的身心二分性和非理性色彩。德国的基督教化和封建化较晚，未形成较规范的权利与义务相互性这一封建传统。中世纪时，国王势弱，诸侯势强，以至德意志长期处于四分五裂状态；宗教改革时，新、旧教会集团的冲突导致的战乱持续到19世纪。故德意志资产阶级长期渴望拥有一个独立统一的国家，以发展工商业。所以，1870年

① 休谟：《人性论》第1卷第4部，转引自《西方哲学原著选读》，北京大学出版社1984年版。

② 坎德尔：《比较教育》（上），罗光廷等译，商务印书馆1937年版。

普鲁士王凭军威统一德国时，自由派人士放弃了宪政抗争，允许他做皇帝。这样德国人形成了崇尚权威甚至粗俗“英雄”的非理性传统和国家先于个人与团体的有机国家观。另外，德国资产阶级的软弱性决定了其身心二分的性格：在精神思辨领域进行过激烈的自由争论，在现实的世俗世界却让强有力的人物和法律来统治。

英国人的“自由传统”却在封建的斗争中得到强化。英吉利民族自古就不畏强暴，酷爱自由，以至于历史学家 E·吉本在《罗马帝国衰亡史》中即称他们“英勇”，“热爱自由”。[①] 尤其是在被诺曼贵族征服后的抗争中，英国人形成了其“自由”的观念。这次征服中，威廉王实行“尽量多分封有功者，让其直接向国王宣誓效忠”的做法。这样就打破了大陆上盛行的“我的臣属的臣属不是我的臣属”这一现象，单个英国贵族的实力都相对薄弱，不能独立为王或制服国王。但是，大小贵族间却因之成为平等关系，能自由行动，并且每当国王违反封建关系时，贵族们能联合起来与国王抗衡。故在德、法两国，贵族与国王的冲突都以一方压倒另一方而形成强大的集权制度；而在英国却形成了长期的抗衡，即统治者有其权利，但必须履行义务；臣民有服从义务，却以享有权利（自由）为前提。1215 年，英国贵族联合举兵打败违背封建关系的约翰王，并迫使他签署了著名的《自由大宪章》。为了避免这种经常性冲突而导致的社会动荡，1258 年的《牛津条例》提出了由贵族和优秀市民组成议会以审查国事的制度。这样维护自由在英国走向制度化，市民化。因之，1688 年的英国资产阶级革命最终得以和平地解决：议会邀请荷兰的威廉来接管王位，但条件是国王须承认国民的自由，遵守议会的法律。故专制王权和独立王权在英国遂不复存在，“自由”传统融入英国宪政之中。此后的英国宗教改革使英国教会挣脱了罗马教廷的控制而从属于国家。这样，英吉利民族国家较早地形成了。酷爱自由的传统，加上天然岛国环境又有助于避免外来入侵，使英国未能形成强大的专制政治，却日益稳固了较为“民主自由”的宪政制度。

另外，英国哲人的启蒙也强化了英国人的自由观念。英国 16 世纪最重要的政治学家 R·胡克认为，人组成社会需要法律，但法律的制定、遵

① H. C. 登特：《英国教育发展百年史》（英文版），伦敦大学出版社 1981 年版。

守都是全社会的事[①]。英国17、18世纪的著名哲学家洛克提出了社会契约论。他认为，在文明社会中，为维护自由、平等和财产权这些基本人权，个人须交出一部分权利，与政府结成契约，但统治必须征得被统治者的同意，即依法统治。英国19世纪的著名经济学家J·穆勒等人提出自由放任主义的主张，即个人在追求本人所祈求的目的中，就能为社会取得最好的成效，国家的职责在于维护秩序和安全，政府应尽量不干涉个人和社会的事务，以发挥个人的主动性。

经验主义是英国哲学的主导线索，它深刻论证了英吉利民族的这种性格。F·培根、J·洛克和D·休谟等著名英国哲学家都完善了这种经验主义哲学体系。培根对统治整个欧洲中世纪的基督教经院主义哲学提出了质疑，宣称人类的力量不是来自万能的上帝或先哲们的典籍，而是来自我们自己的经验，并认为人类的一切活动都应当着眼于人类幸福的生活而不是为虚无缥缈的来世作准备。洛克像培根一样反对流行的“天赋观念”，认为人出生后心灵如同一块白板，“我们的一切知识都是建立在经验上的，而且最后是导源于经验的”。但洛克又认为“我们的心理活动是观念的另一个来源”，五官的感觉只能了解物体的部分性质，而内心的“自我反省”可使人了解复杂的概念。这一观点反映了洛克经验主义认识论的不彻底性。但洛克又认为，人类通过感觉而获得关于外部世界的经验，通过反省而获得内部世界的经验，这两种经验都不确实，只能提供或然性的东西；根据理智的直观可以得到具有普遍必然性的知识，但其范围有限，故大多数知识是或然的。著名哲学家休谟认为，最生动活泼的思想都抵不上最迟钝的感觉，这突出地反映了英国人经验主义的怀疑精神。休谟不仅否认天赋观念的存在，甚至认为除了特殊观点外，所有一般观念都不存在。他认为，印象是经验的最初材料，借助于记忆和想象，印象就转化为观念。由于不存在“自我”这种印象，因此也没有“自我”这种观念。这样，我们就没有理由断定物质实体和精神实体的存在。所以休谟说：“在人生的各样事情上，我们还是应当一概保持怀疑主义的态度。”[②] 19世纪

① 钱乘旦等：《在传统与变革之间：英国文化模式溯源》，浙江人民出版社1994年版。

② 休谟：《人性论》第1卷第4部，转引自：《西方哲学原著选读》，北京大学出版社1984年版。

英国著名思想家H·斯宾塞进一步提出要摈弃一切虚妄、揣测、不确定、不精确的和绝对的概念，将实证性的、科学的理性思维放在至高无上的地位。他主张在表述社会法则和拟订社会改革措施之前，应当详细了解社会的实际情况，给国家的活动规定严格的界限。总之，19世纪末的英国人就已经习惯用理性和科学的经验主义思维方式来看待自然界和整个人类社会。

（三）文化模式:绅士文化

绅士文化是英国国民文化的外化，绅士文化是英国社会各阶层在向上流社会看齐的过程中，以贵族精神为基础，掺杂了各阶层的某些价值观念融合而成的。这种融合是一个长期的过程，它既非贵族精神的翻版，也非中等阶级价值观念的集中体现。[①] 绅士强调的是道德规范和按此种道德规范行事的人。同时，绅士风度更强调奋斗精神及坚韧不拔、勇往直前的气概。绅士文化以贵族精神为基础，一方面贵族精神吸取中间阶层的部分价值观念；另一方面中间阶层普遍向社会上层看齐。这种向下吸取和向上学习的双向流动导致整个社会价值观念的融合，使得绅士文化成为整个英国社会的文化精神。

1. 英国绅士文化的来源

自中世纪以来，英国社会一直是一个贵族社会。贵族和乡绅（绅士）构成了社会的上层阶级，而商人、平民等则社会地位低下。在这样一种社会结构中，贵族们的生活方式是他们乡邻生活方式的蓝本。作为英国的历史文化传统，贵族不仅是一种地位和头衔，也是一种社会追随的目标。当社会风尚追随贵族时，贵族也在调试自己的行为准则和价值标准，以便成为民族的“表率”，久而久之便形成了“贵族精神”。英国的贵族精神在古典文化、基督教理念的熏陶下，以及在来自法国和意大利文艺复兴文化的广泛影响下，形成了绅士制度和绅士文化。自此，优雅、礼貌、荣誉、尊严、有教养、闲暇生活的绅士形象成为了所有英国人的理想。

英国对中间阶层的定义是宽泛的，它指的是在社会资源的占有上处于

---

① 滕大春主编：《外国教育通史》第2、3、4卷，山东教育出版社1995年版。

社会结构的中间层即在社会经济地位上居于中间层次的群体。[①] 中间阶层的内部差异悬殊，个体之间存在着激烈竞争，这阻碍了他们的团结。但是，中间阶层内部也存在着许多共同之处：他们自力更生、积极向上地发挥他们的才能；他们从事的既有商业活动，也有专业活动；他们操纵的是经济和社会生活中最活跃的部分。与此相对应，他们的价值观也慢慢渗透到绅士风度中去了。

中间阶层富有创造力和进取精神。他们认为，不应该因为依靠世袭地位而占有财富，而应该依靠创造力和进取精神来创造财富。中间阶层讲求自我设计、自我奋斗。他们认为，人的命运不是由上帝预先安排的，而应该由自己来设计、自己来把握。他们觉得，出身卑微的人靠自我奋斗也可以成为绅士。中间阶层强调竞争和勤奋工作。他们认为，勤奋工作是在与对手的竞争中获得个人成功的前提；同时，个人也要保持节俭、自制和精打细算。随着社会经济活动的发展，中间阶层的这些观念逐步扩散开去，逐渐成为绅士文化的重要组成部分。[②]

在英国教育历史的发展过程中，曾经出现过许多有世界影响力的思想家和教育家，他们用自己的教育理论指导本国及他国教育的发展，推动了教育事业的进步。这些教育理论思想深刻全面，其中便含有礼仪教育思想，比如洛克的绅士礼仪教育思想。

虽然洛克主张培养绅士的初衷是为了巩固英国当时的政权和发展经济，却在无意中造就了一种全面发展的人才。他认为绅士应具有“德行、智慧、礼仪、学问”这几种品质，在这其中，德行是首要的，“如果没有德行，我觉得他今生来世就得不到幸福”。要懂得“礼仪”，要具有“文雅的风度”。德行与礼仪是始终分不开的两个概念。对于一个绅士来说，“美德是精神上的一种宝藏，但是使它们生出光彩的则是良好的礼仪”。同时，洛克极端重视绅士的礼仪。所谓礼仪，就是绅士待人接物的礼貌、礼节和风度。他认为，青年绅士一定要懂“礼节”，讲“礼貌”，见人要脱帽“退步致敬”，使自己的“容貌、声音、言词、动作、姿势以及整个外表的举止都要优雅有礼”。特别是要使人觉得青年绅士体格强健，双眼

---

① 冯增俊主编，祝怀新：《英国基础教育》，广东教育出版社 2003 年版。

② 滕大春：《外国教育史和外国教育》，河北大学出版社 1998 年版。

炯炯有神，举止文雅，颇有风度。由于青年绅士“练达人情”，“娴于礼仪”，“谈吐更能镇定自如”，因此，他“日后所得的好处是很大的，他凭着这一点点成就，门路可以更宽，朋友就可以更多，在这世上的造诣就可以更高”。他要求导师让青年绅士进行“练习”，以便于工作“娴于礼仪”。洛克还认为培养绅士应该通过家庭教育，最好是请家庭教师来教育儿童，“导师较之学校里的任何人必定能使你的儿子举止优雅，思想刚毅”。他的这一说法虽然在某些方面存在片面错误之处，忽略了学校教育的重要性，但强调出了家庭教育发挥的重要作用。从现实角度而言，两者都非常重要。

2. 绅士风度的特点

绅士风度大致具有以下特点：英国绅士风度的特点既具有传统文化的基因，也闪烁着现代化社会的光辉。第一，绅士的言行举止要绝对理智。正像我们常说的一句话“冲动是魔鬼”，绅士风度自然对于感情冲动是禁止的。然而表现在人际关系中，则给人以矜持、冷漠的感觉。虽然不会轻易动感情，但一旦建立了相互信任的情感，如友谊和爱情等，那么绅士的准则则要求绅士对于朋友和恋人要绝对的忠诚和体贴。第二，绅士应该受过良好的教育，在文学、哲学、艺术等方面都应该有一定的造诣，深谙社交礼仪与待人之道，举止优雅谈吐不俗，而且还要富有爱心，热衷于公益事业。第三，对于女性要绝对尊重，哪怕对方仅仅是个小姑娘，也要以“lady”的礼遇对之。这一点是从骑士精神之中对于情人的崇拜发展而来的。这种对于女性无微不至的照顾在近代女权运动的兴起中有了一些变化。第四，坚持公平合理的竞争原则。无论是何种带有竞争性质的场合，无论输赢都要表现的落落大方，这一条用“得之淡然，失之坦然”这句话概括应当是相当贴切的，而且绅士做事要光明磊落，不搞幕后动作。第五，绅士要做到信念坚定、勇往直前，不惜任何代价维护国家与个人的利益。绅士决定要办的事一定要干到底，绝不能因为别人的观点而改变自己的计划。这样的精神最明显的是体现在英国人强烈的爱国主义上，在历次战争中都有突出表现，特别是在两次世界大战时期，英国人的倔强坚持为时人所称道。第六，人们在住房、饮食、衣着等方面都避繁就简，以实用简洁为准。比如繁复花哨的服饰已经不见踪影，代之以简洁统一的西装。“维多利亚精神”就是在工业化过程中形成的，时代节奏加快，导致重视便捷、实用和高效率等精神成为“维多利亚精神”的内核。

3. 绅士教育

绅士教育是英国的传统，举世闻名。当人们提及“绅士”时，首先想到的便是一位举止风范、言谈论调都十分雅观的人。这也其实就是英国礼仪所带给我们的印象。在英伦这个国度，不管是贵族阶层、中产阶级，还是工农阶层，人们都会自觉不自觉地注重自己的仪表风范。这当然与英国的社会、历史以及文化有关，但不可否认的是，教育在这其中发挥了不可缺少的作用，举足轻重。英国的绅士教育为其社会营造了一个良好的风尚，既向国际外化了一个“仪表堂堂”的形象，又使本国国民的素质提高了一个档次。

纵观英国学校的绅士教育，我们首先是从整体上感受到英国绅士教育的浑然天成，一切都是那么的自然而然，顺理成章，这既得益于英国成熟的教育机制，又得益于英国历史传统遗留给整个社会的浓厚的礼仪氛围。下面我们主要就英国学校的绅士教育的共性作一下阐述。

小班上课。小班上课首先有助于减少师生之间、生生之间心理上的束缚，彼此之间的接触会比较频繁。师生、学生间的接触在小学阶段行为上还比较随意，随着年龄的增长，学生对自我仪表、谈吐等方面逐渐变得比较正式和有意识，以显示自己的风度与涵养，直至发展到后来的彬彬有礼式的英国式傲慢和“冷若冰霜”的仪态。这固然是英国社会的阶级性使然，似乎与微不足道的小班上课毫无瓜葛，实则并非如此。小班上课起初产生的交往随意性使学生之间可以畅所欲言，在合理的范围无所顾忌的进行交往。既然是交往，便意味着欢乐与不快的相互纠缠，而且因为随意性的缘故，两种状态显得特别的强烈。经过强烈的欢乐与不快的造就渐渐使学生的礼仪观开始呈现，发展和成熟，以至到后来可以自我收缩自如，既能冷若冰霜，又会热情异常。这便是英国人礼仪方面的两面性。第二，小班上课易于教师对学生的管理，可充分照顾到每个学生身心发展方面的具体需要。教师的个别辅导亦在侧面使学生感受到教师的举止风范与人格魅力，对学生而言无疑是一种潜移默化的礼仪教化。

课堂教化。英国各级各类学校或多或少的都会设有宗教课程、古典课程和艺术课程等，很显然这又与历史传统有关。宗教课程和古典课程在20世纪80年代之前的学校教育中共同占据着主要的地位，只是到了80

年代后才因生产发展的需要而退居次位，但这并不能否认它们对学生礼仪和道德方面的熏陶，艺术课程倒显得越来越热闹，因此课程也越来越被重视。除此类课程外，礼仪风度的造就还有赖于学生的实用技能的培养。试想，单有仪表风度而无实际内涵的人称得上绅士吗？英国学校在这点上很重视培养学生的学术水平，力求使学生在学术上有自己的见地，且能够独立自主，杜绝抄袭，讲究诚信。

课外活动。课外活动是英国学校不可或缺，甚至是占有重要地位的教育活动，因为它是学生各种才能得以展现的综合场地，同时学生也从中能够培养气质。比如各类学校都有音乐会、合唱团等。另外，对博物馆等的参观也是非常有益于学生的，中小学主要以学校组织为主，呈显性状态，原因是学生的自主性尚不成熟。大学则鲜有此种组织，博物馆多对外免费开放，学生凭兴趣可以自行参观。

英国人心目中的绅士根本不是以既有的某一社会阶层为原型创造出来的，绅士本身是社会各阶层形象和价值观杂糅的结晶。绅士文化产生于社会转型的新旧交替时期，这段时期的英国新观念和旧传统同时并存。在英国社会的长期发展过程中，绅士文化融合了多种文化价值观念，并最终成为了社会各阶层的纽带。理想的英国绅士文化既不是那种饱食终日、无所用心、完全没有进取精神的颓废者形象，也不是只知不停劳作的工作狂，而是通过有节制的工作和理性思考而获得愉悦、怡然的生活的真实人。它既有一定的进取性，又有较大的保守性，是一种融合进取性和保守性于一体的文化价值心态。

三 英国核心价值体系的内容阐释

（一）重视传统的社会价值观

由于传统在英国没有受到强有力的抨击和彻底的否定，因而英国传统必然对英国现代社会产生深远的影响。英国人必然崇尚传统，加上英国历史上主要属于农耕社会，封建领主在自己的土地上自耕自重，在这种体制下必然会产生很多乡绅，这些乡绅大部分在思想上是保守的，这种乡绅观念影响深远，因此英国人必然生性保守。

传统由于有着某种神圣的感召力，并且这种感召力在某种程度上扮演着道德规范的作用，所以传统的力量一直普遍受到人们的畏惧和尊重。社会中一系列行动模式、角色、制度、象征符号、思想观念和客观物质，由于人们相信它们与“终极的”、“决定秩序的”超凡力量相关联，因而令人敬畏，使人依从①。由于传统自身具有神圣的力量，因此要破除某种传统就需要强大的力量，甚至需要双倍于传统力量的能量。所谓取法其上得乎其中是也。

以崇尚过去的成就和智慧，崇尚蕴含传统的制度，并把从过去继承下来的行为模式视为行之有效的指南为特征的英国实质性传统观（substantive tradition）是英国历史传统连贯性的突出表现。对大多数英国人来说，传统和历史其实是一种资产，并不是一种负累，远古的时代其实很可能是最美好的时代。英国学者曼德尔·克莱顿也认为：“历史的联想对于我们决不是重大场合下进行修饰的参考，而是英国人做任何一件事都不能须臾离开的东西。”的确，与欧洲其他民族相比，英国人较为尊崇传统和历史，在当今的英国，许多古老的制度和观念仍然盛行，如王室、贵族制度、公学、绅士风度等；另一方面，即使是进行变革，这种变革也不是完全否定传统，甚至有时候变革还要披着传统的外衣进行，以消除变革中可能出现的阻力，从而保证变革的顺利进行。威廉王率领诺曼底贵族来英格兰称王时，他不但宣称这是为了“捍卫（古老的）权利”，而且允许要尊重并保留古老的社会惯例。② 但是，英吉利民族并非盲目顽固地死守传统，而是以一种讲求实际的理性思维方式对待传统和历史，在这种理性思维方式的指导下进行变革。

英国重视传统的价值观是英国人表现出保守个性的重要原因之一。但是，我们必须对英国的保守个性有一个清晰正确的认识。英国的保守主义本质上其实是一种持重守成的力量。在英国，“保守”这个词并不意味着落后野蛮，甚至也不意味着抗拒变革，而是指尽可能长久地保持某事物，并且在不得不进行变革时将这种变革的幅度限制在尽可能小的范围内。所以，它并不一味顽固地反对进步，而是对变革的进程和方式持稳重态度。当现存制度尚能维持并仍可继续时，这种保守的传统就会

① ［美］E·希尔斯：《论传统》，傅铿等译，上海人民出版社1991年版。

② 阿萨·阿里格斯：《英国社会史》，陈红平等译，中国人民大学出版社1991年版。

阻止变革的进行；但当已有体制实在不能满足现实的需要时，这种传统保守的力量就在某种程度上作出一定的让步，让变革顺利进行，当然，这种变革只能是对原来事物的完善或者改革，也就是说只能进行改革而不是革命。可见，英国保守主义的原则是，有保留地变革，防止走极端的危害。显然，这不是那种对祖先传统亦步亦趋，让其永世维持下去，而对新事物顽固抗拒的极端保守主义。当然，英国保守主义的根本目的是保存以私有制为基础的社会制度。正如英国保守主义代表人物I·柏克说："即使在……极端情况下，变化也局限于有毛病的部分……就连在这种时候，也只能在不会瓦解国家与政治整体的条件下进行……"①他这里的政治即是："世袭的王位、世袭的贵族，也有从祖先万世那里继承的特权和自由的下院和人民。"②

从英国保留众多历史古迹以及君主立宪制政体两个事例中，我们对于英国人重视传统的价值观以及保守的个性可以略见一斑。为数众多的城堡和乡村宅邸是长期以来英国的土地房产都为贵族家庭所拥有的历史见证。大量珍贵的古式建筑都被完好地保留了下来，其中包括当今仍然为人所用的马尔伯勒公爵的布莱尼姆宫、德文郡公爵的察兹沃斯宫（CZATSWORTH）、巴斯侯爵的朗利特庄园（LONGLEAT HOUSE），这些王公贵族在都铎王朝、汉诺威王朝、温莎王朝及其他历史时期修建的私人庄园和宅邸是英国历史建筑的典型代表。散布在城镇乡村的很多私人庄园和宅邸以及古老的城墙、城楼、独特的建筑物和其他有纪念意义的建筑物都作为英国的历史遗产而得到了积极的保护，受到保护的历史建筑中还包括古老的采矿场塔楼、工业革命时期的磨坊和工厂、托马斯·特尔福德修建的铁桥及其他桥梁、钢铁建筑的杰作—福斯大桥以及造型优美的克里夫敦悬索桥等。自从1952年就位以来，伊丽莎白女王二世一直是英国的元首，她也是埃格伯特国王的直系后裔。在其执政期间，埃格伯特国王于公元829年统一了英国。在议会制诞生之前，君主制就已经在英国存在了数百年，期间仅仅中断过一次，那是在1649年至1660年，当时英国采用了共和国的体制。数百年以来，君主的绝对

① 爱德蒙·柏克：《法国革命随想录》，英国企鹅出版社1987年版。

② 同上。

权力遭到不断地侵蚀和削弱，尽管如此，作为宪法意义上的国家元首，君主仍然保留了重要的象征意义。

虽然多次外族入侵和长时间的国内战争在英国历史上多次发生，但英国都没有经历剧烈的社会变革。1215年，约翰王与英国贵族以签署《自由大宪章》的形式建立了统一的封建国家。文化传统沿着历史长河向我们款款走来，并没有被切断、被阻隔之感，传统与变革在英国和谐地交织在一起。可以说，“没有任何一个民族（像英国那样）把它的过去如此完整地带入了现代生活”。这种崇尚传统的历史积淀，形成了英吉利民族稳健持重、不走极端、调和中庸、守成渐进的民族传统观。纵观英国资产阶级革命的整个过程，内战中的激进措施虽然砍下了国王高贵的头颅，但也导致了英国国内多年的动荡和混乱。这使务实稳健的英国人看到激进行动的消极后果。英国激进主义代表T·潘恩全面否定当时英国的整个制度，发起掘地派运动，提出了超越时代的改革原则，结果被逐出英国国境，恐怕也是历史的必然。斯图亚特王朝詹姆士二世上台后反攻倒算，推行了一系列不得人心的倒行逆施，这种行为不仅为辉格党而且也为托利党所不能容忍，于是“光荣革命”自然而然就发生了。从以上史实中我们可以看出，英国资产阶级革命的曲折性和保守性其实是英国民族文化传统的突出反映。实际上，当时资产阶级和新贵族并不弱小，仅仅简单地运用阶级分析法分析这一问题的做法是很不足取的。

（二）经验主义的思维方式

与欧洲大陆各国民族有所区别的是英吉利民族在其思维方式上倡导经验主义的思维方式。他们不像德意志民族那样爱好思辨，甚至崇拜神秘的事物，即采取一种形而上学的理性主义；他们也不像法兰西民族那样注重理想且富于逻辑条理的浪漫主义；英国人重视通过自己的亲身行动而得来的经验，讲求实际效用，理智行事，即表现出经验主义的思维方式。英国人经验式的理性主义具有以下特征。第一，崇尚经验，注重实证。所以英国人更习惯于通过感觉和健全的常识而不是通过单纯的抽象思维去解决问题。第二，富于怀疑精神，即不轻易接受新异的理论或方法，因为这些新异的理论或者方法由于未受到经验的检验以确定其合理有效性。第三，讲求效用，即凡事注重的是对实际的效果，反对空洞无用的观念和想法。第四，注重审慎的试验，反对剧烈的变革。可见，英国人这种经验主义的思维方式是主张变革的，但这是一种注重实效的审慎变革。他们崇尚传统，却不是教条或盲目地崇拜，而在很大程度上视传统为经过验证、行之有效的经验。

对人类文明提高和社会发展产生重要影响作用的工业革命首先在英国产生，这和英国人重视实践的经验主义思维方式是分不开的；英国在诸多科学领域领跑于各国之前的不争事实也同样说明了英国人经验主义的思维方式对于英国科学技术的发展与进步所产生的积极作用。工业革命（The Industrial Revolution），又称产业革命，指资本主义工业化的早期历程，即资本主义生产完成了从工场手工业向机器大工业过渡的阶段。它是以机器生产逐步取代手工劳动，以大规模工厂化生产取代个体工场手工生产的一场生产与科技革命。工业革命发源于英格兰中部地区。1765 年，珍妮纺纱机的出现，标志着工业革命在英国乃至世界的爆发。18 世纪中叶，英国人瓦特改良蒸汽机之后，由一系列技术革命引起了从手工劳动向动力机器生产转变的重大飞跃。随后传播到英格兰到整个欧洲大陆，19 世纪传播到北美地区，后来，工业革命传播到世界各国。

英国是近代实验科学的发源地。作为近代实验科学始祖的费兰西斯·培根“知识就是力量”的口号至今仍在我们耳畔响起，这一口号第一次详尽而明确地论证了认识起源于感性观察的思想，为人们对自然界进行探讨和研究提供了世界观和方法论上的指导，极大地促进了英国乃至世界科学事业的发展。在 17—18 世纪的一百多年时间里，英国出现了牛顿、达尔文、哈维、琴纳、法拉第、道尔顿、开文迪斯、戴维等十几位在科学史上占有重要地位的科学家，比同期其他国家出现的著名科学家人数要多。如果说 16 世纪培根提出的“知识就是力量”还只是一个具有哲学意义的口号的话，那么今天，在 300 多年科学传统所形成的文化氛围的影响下，这一口号已成为一种可贵的民族精神组成英吉利民族特有的社会价值观。这种民族社会价值观特别体现在英国人偏爱纯理论的知识，崇尚科学研究的价值取向上。正是这种民族价值观保证了英国尽管从 20 世纪初以来经济衰败，生产发展缓慢，但却能保持着按人口平均计算仍是世界上获诺贝尔奖人数最多的国家。

（三）崇尚自由的社会价值观

英吉利民族是一个崇尚自由的民族，在谈到意识形态问题时，英国的中上层阶级总喜欢标榜自己是自由主义者，而学术界的知识分子在论证自己的观点时，也多倾向于从自由主义的思想体系中寻找理论依据。至于英国的许多政治活动家和政治理论家们则更把自由主义作为一种政治资本，在他们的演讲和论著中经常提及。可以说，自由主义对英国社会生活各个方面的影响是非常广泛的。它的内容主要包括以下几个方面：

经济自由。英国著名经济学家亚当·斯密和哲学家边沁系统地论证了经济自由的思想。斯密和边沁认为，每个人都有平等的权利自由进行经济活动、追求个人利益。政府的主要职责在于保护个人的自由而不是限制个人的这种自由。边沁认为，在自由经济中，个人只是在市场活动中追求自身的个人利益，但是商品经济的规律却好像一只看不见的手，会自动地调节整个社会的利益，使之达到协调一致。因此，自由经济不应该受到政府的限制而应该受到政府的保护。为此，他主张国家实行经济放任的政策。在他看来，干涉最少的政府是最好的政府①。这种经济自由的思想在英国资本主义发展的初期曾发挥了重要的作用。但是，随着资本主义的发展，这种自由放任的经济政策导致社会贫富两极分化严重并引起了一系列严重的社会问题。自20世纪以来，经济自由的思想开始受到批判，现在许多资本主义国家政府已经放弃自由放任的经济政策。但是在英国，经济自由的思想在中上层阶级中仍有很深的影响。

心灵自由。自由主义者非常重视自身心灵的自由，他们认为人之所以为万物之灵，是因为人有心灵。人实现其作为人的价值的程度，取决于心灵的自由程度。一个人要想真正认识和发展自己，那么他就必须取得自身心灵的自由。但是他们认为，在现实中，人的心灵是受到各种偏见、习俗的束缚的。因此，他们提出，要将人心从各种形式的束缚中解放出来，使其获得自由②。

个性自由。即主张个性充分自由的发展。英国哲学家密尔最早就这一

---

① 密尔：《论自由》，商务印书馆1972年版，第72页。

② R. S. Peters：*Concepts of Indoctrination*. Routledge & Kegan Paul，1972，P. 97.

问题进行了论述。密尔认为，强有力的个性是首创性和进取精神的源泉，否认个性就是用“平庸性代替首创性，就是扼杀天才。因为天才就是个性的充分发展和发挥，有天才的人通常都比其他人有较多的个性”。因此，他主张创造一种自由空气，以便人们能够充分发展个性、使社会能够有更多的天才[①]。倡导个性自由的思想在英国人中很普遍。具有鲜明个性的人在英国是很受欢迎的，而那些对权威唯唯诺诺的人则受到人们的鄙视。在学校中，有个性的学生很容易得到教师的青睐。在社会生活中，鲜明丰富的个性则会增加一个人的魅力，使其获得较多的成功机会。密尔说过：“一个社会中怪癖性的数量总是和那个社会所含天才异秉、精神力量和道德勇气成正比的。”[②] 大概是出于这样一种信念，据说在牛津、剑桥，校方还有特别的规定保护那些不屑于苟同、带有某些怪癖的学生。迄今为止，牛津已经培养了29位英国首相，剑桥也出了63位诺贝尔奖获得者，至于整个英国社会在近300年时间里出现的杰出人物的数量就更多了，这当然有其他很重要的条件，但是重视个性的自由发展，强调首创精神大概是使英国人才辈出的一个重要原因。

四　英国价值观教育的经验

英国社会多种族和多元文化的社会现实要求教育培养出一种超越民族、种族并为大多数人所接受的社会价值观。这种全民价值观就是要得到所有英国人的认同和肯定，成为他们团结的纽带和沟通的桥梁。因此，英国政府大力提倡公民教育，希望通过广义的公民教育在多元文化的背景下进一步增强国家的认同感和凝聚力。英国国家教育委员会（National Commission on Education）1993年的报告也提出：“教授公民是非常重要的。我们以广义的方式来定义这个科目，它牵涉到各个人之间以及与他们生活的世界之间的关系，它不仅与这个国家而且与欧洲甚至整个世界有关。它关系到民主的制定以及个人在民主社会中的权利和义务；财富的创造；公有的和私有的雇主及志愿团体的角色；人们在社会生活中所塑造并起到的

① 密尔：《论自由》，商务印书馆1972年版，第109、163页。

② 同上。

创造性作用的机会。”① 英国公民教育的主要作用在于帮助学生认识、理解和重视英国的政治价值、法律体制、传统文化和根本利益，获取对国家和自我的认同。同时，由于英国传统的文化、共同的历史和国家民族的认同感更多地根植于宗教之中，英国的公民教育与宗教教育也是密切相关的。公民教育与宗教教育的紧密结合培养了学生理解自己与国家、民族的内在联系，认识了共同的民族或传统文化方面，加强了学生传统的核心价值观，以此加强学生对国家、民族与自我的认同感。

英国新出台的2000年国家课程目标中规定，国家课程的目标是：(1)促进精神、道德、社会和文化发展；(2)推动个人、社会和健康教育、公民教育；(3)发展技能。我们从中不难发现，促进学生精神、道德、社会和文化的发展已经成为国家课程的首要目标，宗教教育和公民教育是英国进行社会核心价值观教育的重要课程形式和手段，通过课程对学生进行教育是英国学校德育的重要手段和途径之一。

伦敦大学教育学院教授奥尔德里奇在所著《英国教育简史》一书中指出：“都会控制教育是英国历史的一个基本特点。”自公元597年罗马教会格里高利派奥古斯丁到英国传播基督教，把有组织的教育引进英格兰，到宗教改革之前这近一千年的时间内，教会绝对地控制着除学徒和贵族教育以外的一切有组织的教育。之后的英国国教、清教等都分别影响过英国的教育。到20世纪前半个世纪为止，教会对学校的控制才大大减弱，但宗教式的教育形式和内容一直存在于英国的学校中，比如神学课程的开设，学校组织的唱诗活动，就餐前习惯性的祈祷活动等。有许多学校都会定期安排学生在学校的教堂做礼拜。虽然现今的教学仪器设备愈来愈先进，教育内容也在向着实用型、学术型的方向发展，但学校总有一种宗教的底蕴，底蕴最外显的影响便是对学生行为的规范，这种规范已然摒弃了对人的思想的嵌制，而更多的是一种心灵的净化。

集体礼拜和宗教教育被认为对促进学生的精神发展方面起很大作用。1996年的《教育法》继续要求所有学生每天都应参加集体礼拜活动，活动应全部或主要与基督教特征有关。集体礼拜用于加强国家课程或宗教教

---

① Kennedy, Kerry (eds.), *Citizenship Education and the Modern State*, London: The Falmer-Press, 1997, p. 89.

育的学习，但并不是用来作为宗教教育的代替品。集体礼拜一般都在学校举行，利用每天上课前的15—25分钟时间，将全校学生集中在一起。在同一学校经常会举行不同教派的集体礼拜活动，有些是由校长或教师带领，有些则由学生发动，包括唱赞美诗、做祷告或者是校长讲话、阅读圣经和其他宗教文学作品。有时集体礼拜活动则会围绕着“诚实”、“思考每一天”、“新学年，新开始”之类取自日常生活的主题展开。集体礼拜通常经过仔细准备，由圣经故事或其他故事改编的剧本常被引入活动之中。音乐是大多数集体礼拜活动的重要特征，孩子们在各种乐器的伴奏（包括录音机播放音乐）下唱赞美诗。英国学校中的集体礼拜有时会让学生接触到一些有争议的公共政策问题，有时也会牵涉到一些新闻中的敏感事件。

在公民教育的课程和实践方面，1999年，英国教育和技能部发布的报告中谈到多元文化价值观点，认为应该建立学校课程和学校工作背后的共同的价值观。这些共同的价值观应包括珍惜自己的与他人的家庭，以及其他的关系。要认识到自己所属的更广泛的群体以及认识社会的多样性。公民教育要继续发扬传统核心价值所提倡的诚实守信、亲和友爱、勤俭节约、乐善好施，这种道德规范要求具体到个人修养和性格培养上，就是教人养成平等意识和谦卑品格。再具体到日常生活和人际交往实践中，就表现为爱人如己、互敬互重。与此相关联，公民教育在倡导这种伦理道德规范的同时，也为社会提供了一种公正、自由、平等的价值评判标准，并把平等、自由的理念灌输到人们思想意识之中。另一方面，学校开设的公民课程、开展的各项活动等所有正规或非正规的形式，都在为个体继续再社会化以适应现代生活，塑造与现代社会相适应的价值观与人格理想，增进民族认同感和归属感发挥支持作用。

下面以牛津大学为例，介绍英国高等教育中有关道德教育的实施情况。

牛津大学是英国最古老，也是最有声望的大学，以注重思辨闻名，其悠久的历史、独特的学制及浓郁的文化氛围与艺术气息亦享誉全球。牛津人把思想的创见看得尤为重要，推崇“挖掘和开发学生的潜力，提倡独立思考和发挥个人创造精神”的办学思想。事实上，牛津本身就是西方学术思想的发源地之一，西方的政治、经济、宗教的每次思潮涌动，都可以在牛津找到痕迹。学术与各种思潮的长盛使得牛津的学生广受熏陶，自觉不自觉地便于工作会从心底流露出一种无比的优越感，具体体现在气质的与众不同。牛津大学自创建之日起便于工作与上层社会，尤其是皇室贵族成员结缘，一方面英国上层社会的风度敦促着牛津大学培养合格的绅士，另一方面牛津大学的学术氛围及其他的文化气息熏陶出来的内涵与气质俱佳的人才又反过来深刻影响着英国的上层社会。今日的牛津虽然逐渐降低了其高贵的门槛，以其庞大的规模和无与伦比的魅力吸引着世界各地优秀的学生到这里留学，但从未降低对学生气质与风度的培养要求。需要着重指出的是，牛津大学对学生此方面的培养绝不是通过开设具体的礼仪课程而实现的——礼仪课程只会教授人们外在的举止行为，而不能够使之自然式地流露——典雅的学习环境，别致的授课方式及学风学术的渗透作用极大地助长了学生的礼仪风范。

新生入学第一周的周末，牛津大学往往会将课堂迁入古朴典雅的英国式贵族庄园里。在课堂上教师会组织学生进行分组讨论和演讲，辩论也会时常出现。另一个别具匠心的内容是对学生进行性格测试，以利于将不同性格的人进行分组，作为日后小组合作的基础。各个小组成员往往是来自五湖四海的学生之间有着不同的文化和宗教背景，如此分组的目的也在于让学生彼此之间学会包容和理解，培养协调能力和团队精神。课堂之外的晚餐，来自其他国度的人需要学习怎样正确使用刀叉和一些社交的礼仪。在牛津大学湖塞斯德学院（Worcester College），星期五的晚餐是最为正式的，主持晚餐的院士会身着黑色长袍，在昏暗的灯光中，站在高桌后用拉丁文朗诵感恩祷告。男生必须穿白衬衣，黑色的西装打领结，腰板需要挺直，神情庄重地聆听祷词；女生则穿深色裙装。吃饭时是不能讲话的，咀嚼食物的动作要轻，刀叉应握得恰到好处，不能弄出声音。如果需要什么东西，只能轻声地询问。保持安静平和是作为绅士淑女的首要准则。

牛津大学的开放式教育有口皆碑。十几个人一个班，上课时可以吃东西，可以喝水，遇到不懂的问题或有不同的意见，尽可以随时提问，没有人会对之嘲笑，教师也会做耐心的解释，气氛很轻松，一点拘谨的感觉都不会有。一般来说，师生关系都很融洽，学生不怕教师，教师也尊重学生，而且态度和蔼，语言幽默。教师通常会安排学生进行演讲，题目自选，课下准备材料。演讲的时候服装要稍稍正式一点，表情自然，仪态大方，每个演讲的人都会被录像，以培养在镜头面前表达自己观点的勇气。牛津大学的考试记录和风气让人钦佩和敬重，一方面缘于考场的布置：期末考试通常在学校的礼堂里进行，一到考试，礼堂就被布置得四周高中间低，活像一个“墓坑”，学生便在“墓坑”里答题，教师便在四周巡视，想作弊几乎是不可能的。另一方面缘于作弊的后果要比考试失败严重得多：考不及格可以有一次补考的机会；如果是作弊，压根就没有补考的资格，这门课也会直接被批掉，另外还得接受考试委员会的处分。英国人认为，考试不及格是你的能力问题，作弊却涉及你的信誉和道德问题。

基督学院是牛津众多学院中的佼佼者，以浓厚的贵族气氛著称，建筑群规模宏大、气势磅礴。值得一提的是，基督学院的门卫身着黑色燕尾服，头戴黑呢圆礼帽，当他们向来者绅士般地点点头微微一笑后，人才能被允许进入。由此，我们对该院的绅士氛围可窥一斑。基督学院有自己的画廊，收藏有众多精美的绘画作品，学生可凭证免费欣赏，接受艺术的熏陶。事实上，牛津有众多的博物馆，包括阿什莫林艺术与考古博物馆，科学史博物馆，自然历史博物馆等，馆藏丰富，包罗万象，无奇不有，使学生及其他人士充分享受知识和艺术的精神大餐。牛津大学的古风深刻感染着每位学生厚重的底蕴使之内心极其的富足，这般环境孕育出来的学生焉有无风度之由？

牛津大学有众多的海外留学生，每逢圣诞节之时，学校的国际家庭组织会将留学生分别安顿在英国人家庭中与他们共度节日，以此使学生了解英国的文化和习俗。在圣诞节的早晨，这些学生会与英国家庭一同前往教堂做圣诞弥撒，在悠扬的管风琴音乐中唱一些旋律简单的歌曲，有唱诗的感觉。圣诞大餐是重头戏，同中国将精力放在吃的内容上有别，英国的主妇们热衷于营造浪漫温馨的氛围：雪白的台布，闪光的银器，杯中的红酒，摇曳的烛光，使人自然而然感受到一份静雅和恬淡。

牛津大学一年一度的毕业典礼，即授学位仪式是最吸引人眼球的一件事，一般是在大剧院或礼堂举行。仪式从上午 11 时开始，牛津大学的校长或副校长会在 4 名手持权杖的人的引导下率领上百名身着袈裟式的红袍，头戴流苏方帽的院士入场。简短的致辞后，授学位仪式正式开始，仪式全部采用拉丁语进行。学子们踏着红地毯，缓缓地走向校长的宝座，喻示求学之路上的攀登之苦。被授学位的学生需要两次走到校长面前：第一次是穿平时的校服，在向校长鞠躬后，训导长宣布他（她）已获得某种学位，学生随即退场；当这个仪式完成后，学生们立即换上学位袍，有红色的，黑色的，红蓝相间的，披肩也不一样，然后再一拨一拨的进入会场。针对不同学位，校长或用拉丁语向他们说句祝贺的话，或手拿《圣经》在他们的头上轻轻一扣……毕业典礼虽然只是一种仪式，但折射出来的不仅仅是牛津神圣庄严的传统和知识所散发出来的光芒，更是学子们的光彩与荣耀及牛津对人才的尊重。

以上是对牛津大学的学习与生活的片断描述，包括课堂教学、考试、餐桌礼仪、画廊及博物馆、节日、毕业典礼等方面，从中展示出牛津大学对学生仪礼风范的培养模式。作为一所拥有800多年历史的古老大学，牛津以成熟的学校运作机制指导着每个学生的成长。对礼仪的培养，如前所述，采用的是一种无形渗透的方式，如此教导出来的学生在社会上才会更具竞争力，也更能贡献社会。这启示我们，厚重自由的学术氛围，优越的教学环境，别致新颖且效果优良的教学方式，以及丰富的校园文化，与社会生活的合理接洽式的大学对学生身心的熏陶是极其有利的。

从以上描述的情况看，英国学校德育总体上呈现出以下特点：

宗教性与世俗性并存。由于特殊的历史原因，美国的德育缺乏有组织的宗教传统或公共机构中的社会权威，强调杜威所主张的民主教育，或者教孩子有关社会如何运作的知识和经验，或是通过参与学校生活中的活动为成为一个公民做准备。与美国德育不同，英国的德育，与大多数欧洲国家一样，是与宗教教育密切相关的。自公元597年罗马教会格里高利派奥古斯丁到英国传播基督教，把有组织的教育引进英格兰，到宗教改革之前这近一千年的时间内，教会绝对地控制着除学徒和贵族教育以外的一切有组织的教育。之后的英国国教、清教等都分别影响过英国的教育。到20世纪前半个世纪为止，教会对学校的控制才大大减弱，但宗教式的教育形式和内容一直存在于英国的学校中，比如神学课程的开设，学校组织的唱诗活动，就餐前习惯性的祈祷活动等。有许多学校都会定期安排学生在学校的教堂做礼拜。虽然现今的教学仪器设备愈来愈先进，教育内容也在向着实用型、学术型的方向发展，但学校总有一种宗教的底蕴，底蕴最外显的影响便是对学生行为的规范，这种规范已然摒弃了对人的思想的嵌制，而更多的是一种心灵的净化。

事实上，随着传统宗教教育影响的减弱，社会现代化带来的大量道德问题迫切需要对传统的学校德育做出变革，确立起新的价值观念和行为规范体系。但是另一方面，宗教教育在学校德育中仍然占据着一定的地位，宗教教育在学校德育领域中同样有它不可替代的位置。其实英国政府一直在强调发挥民族文化传统在德育中的作用，遵行以宗教信仰为基础的宗教价值观。因此，当代英国学校德育的重要特点之一是其宗教性与世俗性的并存并相融合，在德育过程中共同发挥着作用。

学校德育的全民性。英国道德教育的全民性与其贵族性有着不可分割的联系。英国社会的礼仪风尚气息十足，不论是王公贵族、工商业家，还是普通民众，都给人以一种彬彬有礼的印象。尽管他们的身份、地位、经济状况迥异，但行为举止都合乎规范，这些显然都不是先天就有的。我们不禁会感叹英国教育的普及程度。在英国，我们几乎找不到一个文盲，遇者皆可谈吐自如。教育的普及程度之广为道德教育的全民化提供了可能。英国的道德教育是渗透于日常教学活动和生活当中的。学生在受教育过程中同等地耳濡目染着礼仪的教化，使他们在学识之外“增加了一层藻饰”。家庭和社会也在这之中扮演了一个相当重要的角色：家长教导孩子保持绅士风度，社会则促使儿童向上流社会看齐或“作为一个上等人”。如此往来反复，道德教育便在无形之中渗透到社会的各个角落。由此呈现给世人一种全民皆懂礼知仪的印象。我们可以看出，随着英国学校德育的科学化、世俗化的进展，个人社会和健康教育、公民教育以及其他国家课程、学生的校外活动、校风建设、家庭和社区教育等对促进学生的个人和社会品质发展的作用越来越大。

五　英国价值观教育的教训与面临的挑战

在英国的绅士风度以及经验主义的思维方式当中，我们可以清晰地看到英国重视人文知识轻视科学技术的传统看法，这种看法给英国科学技术的迅速发展带来了十分不利的影响，进而影响到英国在世界科学技术的领先地位。

绅士作为英吉利民族的理想人格，崇尚古典人文知识和精神。这种绅士人格虽然反映了英吉利民族传统品格优秀的一面，如强调公平竞争、理性行事、坚韧不拔等高尚品质，但其受贵族意识的深远影响，有许多消极落后之处。

其一，受古典自由观影响，讲求高雅，轻视实用技艺，具有贵族色彩。倡导自由教育观的亚里士多德认为，对自由人（奴隶主贵族）来说，非物质形式是宇宙中的最高主宰和终极目的。全部事业中最高雅的是纯理论的沉思和探索。故以自由发展理性的自由教育才是高尚的，而以狭隘功利为目的的职业是卑下的，因为它是不自由的，又有损于智力发展。英国受此影响很大。在英国，“教育”的含义是训练心智和品格，而把传授技能和专业知识视为“培训”。所以，英国教育长期重视人文教育，轻视科技教育；重理论，轻应用。这种传统不适应现代工业生活的需要和科学技术的发展。英国的科学研究也有重理论轻实用的传统。英国皇家学会建立时以传播科学、革新技术为宗旨，但在18世纪后半叶却变成了绅士们的业余俱乐部。许多人视科研为业余爱好而非职业。[①] 英国诺贝尔奖获得者总数仅次于美国，人口平均数居世界第一，可是英国却忽视了其先进基础理论在实际中的开发应用，以致其产品敌不过德国和日本。[②]

其二，推崇稳重，偏于保守。19世纪末，英国经济发展变慢，正是由于没有迅速采用新技术而使设备老化等原因，而且这种保守性不能很好地刺激科学的探索和应用。

其三，精英性。英国的绅士遗留了贵族的意识，即视自己为社会的精英，主要职责是统治人，而不是开拓实业，甚至有强烈的反工业革命的乡绅心理[③]。英国青年期望进入文官系统，而不是去企业或公司。

英国人经验主义的思维方式也不利于科技探索和应用。英国人习惯于通过经验和常识而不是纯粹的理论观念去解决问题，因此他们不轻易接受他们未经验过的理论和方法。另外，他们凡事极为讲求功用而反对“为理论而理论”，反对观念性的学理。[④] 这种观点，既不利于科学的普及，也不利于科学研究和技术应用的有机结合。

---

① 殷企评：《英国高等科技教育》，杭州大学出版社1995年版。

② 钱乘旦等：《在传统与变革之间：英国文化模式溯源》，浙江人民出版社1994年版。

③ Andy Green, *Education and State Formation*, London: The Macmillan Press LTD, 1990.

④ W. 史密斯：《英国的教育》，夏邦俊译，台湾开明书店印行1968年版。

英国产业革命的最初模式也影响了人们对现代科学技术价值的正确认识。18 世纪带领英国进入产业革命的主要是一些工匠出身、富于实际经验的“土工程师”，由于工业革命初期对科技知识的系统性和理论程度的要求不高，这些实干家往往凭实际经验和勤奋苦干就能成功。这种成功使许多人误以为光凭经验就可以使英国经济的繁荣经久不衰。这样，“英国对实际经验者的崇拜伴随着……一种深深的戒心，即不信任有理论根底的专家，而英国的对手们则从一开始就寻找这样的专家”①。以致到了 20 世纪初，英国雇主们还普遍不愿雇佣受过理论训练的技术人员。

2000 年，英国学校课程改革将公民教育作为国家法定科目正式引入学校，其实施收到了很好的效果。然而，实践中也暴露出了一些问题。英国学校公民教育的问题主要表现在三个方面：课程方面、师资方面以及评价方面。

第一，课程方面。学校引进公民教育时，始终没有过多提及课程的问题，只是说“我们的公民教育不能以牺牲其他的学科为代价”。然而，事实上，在本来已经负担很重的学校课程体系中增加一门新的学科，必然给学校的课程安排带来额外的压力。英国学校与大学领袖协会（原中学校长协会）主席苏·科克汉姆从课程改革的角度看这个问题，她认为公民课无非是政府的又一次心血来潮。“我们发现每年都有东西被塞进课程表中，这给学校的教学组织带来了很大的困难。”② 此外，公民教育作为法定学科引入学校后，国家课程体系并没有指明把公民教育作为一门独立的学科进行讲授，而是允许同其他合适的学科结合起来通过多种方式实施，这就与将公民教育作为国家核心课程的设想相矛盾。

第二，师资问题。制约公民教育有效实施的另一个重要因素是进行公民教育的师资缺乏必要的培训。关于师资问题，英国霍姆郡的一所普通中学的故事可能折射出这方面的困境。③ 在 2002 年的秋天，为了达到每周给每个班安排一节公民课的要求，在没有专任教师的情况下，学校安排体育教师给学生上公民课。这样做被证明不成功之后，公民课的包袱又被转

① Correlli Barnett, *The Audit of War* · London: Macmillan London Limited, 1986.

② 李茂：《英国公民课四年之惑》，中国教育先锋网，2006—08—24。

③ 同上。

移到了老教师身上，他们也各有各的专业。后来，年级辅导员和辅导学生戏剧的教师也加入了进来。如今学校还尝试了一个更加大胆的做法，即频繁调整课表，运用一整天的时间给一个年级的学生集中上公民课。国家教师联合会（National Union of Teacher）主席约翰·伯格斯（John Bangs）对此评论道："引入一门新学科的主要问题是教师接受不到足够数量和质量的培训，也很少有部门向他们提供这种专业培训。学校的公民教育之所以失败，也是这个原因。"①

第三，评价问题。公民教育是以学习成果为基础的公民教育模式。然而，对学校公民教育学习成果的评价，并没有取得与其他国家课程同等的地位，而是将它作为一种非考试科目。尽管报告中陈述道"不可以将此作为我们轻视公民教育的标志"，但事实上，学生及其家长的普遍看法是不考试的科目就是第二位的，是不重要的。

综上所述，这些问题的存在必然影响到英国学校公民教育的实施效果。同时，也正是由于这些问题，促使英国政府对学校公民教育进行检视，并针对存在的问题采取进一步的改革措施，从而使英国学校公民教育在不断解决问题的过程中实现其发展。

参考文献

[1] 滕大春主编：《外国教育通史》第2、3、4卷，山东教育出版社1995年版。

[2] 钱乘旦、陈晓律著：《英国文化模式溯源》，上海社会科学院出版社、四川人民出版社2000年版。

[3] 顾明远、梁忠义主编：《世界教育大系——英国教育》，吉林教育出版社2000年版。

[4] 冯增俊主编，祝怀新：《英国基础教育》，广东教育出版社2003年版。

[5] 滕大春：《外国教育史和外国教育》，河北大学出版社1998年版。

[6] 文波：《爱上牛津》，四川大学出版社2004年版。

[7] 约翰·洛克著，徐诚、杨汉麟译：《教育漫话》，河北人民出版1999年版。

[8] 田德文、靳雷等著：《为什么偏偏是英国》，世界知识出版社1995年版。

[9] 赵玉梅：《初中学生礼仪教育的现状、问题及对策研究》，西北师范大学出

① Faulks K., Education for citizenship in England's secondary schools: a Critique of Current Principle and practice [J]. *Journal of Education Policy*, 2006, 21 (1).

版社 2008 年版。

［10］原青林：《教育活化石的考释——英国公学研究》，南京师范大学出版社 2005 年版。

［11］顾明远主编：《民族文化传统与教育现代化》，北京师范大学出版社 2002 年版，第 2 页。

第四章

德国核心价值体系及价值观教育

——超人与身心两分教育

18 世纪中叶到 19 世纪初，德国和欧洲最重要的剧作家、诗人、思想家歌德（Johann Goethe，1749—1832）曾说，“它一方面向黑暗和混乱发展，直到它的国家政权称为世界的罪人；另一方面，从个人来说，它又使德国人发展到如此成功的高度，以致全世界一而再、再而三地惊叹他们的成功”。这就是德国，一个神秘的国度。褒耶？贬耶？爱耶？恨耶？

一 为何选择德国

德国位于欧陆中部，其面积只是相当于中国一个大省的面积（云南省 38 万平方公里），然而，它却对世界历史的进程及人类文明社会的进步都产生了巨大的影响。

一提到德国，人们脑海中便会浮现两种截然不同的画面：一种是，它穷兵黩武，战车隆隆，引发了世界大战，导致世界陷入混乱。尤其是，按照合法的民族程序造成了纳粹，这道文化的难题至今未完全解开；另一种是，它孕育了许多杰出人物，包括康德、黑格尔、马克思、歌德、海涅、贝多芬、爱因斯坦等多位对人类思想文化宝库做出巨大贡献的哲学家、文学家、音乐家及科学家，他们为人类文明的进步做出了独一无二的贡献：马克思让半个世界的无产者联合起来，爱因斯坦也改变了人类的世界图景……德意志民族又因其在哲学和音乐领域达到了其他民族无法达到的辉煌高度，而被称为诞生哲学家和音乐家的民族。

在这样一个被称之为“音乐之乡”，有着童话般城堡和哥特式大教堂的国家，人们对德国人的认识是，既浪漫又保守，既理想主义又脚踏实地。德国人在世界上的名声来自于他们的严谨与刻板。这是一种刻板印记？还是一种民族性格？美国历史学家克莱格也同样认为："世界上没有哪一个民族像德国那样令人难以一言以蔽之地归纳其民族性格……德国是一个巨大的矛盾体。"

为何德国是一个巨大的矛盾体而充满神秘的色彩？其究竟有何种鲜明个性的民族文化传统？其究竟在固有的生态文化历史背景的变迁机制中如何生成了独特的价值观？这种价值观的基本内涵及其教育经验又如何给予我国当前的价值观教育以启示？本章将从生态视角、历史文化变迁的角度分析德国核心价值体系的生成机制，在此基础上阐释其基本内涵和经验，并针对当前新时期背景下面临的挑战提出新的启示和建议。

二　德国核心价值体系的生成机制

文化是作为一个群体成员习得和共享的意义系统，而思想、意识、观念及其形成的价值观是文化的重要内容。各种文化都是人们对其所属的生态、社会政治场景长期适应的结果。每个民族的文化都是不断发展的，变革的。德国传统的文化研究者通常将文化理解为一种以生命或生活为本位的样态。德国核心的价值体系是由德意志民族所创造，由于其所处的生态环境及历史时期不同，在变迁过程中，积淀形成了特定的、鲜明的文化模式特点。

（一）生态视角

> 当你的人生中感到烦恼和忧愁的时候，就到森林来，敞开胸怀，遥望树林，你能从每一棵树、每一朵花、每棵草、每个生灵里看到上帝无处不在，你就会得到安慰和力量。
>
> ——《茜茜公主》

正如电影《茜茜公主》的女主角茜茜一生深爱着德国南部的巴伐利

亚地区一样，德国著名哲学家、现象学派创始人胡塞尔（E. Edmund Husserl，1859—1938）也曾说，“那是一片曾经我无数次走过的森林，赋予了我独特的灵魂，它像母亲般时时哺育我的成长”。这是德国森林（德国森林覆盖面积达1035万公顷，占全国面积的29%[①]）对德国文化的影响最真实的写照之一。

德国的地理位置十分重要而且特殊。德国位于欧洲中部，面积为35.7万平方公里（仅相当于中国云南省的面积），北濒北海和波罗的海，南靠阿尔卑斯山脉。它北邻丹麦，东连波兰、捷克和斯洛伐克，南接瑞士、奥地利，西界荷兰、比利时、卢森堡和法国，其海岸线长1333公里。正是“由于德国的地理位置的缘故，它的命运在任何情况下对欧洲的发展都有十分巨大的意义，从而也必然关系到西方国家自己的命运”。在一千多年的文明历史进程中，无论是封建王朝时代，还是工业文明时代，德国问题因其地理位置的特殊性而几乎最终都演变成为欧洲问题。德国特定的地理空间决定了其特定的历史角色。她是欧洲文明乃至整个西方文明的重要组成部分。另外，德国四面多国环绕，在与周边国家进行政治、经济和文化方面交流的过程中，德国人逐渐形成了一种向往外部世界的开放的民族心态。

德国特有的地理特征和错综复杂的地貌对德国文化的形成也有重要的影响。莱茵河、易北河、多瑙河等多条河流从德国境内穿过，孕育了德国灿烂的文明。德国地形南高北低，北部靠海，以北德平原为主，中部为山地，南部为巴伐利亚高原和阿尔卑斯山区，因此，北部往南到处是起伏多变的山脉和高原。在进入现代化之前，交通闭塞，这些山脉、高原阻碍了德意志帝国国内人们之间在政治、经济、文化方面的交流和往来。人们只是长久地生活在同一个地区和同一个邦国内。在长期的共同生活中，人们之间形成了浓厚的家乡情结，以及对邦国的政治文化认同。而这种家乡情结和邦国认同在今天的德意志人的民族意识中仍然强烈。这甚至被认为是当今德国联邦制重要的民族意识的认同基础。现今，德国人经常举行一些同乡会或民间节日，这些活动既反映了地方文化传统和地方风土人情，又成为人们之间维系和加强情感交流的方式，如慕尼黑十月啤酒节、科隆狂

① 李树藩、王德林：《最新各国概况》，长春出版社2000年版，第765页。

欢节和纽伦堡圣诞节等。

德国大部分地区属于温带气候，年降雨量充沛，适宜的气候是德国酒文化的良好条件。酒在德国久负盛名，而啤酒在德国人的生活中，很早就是司空见惯之物。作为啤酒之乡，慕尼黑在1810年10月，一场带有赛马和盛宴的皇家婚礼举行了。美食，如啤酒，比婚礼庆典和赛马还要受人欢迎。自那以后，慕尼黑啤酒节几乎每年都举行，以每年5月为序幕，至10月的第一个星期结束。节庆活动的形式多种多样，但都离不开啤酒这个主题，也被称为“十月节”。历史上，除因战争和霍乱中断外，慕尼黑啤酒节已整整举办了171届（截至2005年）。这是世界上规模最大的民间庆典之一。

德国的啤酒文化也是德国文化重要的组成部分。当然，这种文化的形成与其良好的自然条件密不可分。然而，尽管德国作为欧洲文明的中心，形成了开放的心态，但是，德国是一个人口众多，而国土面积少的国家。德国人口总数居欧洲第二位（约8200万），是世界上人口比较稠密的国家之一。人口与国土比例失衡。在历史发展进程中，德意志人逐渐形成了向邻国争夺资源和生存空间的民族主义意识。尤其是德国人民族成分单一，德意志人占总人口的90%以上，由此容易形成狭隘的民族意识。当这种意识变得极端时，德国多次向周边国家发动战争，这也给欧洲各国，乃至世界人民都带来了灾难。然而，这又仿佛是一个格林童话般的世界：高大的枞树、砂石小道，还有那远处传来的修道院的钟声……正是这清新雄浑的自然环境中，产生了如此多伟大的诗人、哲学家、音乐家和思想家。

可以看出，德国的这种生态场景，与德国人形成的这种两面性有着密切的关系。

（二）历史积淀

“历史是置于特定地理中的运动。”德意志民族是一个拥有三千多年历史传统及文明的民族，一般认为，德国的历史始于公元919年。在德国特定的地理环境中，其历史活动是怎样的？在这种变迁中形成了什么样的历史文化传统或文化模式？这是德国价值系统形成的历史根源。

1. 德意志民族的历史形成

公元前1000年之前，德国境内就居住着日耳曼人（German），他们是欧洲的古代民族之一，被看作是德意志人的祖先。公元前5世纪，他们以部落集团的形式分布在北海和波罗的海周围的北欧地区。约公元前半个世纪，大部分日耳曼人开始定居在莱茵河以东、多瑙河以北和北海之间的广大地区，该地区也被称为“日耳曼尼亚”。“德意志”一词来源于古德语“diot”，意为“人民”，最早始见于公元8世纪，是指生活在法兰克王国东部的日耳曼部落所讲的方言。讲德语的东法兰克王国的居民在此后的长期生活中也逐渐产生了一种“同属一国”的认同感，此时，“德意志”一词，也就从一种语言发展为指代讲这一语言的人。此后，讲“德意志”语的部落后来建立了属于自己的王国，他们还用“德意志”来命名自己的国家。

2. 德国历史概览

德国是欧洲中部最大的国家。早在公元2～3世纪在德国境内开始形成了萨克森、法兰克等一些较稳定的部落联盟。公元486年，法兰克王国建立。公元961年，德意志民族神圣罗马帝国诞生，史称第一帝国。

13世纪中期中央政权日趋衰落，德意志开始走向封建割据。“三十年战争”后，分裂成300多个独立的诸侯领地和上千个骑士领地。18世纪初，奥地利和普鲁士崛起。1806年，拿破仑击败神圣罗马帝国，占领德意志。19世纪初，世界资本主义的发展对分裂落后的德意志形成了强烈的压力和挑战。19世纪30年代，德国开始工业革命。到19世纪中叶，在资产阶级化容克的领导下，普鲁士通过三次王朝战争统一德国，建立第二帝国——德意志帝国。而通过王朝战争建立起来的德国，在经济和政治上还保留了大量的封建残余。普鲁士军国主义的种子在统一后的德国土地上埋下了隐患。

1914年，德国挑起第一次世界大战。1918年战败后的德意志帝国瓦解。次年建立魏玛共和国。1933年1月，希特勒出任总理，建立法西斯统治，史称“第三帝国”。1939年9月，发动第二次世界大战，1945年8月，战败投降。战后，依据雅尔塔和波茨坦会议协定，德国分别由美、英、法、苏四国分区占领。1948年6月，美、英、法三国占领区合并，于次年5月正式建立德意志联邦共和国。苏占领区于1949年10月成立德意志民主共和国。从此，德国一分为二。直到 1990 年 10 月，英、法、美、苏和两德外长签署宣言，宣布停止四国在柏林和德国行使权力，两个德国实现统一。两德统一至今，德国基本上摆脱了“政治侏儒”的形象，以平等的姿态重返国际大家庭，成为国际社会中重要的一员。

3. 德国历史进程中的典型事件

在德国 1000 多年的历史进程中，有诸多事件对德国历史，乃至世界文明的发展都产生了十分重要的影响。马丁·路德领导的宗教改革、世界大战，尤其是希特勒引发的第二次世界大战，以及 20 世纪 60 年代青年文化政治化运动等典型事件，对德国的宗教信仰、政治文化、价值观念等方面的影响都是极其深刻的。

（1）宗教改革

改革背景：欧洲中世纪，基督教统治着欧洲乃至西方的整个文化。神被认为是宇宙的中心。在路德时代，基督教的教义认为，人由于“原罪”而被诅咒并罚出了天堂。罗马天主教教会宣传“救赎教义”，推出赦罪符。教徒若想赦罪，只有购买教会发放的赦罪符，才可以去除罪恶，进入天国。因此，人们进入“天国”的希望成为了基督教教会统治百姓的手段。

运动过程：1517 年 10 月 31 日，路德通过 95 条论纲，公开反对当时罗马天主教教会的赦罪符。路德认为，人只有凭着信仰才能被拯救，而不必购买赦罪符。他提出了路德神学的三个核心思想，即：因信称义，通过内心真正信仰上帝，才能获救；反对教皇永无过错的观点，否定教皇的权威性，认为只有《圣经》才是唯一和最高的权威；信徒通过《圣经》直接面对上帝，并对上帝负责。《圣经》被视作人与上帝之间信仰关系的桥梁。由此，开启了信仰由外向内的转向，对天主教垄断《圣经》解释权提出了巨大挑战。路德的这一神学思想危及教会的存在，由此，引发了基督教世界第二次分裂的宗教改革。

历史影响：路德宗教改革，一方面，反映了德国人文主义者反对罗马天主教会对德意志人民的外来精神统治，追求信仰自由的价值选择；另一方面，它要求改革罗马教会推出的赦罪符拯救教徒的方式，要求人们直面上帝建立合理的教会机构和新的宗教秩序。正是由于新教邦国建立邦国教会，脱离了教皇和主教。宗教革命和信仰分裂，同时加速了德意志政治的分裂，统一的德意志民族国家也迟迟未能真正建立。马丁·路德掀起的宗教改革夺取了西方信仰的半壁江山。

（2）世界大战

德国是世界历史上两次世界大战最主要的发动者之一。这两次世界大战对世界格局的变化及世界各国的历史进程有重要影响。尤其是，希特勒引发的第二次世界大战，给世界人民带来深重灾难。同时，德国人对二战的反思极其深刻，由此形成的新的价值体系和核心价值观念是全人类又一笔宝贵的精神财富。

历史背景：18 世纪以来，德国文化教育、科学技术以及经济社会都取得了长足发展，到 20 世纪初时，已经取得世界领先地位。法西斯势力在第一次世界大战之后在德国得势，具有十分复杂的国际背景：对德国过重的赔款要求，1929 年开始爆发的世界经济危机，英法当局想利用希特勒势力对抗苏联等。在法西斯势力上台之后，希特勒之流吹嘘和利用了德意志民族文化遗产中的一些糟粕，包括对尼采的一些思想言论，瓦格纳歌剧的利用。当时，西方各国普遍存在着种族主义和社会达尔文主义思潮，而由于希特勒之流大肆宣传以及利用了德国人当时不满情绪和思想混乱状况，使多数德国人对德国纳粹领导人所宣扬的蛊惑人心的“日耳曼种族优越论”深信不疑，他们认定日耳曼人在“血统上”是“优等民族”。由于地球上的“生存空间”有限，理当把其他“劣等民族”斩尽杀绝。

战后美国文化的影响：20 世纪期间，尤其是二战后，联邦德国将美国作为重建所效仿的“榜样”和依赖的主要国家。与此同时，美国在战后把改造和复兴德国作为其在欧洲大陆与苏联对抗的基地，对联邦德国的援助成为美国全球冷战战略中重要的组成部分之一。据雅尔塔会议的决议，德国战败后由盟国分区占领。美国现代大众消费文化在德国得到了广泛的传播并产生了较大的影响。德国人开始着迷于爵士乐，美国流行歌曲、好莱坞影片等都深受民众喜爱，一个当地的男人回忆，“当时他和他的朋友们不得不到离家乡很远的地方寻求配偶，因为他们知道在这方面很难与美国士兵进行竞争”。在德国当地妇女的眼中，美国官兵被认为具有不同于德国男人的行为模式，他们“慷慨大方，富有思想，容易接触”。因此，这被认为是“已经在战场上被击败的许多男人，也经历了家庭组合上的另一场失败”。美国给欧洲，尤其是德国带来的不仅是罐头食品和现金，更为重要的是他们传播了文化价值观。例如，《每日新闻》向德国当地的居民介绍美国的生活、文化。“真正的民主精神”的形成对德国民主化制度的建立至关重要。这种精神主要是指美国人对民主制度形成的一套信仰或理念，这是美国文化中最重要的组成部分。1948 年，美国政府为让西德年轻的学生到美国亲身体验其民主制，对他们进行民主精神的教育，以便使其在态度、行为和价值观发生彻底的改变，美国政府实施对西德官方文化交流项目。美国占领当局将这种交流视为“偷偷带进民主细菌的一种工具”，让年轻学生对美国生活的直接了解是“产生携带者并立即传播开来的最佳方式”。战后西德的“美国化”表现之一是德国年轻人受到占领区美国士兵行为方式的极大影响。这些士兵成为传播美国生活方式的“大使”。因此，二战后，美国对德国的影响，不仅仅是使德国的经济迅速重建，大众生活方式的丰富，更为重要的是，美国民主制度和民主精神在德国的广泛传播，对战后德国民主化的生活影响深刻，这也是德国人对二战自我深刻反思的原因之一。

（3）“68”运动

“68”运动是20世纪60年代由学生运动引发的一场社会运动。这是德国青年文化政治化最为突出的表现之一。青年文化是指，青年在生理、心理、社会等共同作用下形成的特有价值观念、行为规范及其在日常生活中的外在表现。60 年代是德国经济重新崛起、历史转折的重要时期。经济的繁荣促成了社会价值观的变迁，尤其是青年文化的发展。在当时特定的历史条件下，这种青年文化表现出强烈的政治化的倾向。

50 年代末“经济奇迹”后，60 年代的德国年轻人生活在一个经济繁荣、物质富足的时代。他们拥有了越来越多的可供自由支配的时间和金钱。与他们的父辈相比，德国青年一代的基本价值取向由重视生理、安全的物质主义向注重审美、文化的后物质主义转变。1967 年，正值联邦德国青年学生“反权威、反专制”运动兴起，前伊朗国王巴列维访问联邦德国，而巴列维作为镇压人民的“独裁者”和“暴君”出现在德国，引起了青年学生的极度反感，在西柏林市爆发了大规模的游行示威。而此次学生运动又与当时全国掀起的席卷全国的反政府颁布“紧急状态法”的斗争联系在一起。该法案由联邦政府内政部长格尔哈德·施罗德在 1960 年提出，主要内容是在非常时期政府可以宣布接管一切权力，限制各种自由，以保证国家的安全和社会的稳定。1968 年 4 月，由于社会民主党立场的转变，该法案草案被国会通过。这意味着，国家可以随时限制甚至取消宪法保障公民权利。在青年学生抗议运动浪潮的影响下，许多市民群众也加入了反“紧急状态法”的示威活动。1968 年 5 月，著名的学生运动领袖鲁迪·杜契克被刺致残，引发广大青年学生掀起了更大规模的复活节抗议运动，这一系列的运动被称为“68”运动。

“68”运动在社会文化上产生了深远的影响。这次文化运动可以看作是个体对社会的胜利，个体挣脱了社会网络对自身的束缚。整个社会的价值取向也趋向于个体化和多元化。在德国历史上的第三帝国时期，之所以大量国民盲目追随希特勒，究其根源，是因为在德国社会家庭内部家长制作风盛行。从而形成了德意志人缺乏主见、服从权威的国民性格。从 60 年代中期开始，德国教育的目标和风格也出现了根本性的改变。人们更加注重的是个体的独立和自主性，而不再是听话和服从。70 年代后逐渐兴起的新社会运动，如：环保运动、女权运动及和平运动与“68”运动都有着千丝万缕的联系。从新社会运动走出的绿党，坚持保护生态、信奉民主、反对暴力等原则，彰显了后物质主义时代价值观的转向。

从德国历史变迁以及与其他民族交往的过程中，德意志人形成了忠诚、服从、理性与民族主义的民族性格和价值观念。

（三）文化模式

文化可以看作是一个社会共同的价值和观念，包括价值取向、思维方式、行为准则、语言文字以及风俗习惯等。世界各民族文化丰富多彩。不同民族的文化在接触、交流中相互碰撞、融合。

最早提出文化模式这一概念并进行专门研究的是美国历史批判学派。他们坚持将文化相对主义的思想，将每一种文化看成是一个独特单一的整体。从《文化模式》一书看，露丝·本尼迪克特的文化模式概念包括了主观文化和客观文化两个方面。而本文此处关于文化模式的定义是狭义的，等同于主观文化，主要是一个民族或群体成员共同认可的信念、价值观念等内容所组成的整体。它不仅体现于生活方式、道德训条、思维模式中，还包括经济、政治、教育等思想观念。德意志民族在特定的生态文化场景下，在漫长的德意志历史的变迁以及与其他民族交往的过程中，形成了具有自身特点的德意志文化模式，主要表现为鲜明的民族特征、理性的思维模式及强烈的民族主义情感。

民族特征：服从与忠诚是德意志民族较为鲜明的民族特征。古罗马历史学家塔西陀（Tacitus）在其《日耳曼尼亚志》（Germania）中翔实地记载了日耳曼人注重忠诚、名誉、荣誉和勇敢。他们将忠于本民族、忠于首领和勇敢视为“美德”，把效忠部落首领看着天职，并以此为荣。形成于17世纪的普鲁士王国，在历史上被称为“为战争而生，在战争中成长”的国家。普鲁士王国很多方面都继承了日耳曼民族的特点和精神，尤其是日耳曼民族的军事性、勇敢性、尚武性等特点。普鲁士精神包含了军国主义思想、国家利益至上和顺民精神等。军国主义一直被认为是德国历史上典型的国家性格，而权威主义的政治文化是其文化根基。而这种权威主义又培养了人们服从的精神。

思维模式：理性、严谨、自由是德意志民族思维的模式和特点。德意志民族也被称为孕育哲学家的民族，而这些哲学家、思想家的思想又深深地影响着这个民族。德国人善于抽象思维，习惯于从深奥的层次对人类面对的问题以及终极目标进行阐述和理解。诗人海涅曾说：“德意志民族不是一个轻举妄动的民族，当它一旦走上任何一条道路，就会坚忍不拔地把这条道路走到底。”他认为，康德哲学是精神革命的开始，一切思想都将受到审判。康德一直推崇的是冷静的、没有悲喜和缺陷的人生。他认为，冲动会导致失败，而狂喜中可能会隐藏忧患。因此，他做每一件事都要经过计划得失，然后按部就班，这样才不会走错一步。康德认为，真正的自由在于道德的自由。一个理性的存在者，当他的行为符合同时是主观准则与客观法则的道德律时，他就能意识到自由；另一位影响深刻的哲学家费希特曾说：“我们必须严肃认真地对待一切事物，切切不可容忍半点轻率和漫不经心的态度。”德意志民族这种理性而深刻，追求内在精神自由的性格融入了民族的脉络之中。在现代人眼中，严肃认真、一丝不苟、甚至于执着死板就是德国人性格的真实写照。

民族主义：德意志民族主义是一种强烈的民族情感和精神。德意志民族主义精神源于两方面内容，其一是反对封建专制与封建割据，宣扬和倡导资产阶级民族主义思想；其二是在国际竞争中形成的强烈的民族自尊感。从18世纪末19世纪初德国所处的国际环境来看，英国已经取得资产阶级革命一百多年，法国人也为自由、民主和独立而战。德国人饱受政治分裂、经济衰败之苦，德国市民普遍愚昧落后。“无论是与趾高气扬的法国人相比，还是与自由与骄傲的英国人相比，自己都是宇宙中一个比较卑微的公民。”① 面对邻国先进思想的冲击，强大民族国家的巨大影响和自身破碎的山河，德国的文化民族主义被激发和形成。费希特曾说：“任何一个世界主义者都会借助于民族给他设置的限制，势必成为爱国主义者；任何一个在自己民族中是极其有力、极其活跃的爱国主义者的人，也是极其活跃的世界公民，因为一切民族文明的最终目的都在于这种文明传遍全人类。”② 费希特对爱国主义与世界主义的辩证论述恰恰反映了德国文化民族主义者的矛盾心理。在先进国家巨大压力和影响下，在本国专制制度的控制下，使得他们在政治上既是自由主义的，又是世界主义的。他们积极反对神权和专制，赞扬自由与平等，为实现国家民族的统一以及解放专制制度不断努力探索。

德国文化模式的形成是基于特定的生态文化场景及其历史积淀，而德国核心价值体系则是其文化模式中最重要的组成部分。

三 德国核心价值体系的内容阐释

德国在其漫长的历史进程中，形成了一种强烈的德意志民族意识与性格，具有向往自由、敬畏法制与秩序、严谨而忠诚等核心内容的价值体系。

（一）史诗英雄认同:无可阻挡的意志

德意志民族著名史诗《尼伯龙根之歌》，始见于1200年左右，而史诗早在公元5世纪，在古代尼德兰与布尔龚腾各自民间说唱的基础上口耳相传，于欧洲民族大迁徙年代衍变融汇而逐渐形成。此时，日耳曼民族处于原始公社时期，大事由酋长首先商议，然后由全体部落成员共同决议。日耳曼民族简朴却尚武，他们重视卜筮、尊重女性。他们的婚姻制度是非

① ［英］以赛亚·柏林：《自由及其背叛》，赵国新译，译林出版社2005年版，第55页。

② 转引自梁存秀《论费希特对德意志民族的演讲》，《哲学门》第二卷第一册2001年版，第2页。

常严密的。在他们风俗习惯中没有比这个更值得赞扬的了，他们大概是野蛮人中唯一以一个妻子为满足的一种人。这是日耳曼民族传统的道德观念。史诗中的英雄人物哈根具有无可阻挡的意志，而这种精神意志恰恰适应了19世纪德意志民族精神。此时，在法、英等先进文化的压抑和影响下，德意志民族以一种高度强烈的民族自尊骤然崛起。而瓦格纳对《尼伯龙根之歌》进行了重构，从深处唤起了一代德国青年的英雄认同感。这也滋养生长出了那种以毁灭为喜悦，以意志顺畅为最终目的的铁血性格和纳粹精神。新一代的德国年轻人深受瓦格纳用迷幻和朦胧的艺术彩饰起来的"意念"的影响。在狂热的鼓动之中，接受了那个"欧洲新秩序"的观念，并以一种毁灭一切的行为方式去建设的那个新秩序。正如，尼采曾说："追随瓦格纳要付出高昂的代价。"①

（二）民族理想人格：马丁·路德

海涅曾这样评价："路德不仅是我国历史上最伟大的人物，同时也是一个最为德意志式的人物；在他的性格中德国人所有的一切优点和缺点完完全全地统一在一起，因而这个人也就代表了不可思议的德国。"② 这正是恰如其分地表明了路德对德国文化的影响。德国精神就是这样的一种分裂：一种精神是尘世的，物质的；另一种精神是超越的，反功利的。马丁·路德的宗教改革把上帝放到了人的心中，把超越的一面和尘世的一面糅合到了一起。在他身上体现了德国民族那种矛盾性和双重性。他一方面充满着对圣灵的献身精神，能完全沉潜于纯粹的精神领域中，同时，又十分珍爱大地上一切美好的事物。

马丁·路德在《论基督徒的自由》一文中提出了"两个世界论"，将人的世界分为"信仰世界"和"世俗世界"。"信仰世界"是指人的内心世界，在信仰世界里，人们拥有精神和信仰自由，每个基督徒完全是自由的，可以通过《圣经》直接与上帝对话；在世俗世界，作为上帝的信徒，每个人都有义务维持世俗秩序。因为世俗秩序是上帝为人类所构建，信徒要服从世俗权威，像服从上帝一样，这是基督徒的一种使命。在这种国家

① 尼采：《尼采反对瓦格纳》，山东画报出版社2002年版，第56页。

② ［德］亨利希·海涅：《论德国》，商务印书馆1980年版，第229页。

宗教秩序的观念下，塑造了德意志人对于国家制度的认同和服从，以及臣仆的思想意识。同时，他“两个世界”的思想影响和奠定了德意志民族内在自由与外在服从的国民性格。

在马克斯·韦伯看来，资本主义精神来源于路德和加尔文的改教运动，路德认为世俗的事业乃是蒙上帝的召命（beruf）。“这样……上帝应许的唯一生存方式，不是要人们以苦修的禁欲主义超越世俗道德，而是要人完成个人在现世里所处地位赋予他的责任和义务，这是他的天职。”① 这也是源于路德的职业观的影响。路德对工作和职业观新的界定改变了之前基督教对工作、劳动的态度。早期基督教将劳动看作是上帝对人类的惩罚。而路德认为，上帝赋予一个人的角色，从事某种职业正是接受上帝的安排，从事任何职业都是为上帝服务，任何工作与教士工作一样高贵，工作不是上帝对人的惩罚，而是为上帝服务，是教徒进入天国的重要途径。这就使工作和使命之间建立了一种联系，职业不再只是一种陌生的手段，而是被赋予了神圣的意义。在这种职业观的影响下，人们按照上帝的安排，各司其职。这被韦伯认为是资本主义发展的精神原动力。路德的这种精神影响了德意志民族的劳动观和职业观，这也是德意志人所持有的积极工作的原因，这也成为德意志民族国民特征的重要组成部分。

路德对德意志文化的影响是多层次、多维度而且深刻的。这也造就了典型的德国人的性格。路德关注的核心在于，上帝和福音，灵魂的救赎，宗教的利益和世俗的利益。人们尽职于世俗事务，目的在于荣耀上帝。向往内心的自由，对超自然事物的积极关注，铸就了德国人深沉而理性的品质。神学和哲学是德意志民族最高的精神成就之一。其抽象而思辨、深刻晦涩的民族形象闻名于世，以至于海德格尔称“德意志民族是一个形而上的民族”。

（三）反对专制，向往自由

正如马丁·路德的思想对德意志民族的影响，一方面服从现世的秩序；另一方面追求内心的自由。当世俗的秩序不合理甚至阻碍民族进步与

---

① ［德］马克斯·韦伯：《新教伦理与资本主义精神》，生活·读书·新知三联书店1998年版，第59页。

发展时，当外族势力不断入侵、压迫，甚至威胁本民族安危时，反对专制，向往自由成为德意志民族精英们的毕生追求。他们是：哲学家康德、音乐家贝多芬、文学家席勒……

哲学家康德是德国启蒙运动的代表人物。他认为，“世界上唯一有价值的东西是这种真正的内在的精神性自我的某种状态”。在其庞大的哲学体系中，“自我”能在理论理性和实践理性中找到生长点，以实现道德自我和意志自由。康德关于个人意志自由的思想被他的追随者费希特批判地继承，将康德的个人意志发展到集体意志自由。赫尔德进一步认为，可以通过国家达到个人理想的实现，通过斗争而保持世界的多样性。这一系列的思想都表明了：只有在内心实现精神和自我的自由，通过自我的提升才能推翻作为精神统治基础的自然神论，实现自由与独立。因此，“在欧洲近代史上，英国人实现了现代的经济革命，法国人实现了政治革命，而德国人则实现了哲学革命”①。

德意志民族被誉为孕育音乐家的民族。音乐可以跨越语言的障碍，影响深远。在德国，从1685年巴赫诞生到1828年舒伯特去世，德意志民族一共出现了7位音乐大师。他们的艺术来源于自己的民族，他们用音乐来抚平国家分裂与落后给德意志造成的创伤，用旋律来激发受专制制度压迫的人们。贝多芬的《英雄交响曲》原为《拿破仑·波拿巴大交响曲》，但当得知这位一直被贝多芬奉为楷模的英雄和政治家拿破仑加冕时，贝多芬愤言“他不过是个凡夫俗子罢了，现在他就要践踏一切人的权利，只顾自己的野心了，他就要高踞所有人之上而成为暴君了”。贝多芬随即将该曲名改为《英雄交响曲》，他要把这首气势磅礴的曲子献给所有真正的英雄。这些音乐家们，德意志民族的骄傲，他们的音乐不仅带给人美的享受，而且激发人们积极向上的斗志，鼓舞人们去探索自由，而且成为德意志民族强大的精神象征。

在文学领域，德意志伟大的文学家们控诉现实的专制，一方面在历史的记忆中找寻民族的荣耀照亮未来。席勒的代表剧作有《强盗》《阴谋与爱情》《威廉·退尔》等，其中《阴谋与爱情》反映的是德国市民阶级和

① 张淑娟：《德国文化民族主义者的社会角色分析》，《世界民族》2008年第5期，第9—19页。

封建统治阶级的矛盾，剧中女主人公路易丝身上体现了当时德国进步青年反对封建制度和要求自由、平等的思想。恩格斯指出这部作品是德国第一部有政治倾向的戏剧。歌德也在其作品《威廉·迈斯特》中提出，在三大宗教崇拜中产生一种最高的崇拜，即对自己的崇拜。

总的来看，这些德意志民族文化精英们向往一种内在精神的自由。这是路德改革以及欧洲启蒙运动给德意志民族注入的对于自由与民主的渴望和个体自我的肯定。他们追求个体自由、反对专制，这既是他们思想的主旋律，也是他们时代的观念，顺应了历史的潮流。他们的思想如同耀眼的流星划过人类文明史的长空。虽然在德意志政治与民族统一的历史进程中转瞬即逝，但他们智慧的光芒却照亮了民族前进的道路。

（四）遵守秩序，敬畏法制

马丁·路德的两个世界观，强调了世俗世界中的秩序是上帝为人类安排。人服从和遵守现世的秩序是对上帝的忠诚。人们各司其职，做好自己的本职工作是服务上帝，也是通往天堂的途径。他将世俗秩序神圣化，正是这种宗教的因素在社会中的特殊意义，在世俗的权力中，神圣的东西不是人本身，而是法制，上帝将对破坏法制的人实行审判。

在这种文化的影响下，遵守秩序是德国人典型的民族性格特征。德国人经常说的一个词是“Ordnung”，它的基本意思就是“秩序”，再引申便有“规定、规则、条例”等与秩序和纪律有关的含义。诸如“你还好吧?”、“你没事吧?”这类关切的问候用语到了德语里也就成了“一切就绪?（Alles in Ordnung)”这样听起来刻板冷淡的句子，它却充分地反映出德国人对秩序重视和遵守。在德国，每个人都有自己的“归属”，甚至每一件物品都有自己“适合”的位置。在德国，维持秩序的标志牌随处可见。和浪漫的法国人、慵懒的意大利人比较而言，英国人和德国人都更加理性。如果说地处海洋的英国人还略带随意，那么地处内陆的德国人就如同机械一般认真。“禁止”一词，也是德国人从其他国家最早学来的词汇之一。

法制是维护世俗秩序的，法律不可侵犯。在当今德国，法制意识已经支配着人们的日常行为和日常的生活，尤其是对于德国公务员来说，法律和规章制度是为民办事的出发点，他们本人只对法律负责。法律调节着和决定了德国公民的社会生活、人际关系和职业生活。在历史上，有一个名垂德国历史的“小磨坊”，它代表着一个民族对法律的敬畏，对公民的敬畏：

在200多年以前的德国，威廉一世被德意志各邦君主拥立为德国皇帝，深受广大人民群众爱戴，现在德国的许多城市街头还依然竖立着他骑着青铜战马的塑像。当他当上皇帝之后，他在距离柏林不远的波茨坦修建了一座行宫。宫殿建成以后，这位皇帝带领群臣登高远眺波茨坦市全景。正当他要远眺的时候，他的视线却被紧挨着宫殿的一座磨坊挡住了。这让这位皇帝非常扫兴。于是派人前去与磨坊的主人协商，希望能够买下这座磨坊。

但是磨坊主一点也没有把皇帝看在眼里。他固执地说，这座磨坊是从祖上传下来的基业，不能在我手里消失了。几次协商都没有成功，不论皇帝下什么圣旨，也不论许以多么高的补偿，主人都不为所动。终于，威廉震怒，派人拆了磨坊。次日一早，老汉就在当地把至高无上的德国皇帝告上了法庭。地方法院受理了，他们依据德国法律，认为被告擅用皇权，侵犯了原告的私有财产，判决皇帝必须“恢复原状”，重新把那磨坊盖起来，并赔偿由于拆毁房子造成的损失。威廉贵为一国之君，拿到判决书也只好遵照执行。从此，小磨坊就与宫殿比邻而居，互不干扰，宫殿里每天歌舞升平，小磨坊每天也磨面不止。

直到现在，那个磨坊，德国司法独立的象征，代表着一个民族对法律的信念的小磨坊，仍像纪念碑一样屹立在德国的土地上。无论是尊贵的各国元首，还是来自世界各地的旅游者，到了德国，一定要去看看那个已经翻修了无数次的小磨坊。因为，它代表着一个民族对法律的敬畏，对公民的敬畏！①

（五）德国人印象：忠诚与严谨

严谨而刻板，认真而务实，是人们对德国人的普遍印象。在德国特定的历史、文化、宗教、地理环境中塑造了德国国民的共同特征：忠诚与严谨。这被视为日耳曼最高的美德。这也是德国人核心价值观的重要内容和标准。

---

①　见佚名《名垂德国历史的“小磨坊”》，《工人日报》2007年版，第9页。

忠诚是日耳曼人和普鲁士军人职业道德规范的重要内容。将对等级制度和权威的信任培养为自觉服从和自律的精神。这种精神融入了人们的日常生活，特别是通过国家义务教育制度不断传递给下一代。在当今，德国人工作态度和职业水准上也充分体现了忠诚这一国民特征，这也是德国许多企业用人的重要标准之一。员工必须忠于自己的本职工作和企业，反对跳槽，这已经是人们普遍的观念。改行被看作是不负责任和轻率的行为。在德国人眼里，忠诚和诚实是建立相互信赖的人际关系的基础，也是人与人之间社会交往活动的基础。

严谨是德国人最重要的品质和核心价值观之一。季羡林先生曾在《留德十年》一书中，叙述了二战期间德国教授不顾安危，执着于科学研究的事例，"在盟国飞机一次轰炸哥廷根刚刚过后，一位著名的德国教授却冒着生命危险去观察爆炸气流所造成的结果。他认为这机会难得，在实验室里不可能做到"。凡是到过德国旅行考察或学习的人，无不为德国社会各方面管理井井有条留下深刻印象。各行各业都普遍敬业爱岗、认真负责。整个社会如同一架庞大的机器在顺利地运行着，每个人都清楚自己在社会中的位置和作用。德国人习惯遵守各种规章制度。德国制造的各种产品其质量也耐久可靠，设计独到而精妙。这些都是德国人严谨守信品质和精神的结晶。

德国的足球文化也体现了德国人的严谨与和谐。德国足球运动体现了勇敢和粗犷的个性和风格。与拉美足球讲究个人技巧不同，德国足球运动成为集体的和谐。他们用行云流水的组织书写席勒的诗篇，用疏密相间的韵律奏响贝多芬的名曲。用简洁和秩序来实现人们对永恒的把握和审美的追求。

（六）德国人的"和谐"观

"和谐"是当今世界各国发展的共识。德国人的和谐观也顺应了时代发展的潮流，并体现了自身独到的见解。2010 年上海世博会上，德国馆的主题是"和谐城市"。其德语词 blaancity 由 balance（平衡、和谐）和 city（都市）构成。德国馆的设计和布局体现了德国人视角下的人与自然和谐共处的都市生活新方式。这同德国的生态哲学和后工业可持续发展有着内在联系。

面对20世纪80年代经济高速发展及由此带来的环境问题，德国学者已经认识到并深刻反思环境与发展的互动性。德国生态哲学家汉斯·萨克塞将生态哲学界定为自然、技术和社会之间的关系："技术"一方面是人类同自然建立联系，成为人联系自然的媒介；另一方面，技术专业化要求人们进行互补合作，从而产生社会关系。他指出，工业文明带来的生态问题，即源于技术和经济行为，也源于人类征服自然的价值观。德国环境社会学家约瑟·胡贝尔则将80年代提出的"后工业现代化"概念转变为"可持续发展"概念。它要求人们在保护环境整体利益的前提下，实现经济、社会和人类的互动式可持续发展。由此，这种和谐的理念已深入人心。

在德国核心价值体系中，其核心价值观体现了向往内在精神自由与服从世俗秩序的两种价值取向。而这两种取向既是和谐的，也是矛盾的。在历史的变迁中，德国人形成了严谨务实、忠诚服从的国民性格和价值观念。这种人生的价值取向和具体的价值标准通过教育的方式一代一代地被传承和发展。

四　德国价值观教育的基本经验

文化与教育紧密联系。传统的民族文化既影响了教育发展的模式，更是教育的重要内容。一个民族的价值观属于民族文化的重要内容，教育承担着传承民族文化，尤其是民族核心价值观的使命和责任。教育内涵与外延极其广泛，本文所指的教育涵盖了家庭教育、学校教育以及社会生活教育等方面的内容，主要考察了德国价值观教育广泛而特色鲜明的经验。

（一）传统教育观

德国被誉为是一个孕育哲学家的民族，而这些思想文化的精英，如康德、赫尔巴特、费希特、第斯多惠、凯兴斯坦纳等，他们关于教育的思想是德国价值观教育最重要的传统经验和指导思想。

康德与启蒙主义者，尤其是卢梭一样，高度推崇人性、人的尊严，充分肯定人的价值。康德认为，人与动物之所以有区别，有其人格与尊严，归根结底是因为有道德。因此，需要将人最终提升到有后天教养的道德人。然而，人的自然倾向不加引导就有走向恶的危险，因而，必然接受

“实践理性”的规范，道德的概念和准则都在这种理性之中。他认为，在道德教育中，既要注意让儿童自然而自由地成长，又要让他们自觉地接受理性的引导。自由是道德的最高目的，但要儿童服从不可避免地需要一定的强制，特别是在成长的早期更是如此。教师还应当对十三四岁的儿童适当进行性教育，用工作、学习、良好的生活习惯去抑制不良冲动。康德还提倡道德修养中的范例、格言、赏罚以及说理、行动等具体的道德教育方式。

赫尔巴特的伦理学说直接受到康德思想的影响，他提出了五种道德观念，即内心自由、完善、仁慈、正义和公平。他认为教育所要达到的最高和最为基本的目的是道德——“道德普遍地被认为是人类的最高目的，也是教育的最高目的”。“无教学的教育”和“无教育的教学”是赫尔巴特提出的教育性教学的原则，这也是道德教育最重要的原则之一。

费希特也曾指出，加强对人们心灵的教育，社会就会不断地走向文明和进步。他认为，德国战败是因为缺乏民族精神、宗教和道德感。这种国民素质必须通过教育来培养。只有通过新教育培养完全新的完人，民族才能振兴，而这种完人是具有良好德行的人：一方面，具有爱国主义和民族精神；另一方面，具有资产阶级化的道德，责任感、博爱、同情心、善心、自我牺牲精神和家庭观念等。

后来的第斯多惠认为，真善美是人类最宝贵的财富；凯兴斯坦纳提出的“公民教育”和“劳作学校”的思想等，既反映了当时时代的特征，更是一种传统的道德教育理念。而且，在以尼采和叔本华为代表的人本主义哲学思潮的影响下，宣扬尊重人的个性发展。强调学生作为独立个体的独立性，突出学生的主体地位，使学生在轻松愉快的环境中主动地学习、劳作，而不是被动地接受。

综上所述，德国历史上的教育家们极其重视个体的道德教育，并将其作为教育最高的目的。德国传统的教育观，既包含了对个体心灵的道德教育，又注重通过职业的训练、生活的教育来完善和提升个体境界的具体的教育方法，这成为德国价值观教育最为重要的经验之一。

（二）国家教育观念

在德国，教育一直被视为民族复兴，立足世界强国之林的重要保证。

1524年，马丁·路德在《致德国各市、镇长和议员书》中指出："一座城市的最大的利益、最大的障碍和最大的力量是具有大量学识、明智、正直和虔诚的市民。"一直以来，教育是德国的立国、兴国之本。德国高度重视国民素质的培养，是历史上最早实行免费义务教育制度的国家之一。曾经战胜法国并俘虏法国皇帝的元帅毛奇曾说，"普鲁士的胜利，早就在小学教师的讲台上就决定了"。德国对年轻一代教育，尤其是价值观的传递一直以来作为一种国家战略。

1920年，德国政府召开全国教育会议，德国内务部部长科赫（Koch），在其报告中指出，"德国教育改革和发展的基本任务，主要包括：培养民族思想，增强民族的自尊心；培育集体精神，加强集体的力量；增强劳动观念；培养学生容忍的世界观"[①]。

1949年5月，联邦德国公布了宪法《德意志联邦共和国基本法》，其中的第26条明确规定"凡扰乱各国人民和平的共同生活和具有此种意图的行动，特别是准备进行战争的行动，都是违反宪法的"。德国政府将1月27日奥斯维辛集中营解放日，定为法定"纳粹受害者纪念日"，每年官方都要举办纪念活动。正如德国总理施罗德在集中营纪念仪式上说："过去的历史我们已无法挽回，但我们能够从那段历史中，从我们国家刻骨铭心的那段耻辱中吸取教训。德国绝不向试图忘却或不承认那段历史的任何企图让步。"这既是对历史的深刻反思，又指明了对德国年轻一代的价值观教育的方向。

（三）学校教育经验

学校是德国价值观教育的最核心机构，是德国一个重要的政治教育与政治社会化机构。学校教育是其核心价值观教育最基本的途径，是青少年价值观发展与形成最系统化、最强有力的影响因素。

1. 教育目的

学校价值观教育的目的由政治、经济、历史以及文化传统决定。以《柏林州学校法》为例，明确指出学校价值观教育的目的在于：使学生具有坚决抵制纳粹意识形态和其他追求暴力统治政治学说的能力，使学生有

---

① 吴式颖：《外国教育史教程》，人民教育出版社1999年版，第550页。

能力建立在民主、和平、自由、人类尊严、男女平等等基础上并与自然和环境和谐的国家和社会生活。其中，将培养学生与国家社会主义（即纳粹）意识形态作斗争的思想观，被明确列为学校教育的首要目的。作为联邦制国家，德国其他联邦州也有类似的法律，规定让学生了解和认识国家社会主义是中学历史教育的基本内容和目的。

2. 教育内容

在学校教育中，母语课备受重视。在1至10年级课程中，母语课始终是课时最多的。这是受民族主义思想的影响。就学校教学计划和大纲而言，在市政府设立教育青少年和运动处，内部设立监督委员会，在州学校法的框架基础上，专门负责制定本地区中小学历史教学计划和大纲。一般组织包括学校历史教师在内的专家，根据教学大纲编制教科书。以历史教育为例：

无论是哪种类型中学的学生，都必须按照大纲要求接受严格的历史教育。其中，“纳粹统治”是历史教育的重点。按照教学大纲要求，9年级开设“民族国家与世界大战”历史课，对于高级中学的学生，还会开设世界政治学和历史这两门课程，11年级至13年级的学生必须选修其中一门。在当代史中，教学大纲专门强调“纳粹独裁：问题与分歧”这一主题是必修内容。要求学生进一步深入了解德国是如何由魏玛共和国走向纳粹独裁这段历史。其中包括：认识和判断走向独裁的过程，认清纳粹意识形态并展开相关讨论，探讨和判断德国民族对纳粹政权的态度以及认同、适应、拒绝和抵抗的前提，针对挑选的事例，探讨和评价纳粹统治的原因和后果，如何走上灭绝欧洲犹太人之路。试图解释和反思德国社会在人类步入20世纪文明社会时期为什么会如此陷入野蛮状态。

而学校的政治课在一定程度上则是针对青少年将来的社会参与，如参加政治选举、参与职业利益代表大会、参与社团、组织以及公民团体等社会政治生活。学校开设的历史课是向学生展示国家与民族的过去，而政治课则是让他们认清国家和民族的现在与未来。学校教育的意义在于，让学生对本国的历史、社会政治制度、政治文化、政治理想作出价值判断，增强学生对于民族的认同感，提高学生参与社会政治生活的能力。

除此之外，学校还开展例如善良教育、环保教育为主题的教育：

(1) 善良教育

尽管德国是两次世界大战的“罪魁祸首”，但是德国能够对这段历史进行深刻的反思，由此非常重视年轻一代，尤其是儿童善良品质的培养。例如：爱护小动物是德国儿童接受“善良教育”的第一课。当儿童刚刚学会走路，不少德国家庭就特意为他们喂养了各种小动物，让孩子亲自喂养各种小动物，让孩子在亲自照料小动物的过程中，学会体贴入微地照顾小的生命。幼儿园也饲养了各种小动物，由孩子们轮流负责喂养，还要求孩子们注意观察小动物的成长、发育，有条件的还要做好“饲养记录”。此外，利用自己积蓄的零花钱来“领养”动物园里的动物，或者捐款拯救濒临灭绝动物是德国小学生热衷的活动。

(2) 环保教育

学校重视对学生进行环保意识的培养，使他们认识到人与环境的相互关系，意识到今天环境的破坏者就是明天的受害者。在这种观念的影响下，学生在利用自然资源的过程中充满了责任感，努力避免对环境造成破坏，并积极想办法解决现存的环保问题。为了更好地保障环保教育的实施，各联邦州的文化部长把对教师的环保培训业列入了工作重点。

3. 教育形式

学校价值观教育的方式多样。德国各中学开辟多种渠道，采用多种方式对学生进行教育。在德国，学校中的价值观教育在方法和模式上，注重“问题式”和“探索式”教学。学校注重学生的自我修养和知识的内化，而这又需要学生依靠社会政治实践的体验和感知，实现“知行合一”。

然而，学校的价值观教育并不只是存在于课堂之中。社会实践始终贯穿于青少年学生的政治社会化全过程。通过学习旅行、参观访问、学生社团等形式开展课外活动是德国学校价值观教育有效的实施途径。例如：学校组织学生到以色列、波兰等这样有重大历史渊源的国家进行考察；充分利用社会教育支持系统：联邦政治教育中心编辑出版的周刊《政治教育信息》是一份重要的教学参考资料，这是由文化部长联席会议批准，向德国所有中小学发行的；学校经常安排学生参观德国现存的集中营旧址以及战场遗迹博物馆；邀请历史事件的见证人到学校做报告，与学生交流和座谈；课外，指导学生阅读与历史，尤其是二战有关的文章，组织学生观看有关二战历史的电影；集中营遗址纪念馆，是向年轻人进行历史教育的一个重要基地。纪念馆内还特设青年接待中心，以便向青年人进行互动性交流，学生可以接触很多档案资料，有机会和历史学家以及幸存者直接对话，同时可以选择相关课题进行研究，可以在假期充当纪念馆的义务讲解员；除此之外，学校还经常与各类社会组织进行广泛合作，根据青少年的兴趣和心理发展的特点，通过诸如音乐、戏剧、舞蹈等艺术表演的一些文化艺术形式，加强青年一代与社会历史文化的交流对话，用一种潜移默化的方式影响他们的价值观。

（四）生活教育经验

在德国，除了上面提到的生活中的善良教育之外，德国中学生在日常生活中打工的现象也非常普遍。这折射出了德国教育理念，那就是培养学生适应各种环境和独立生存的能力，重视对学生自立意识和独立生活能力的培养。通过对生活的体验，对劳动职业的实践，学生也将认真、严谨且对职业忠诚的价值观内化到自己的思想中。

在日常生活中，德国人将人们普遍接受的价值观念和行为标准，比如自觉遵守秩序、宽容等融入了自己的日常行为中。例如，德国的垃圾桶的颜色是不同的，人们自觉地将垃圾分类；人们在乘坐公共交通工具时，买票、检票、查票都没有工作人员监督，全靠自觉；另外，在德国，在一尘不染的城市街头两侧，在风光秀丽的旅游胜地甚至在停靠车站的火车车厢外壳上，都时常会看到一处处刺眼的乱写乱画，这却是德国的涂鸦文化。支持涂鸦是德国文化中一种十分重要的精神，即宽容。只要不违反法律，不干涉他人自由，每个人的思想都应得到尊重。这就是涂鸦行为得以生存并被很多人冠以“涂鸦艺术”的原因。

在德国，除知识精英以外，普通公民的敬业精神、劳动者的技术和一丝不苟的作风也居于世界之首。

在1951年，一项关于“在孩子培养中应强调何种价值”的民意调查中，被调查者选择“热爱秩序和勤奋”的占41%，选择“尊敬和服从”的占25%，而选择“独立和自主”这一自由主义民主核心价值观的只有28%。而到了1976年，认为“尊敬和服从”是核心价值的降到10%，而选择“独立和自主”的则上升到了51%。[1] 这些调查所显示的结果表明，民主的政治文化已经在德国打下了坚实的基础。

总之，德国价值观教育对年轻一代的影响是广泛而深刻的。尤其是在民族主义思想和人道主义思想的影响下，教育不再是知识的阶梯，而成为了唤醒人灵魂和陶冶人格的中介。

五　德国价值观教育的教训与挑战

一位德国大使曾这样总结道：“我们常用‘安逸’来形容意大利人，用‘严肃’来形容德国人……但在全球化的今天，人们越来越重视价值观，注重相互交流、相互合作。当然，作为德国人，仍然应该保持某些民族特征，比如说认真、勤奋的工作态度，力图在某些领域处于领先地位，包括科学技术，甚至包括文化方面，不过这也只是相对而言。德国要与邻居们和平相处，并懂得了解，假如你自己想获取和平，你必须设身处地地为他人利益着想。这就是上个世纪两次世界大战给德国的教训。”

总之，在全球化发展的今天，德国的价值观教育依然面临传统与现代的相互冲击，多元化价值观的相互碰撞。任何一个民族的文化传统中都是精华与糟粕共存。如何萃取德意志民族传统文化中的精华是现代德国价值观教育面临的最大使命和挑战。

一方面，在经济迅速发展，物质财富不断增加，现代性的种种特征不断凸显的今天，人们对于理性主义和科学顶礼膜拜，对于成就、威望和权力的追求极度膨胀，德国价值观教育必须深刻意识到德国文化可能的堕落。正如人类痛苦之先觉尼采曾经的告诫，“我们需要用古希腊的悲剧精神来重构现代社会中的德国文化”。因此，在今天，价值观教育必须培养现代人的幽暗意识。

另一方面，德意志民族主义思想非常深刻。正如被誉为近代德意志文化民族主义之父的赫德尔认为“人类组成国家是不可理解的”。席勒也认为，德意志资产者要拥抱万人，给全世界兄弟之吻。歌德同样也没有摆脱

---

① 转引自王明芳《权威主义政治文化与德国国家性格的改变》，《欧洲研究》2005年第6期，第40页。

这种世界主义的思想。然而历史证明，当这种德意志民族主义发展为极端的世界主义时，容易产生优越的民族心理，对本民族，对世界其他国家的人民而言都是有害的。

显然，在和平与发展为主题的当今世界，不同民族之间，不同文化之间应该相互尊重、相互交流，和平共处，整个世界才能和谐发展，这也才是世界人民的福祉。

参考文献

[1] [美] 戈登·A. 克雷格:《德国人》，杨立义、钱松英译，上海译文出版社 1998 年版。

[2] 傅安洲、阮一帆:《德国学校政治教育理论及其借鉴意义》,《思想理论教育导刊》2007 年第 12 期，第 59—62 页。

[3] 姜岳斌:《尼伯龙根神话：黑格尔的误读与瓦格纳的扭曲——兼论西格弗里的形象在德国文化中的异变》,《华中师范大学学报》（人文社会科学版）2004 年第 7 期，第 130—136 页。

[4] 郭永红:《德国中学生打工现状分析及其对我国青少年素质教育的启示》,《青少年研究》2005 年第 3 期，第 46—48 页。

[5] 刘国莉:《德国文化价值观念对教育的影响》,《德国研究》1995 年第 2 期，第 37—45 页。

[6] 刘立群:《德国哲学与文化漫论》,《德国研究》2002 年第 1 期，第 47—52 页。

[7] 李平民:《德意志文化》，上海财经大学出版社 2005 年版。

[8] 吴友法:《关于对德国历史进程产生影响的几个问题》,《武汉大学学报》（人文社科版）2004 年第 8 期，第 293—302 页。

[9] 王志强:《历史文化地理视角下的德国国民特征研究》,《德国研究》2010 年第 2 期，第 59—64 页。

[10] 王晓德:《关于德国"美国化"的历史思考——一种文化的视角》,《德国研究》2007 年第 4 期，第 39—49 页。

[11] 王明芳:《权威主义政治文化与德国国家性格的改变》,《欧洲研究》2005 年第 6 期，第 32—40 页。

[12] 张士颖:《论马丁·路德对德国文化的影响》,《武汉大学学报》（人文科学版）2003 年第 1 期，第 42—45 页。

第五章

法国的“三大主义”与价值观教育

法国，全称为“法兰西共和国”（The Republic of France），又简称为法兰西，位于欧洲大陆的西部，是西欧面积最大的国家，在欧洲仅次于俄罗斯居第二位。祖先是高卢人。法兰西民族是欧洲老牌的资本主义国家和最古老的民族之一，这也造就了法国灿烂的文化和独特的魅力，高文化品位、休闲的生活方式、完好的历史文化遗迹、超一流的文学大师、轰轰烈烈的大革命……这些都使她成为世界历史上一只骄傲的“高卢雄鸡”。以自由、平等、博爱为主要原则的启蒙运动和法国大革命对法国大刀阔斧的改革产生了极为深远的影响，这其中包括了法国的教育。它从由教会牢牢控制的枷锁中解放了出来，开启了教育的平等、自由和民主化，从此推开了法国教育现代化的大门，对近代欧洲国家的教育制度产生了巨大的影响。

本章旨在通过对法国文化多个方面的叙述来理解法国文化的特质，并且以此来探讨这些特质对法国价值观教育的影响、法国教育的特色和对中国教育，尤其是价值观教育的借鉴意义。

在本章的第一节中，我们会了解法国文化的几个方面和特质，并探索这些特质对法国教育的影响。第二节则是重点介绍法国教育的历史和特点等，并从中学习其精华以求对我国的价值观教育提供经验和注入活力。

一　法国的三大主义

“中国著名学者秋风曾经说过：法国是一个诞生最多主义的国度。”①

---

① 天放：《法国精神》，当代世界出版社2008年第2期，第61页。

绝对主义、民族主义、民粹主义、浪漫主义、共和主义……法国的主义确实有很多，它们是法国文化方方面面的最集中体现，本文主要选取三个——共和主义、民族主义与理性主义——来重点研究法国的文化。

（一）共和主义

谈到法国的主义就不得不谈法国的共和主义。似乎法国人对共和有着特殊的偏好。它起源于古希腊古罗马时期，伴随着轰轰烈烈的大革命而深入人心，并且它的主体内容，即自由、平等和博爱也深深嵌入了法国民众的生活与教育之中。

1. 共和国情结

第五共和国的第五位总统希拉克曾在一次演讲中这样诠释他心中的共和国："共和国是我们共同的大厦，在那里每个公民都有属于自己的位置。"而法国媒体每当提到前总统希拉克时，从来不用"法国总统"这个称呼，更不会说"我国总统"或"国家总统"，而是"共和国总统"。每次共和国总统对国民发表正式讲话，在结尾时必定要喊两句口号，一句是"法兰西万岁"，另外一句就是"共和国万岁"，把共和政体和法兰西民族等量齐观。的确，对于崇尚自由的法国人而言，"共和国"是政治概念，也是一种文化情怀。"共和国"情结也是渗透在法国人日常生活中的文化，无时不有，无处不在。法国 26 个大区 100 多个省中有许多大区和省的地方报纸都含有共和国这个词，比如"比利牛斯新共和国报"、"洛林共和国报"、"东部共和国报"等，甚至在法国，随处可见以共和国命名的街道和广场。法国民众的共和国情结由此可见一斑。①

那么，为何法兰西民族有这么浓重的共和情结呢？这还要从共和主义的历史渊源和法国的历史说起。

共和主义在西方有着悠久的传统。早在古希腊古罗马时期，政治思想家们就已经开始了对共和政体的论述，注重权力的平衡。而古罗马的共和实践又为政治思想家和哲学家们研究共和制度提供了素材。更为重要的一个外部因素是法国大革命前的美国独立运动，它的胜利不仅仅使美国摆脱了英国的殖民统治和奴役，实现了民族独立，更是建立了共和制度，通过

① 天放：《法国精神》，当代世界出版社 2008 年第 2 期，第 198 页。

了共和宪法，成为近代共和主义的第一次成功的实践。这就用事实证明了共和主义的可实现性、革命性和普及性，“对于法国的共和主义者来说是一个更加明确的象征物”①。

法国共和主义的真正起源被认为是启蒙运动。大革命前，法国的旧制度引起了社会底层的严重不满，尤其是处于压迫中的第三阶级，法国社会出现了不同程度的危机，成长中的中产阶级和富裕的农民等对旧制度丧失了信心，这时启蒙思想家对旧制度进行了控诉，如卢梭的“主权在民”、“公共意志”，孟德斯鸠“权力制衡”等具有共和主义思想的学说，使他们看到了一丝曙光，少数激进主义者将目光转向了共和主义，提出要改变社会面貌。

（1）君主立宪派执政时期（1789—1792 年）

1789 年，法国国王路易十六在旧制度即将倾覆之际被迫召开了三级会议，以便解决王国财政危机，大革命的导火线由此拉开，法国进入了疾风暴雨的革命时代。1789 年 7 月 14 日，巴黎人民攻占巴士底监狱，正式拉开了法国大革命的序幕，从此共和思想开始不断涌现，共和主义原则也不断诞生。在这之后，制宪议会于 1789 年 8 月 26 日通过了著名的《人权与公民权宣言》，简称《人权宣言》，将自由、平等和主权在民等革命信条作为大革命的原则而确定下来，推进了共和主义思想的深入发展。然而，在制宪议会内部拥护英国式的“两院制”的呼声很高，最终，这一呼声随着路易十六的出逃而冷却了许多。马尔斯校场流血事件的发生成为了第一共和诞生前共和运动的里程碑，“它是第一共和国诞生前除君主立宪派之外的法国各阶层对共和制度的最高呼声”②，也是群众请愿式的共和运动的结束。1792 年 8 月 10 日的巴黎人民在巴黎公社的领导下发动了起义，并于 9 月 21 日建立了法国历史上第一个共和国。9 月 22 日，国民公会又通过决议，宣布：“国民公会不是从自由四年起始，而是从法兰西共和元年起始”③，从今以后，法国的“一切政府文件的日期均改用共和

---

① Pamela M. Pilbeam , *Republicanism in Nineteenth Century France, 1814—1871*, Macmillan Press Ltd, 1995 , p. 3.

② 周明圣：《走向共和》，中央编译出版社 2004 年第 10 期，第 73 页。

③ 米涅：《法国革命史》，商务印书馆 1997 年版，第 154 页。

历法”[1]。

在这段由君主立宪派执政的时期，他们所提出的一些主张和实行的措施推动了共和主义的发展，这些主张主要是：反对专制主义；提倡国民主权；维护自由；要求平等；主张三权分立；强调有限的革命。这些主张尽管是维护自己特定阶级的利益，但是却也无可争议地促进了共和主义的发展。

（2）吉伦特派执政时期（1792—1793 年）

1792 年 8 月 10 日起义，是巴黎人民为反对王权、废黜国王，在外省结盟军的参与下完成的一场革命，也是吉伦特派统治的开始。吉伦特派成员所受的民主教育比较多，他们爱好古希腊古罗马的民主思想和某些启蒙思想家的著作，“这些作品有助于他们倾向于变革，进而倾向共和主义”[2]。他们的思想主要有：

第一，在自然权利方面，强调对人权和财产权的保护。

第二，推行经济自由主义。

第三，倡导自由和平等，认为平等和自由一样，是人的自然权利。

第四，为体现“主权在民”的准则，推行代议制以及让选民直接参与立法。

第五，在选举权方面，强调两性平等，提出女权论。[3]

吉伦特派的思想中共和主义成分很浓，较好体现了新兴工商业资产阶级的愿望和要求。尽管这些进步思想在他们统治时期没有一一付诸实践，却推动法兰西民族走向了共和。

（3）雅各宾派执政时期（1793—1794 年）

1792 年 8 月 10 日后的国民公会中，出现了山岳派和吉伦特派的对立。山岳派通过不断斗争，在民主社团和人民群众的帮助下，在 1793 年 5 月推翻了吉伦特派的统治，开始了以雅各宾派为主的山岳派的统治。

雅各宾派的统治可以分为前后两个时期，两个时期表现出了明显的不

---

① 阿·索布尔：《法国大革命史》，中国社会科学出版社 1989 年版，第 205 页。

② 王养冲、王令愉：《法国大革命史》，东方出版中心 2007 年第 8 期，第 265 页。

③ 同上书，第 266—271 页。

同。在雅各宾派统治的前期，由于革命共和国面临的困难，雅各宾派把拯救革命和共和国作为了最高法律。为了维护大革命的成果，他们传播政治民主和社会民主，倡导政治平等和社会平等，首先是权利平等。

在经济方面，维护财产所有权，赞成古典经济学中的个人主义，喜爱手工业者和农场主的自由，喜爱贸易自由，在国内实行“自由、放任”的经济政策。颁布了三个土地法令，解除了农民必须承担的某些义务，促进了生产，部分地废除了封建制度。

在政治方面，重振国民公会，颁布了《1793 年宪法》，认为平等是首要权利，然后是自由、安全和财产等。符合广大人民的愿望，体现了某些崇高的原则。

在社会方面，反对血统门第观念，认为人的聪明才智并非取决于人的出身，不能以此来决定公民的才能、地位和权利。①

在雅各宾派的带领下，法国度过了革命以来尤其是法兰西共和国成立以来最为艰难的时期，挺过了内外压力的打击和考验。但是在度过这些内外考验以后，雅各宾派并没有停止战时的一些进行性的非常措施，反而加剧了政治体制的高度集中，“恐怖统治”的实施变本加厉，共和主义也偏离了他原来的方向。

（4）热月党人执政时期（1794—1799 年）

1794 年 7 月 27 日，罗伯斯庇尔被送上了断头台，雅各宾派结束了激进共和制度的尝试，掌权的热月党人开始了温和共和制度的实践，结束了恐怖统治的同时还恢复了制宪传统，1795 年通过了新宪法，并根据新宪法选举产生了新议会。

在热月党人的领导下，法国人民不仅捍卫了大革命以来的基本成果，还初步建立了一种相对温和的共和政体下的政治制度。

（5）第一帝国时期（1804—1848 年）

由于国内外革命的双面夹击以及宪法无法解决历史发展进程中的矛盾，1799 年拿破仑发动政变建立了法兰西共和国临时执政府，在通过 1799 年宪法后向帝制过渡。1808 年法兰西帝国货币开始流通，至此，法兰西第一共和国终结，开始了向帝制的演变，共和暂时告一段落。

① 王养冲、王令愉：《法国大革命史》，东方出版中心 2007 年第 8 期，第 375—376 页。

(6) 第二共和国时期（1848—1851 年）

1848 年 2 月，巴黎爆发革命成立了共和国临时政府，开始了法兰西第二共和国的历史。第二共和国可以分为四个历史时期，在第二个历史时期时（1848 年 5 月 4 日—1848 年 12 月 11 日），经普选产生的国民议会通过了《1848 年宪法》，这部宪法是典型的共和宪法。

宪法明确规定法兰西为民主的、统一而不可分割的共和国，将自由、平等和博爱规定为共和国的原则，还规定法兰西共和国公民有信仰自由、集会、请愿、结社、言论、报刊和劳动等自由。在国家权力的分配方面，共和国坚持立法、行政和司法三权分立。在行政方面，规定法兰西人民将行政权力授予享有共和国总统头衔的公民。在司法方面，规定法庭的辩论应公开进行。①

《1848 年宪法》是一部相对温和的公共法典，尽管存在诸多缺点，但在上述规定公民权利的许多方面都带有民主色彩。

(7) 第二帝国时期（1852—1870 年）

1851 年，路易·波拿巴发动军事政变和重组内阁成功。1852 年，修订宪法。1852 年宪法虽然规定了法兰西的共和体制，但却为拿破仑的帝制铺平了道路。同年 11 月 7 日，法兰西第二帝国取代了第二共和国。然而，通过第一共和国和第二共和国，共和主义在法兰西诞生，并为以后的共和国提供了宝贵的经验。

至此，共和主义的渊源已经了然于胸，我们不妨对此来进行一下总结。尽管大革命进行了数次的反复甚至险些覆灭，但共和主义在反复中成长起来并深入人心，这主要体现在两点：

第一，由启蒙运动和人权宣言初步塑造出的法兰西的共和制宪传统在革命的历练中得到了强化。在第一共和时期，吉伦特派、雅各宾派、热月党人及拿破仑·波拿巴统治的前期都（在不同程度上）坚持了共和制宪传统，为法国共和传统的形成奠定了雄厚的基础。

第二，在法国大革命中，共和的原则得到了确立，这些原则在实际上成为了共和主义的主要内容或外在的表达，概括起来主要有以下四个方面。

---

① 周明圣：《走向共和》，中央编译出版社 2004 年第 10 期，第 94—96 页。

①没有国王或皇帝的原则。路易十六的逃跑使得法国人民放弃了对君主立宪的幻想，开始要求建立共和国。而这个原则也成为了共和原则的一个方面。

②人民主权和立宪治国的原则。人权宣言、1793 年宪法、1795 年宪法和 1799 年宪法的制定不仅保证了人民主权，也为以后的共和国立下了制宪的传统。

③统一和不可分割原则。在 1792 年至 1793 年的政治斗争中，山岳派主张的中央集权制战胜了联邦共和主义，并在 1793 年宪法中得到了确认，这是法国与美国采取的共和制的不同之处。

④自由、平等、博爱的原则。这一原则自人权宣言开始，不仅在大革命中成为了鼓舞人心的口号，还成为了第三共和国的原则和现代法国的核心价值观。

在回顾了法兰西共和主义的渊源以后，接下来再让我们深入探讨一下法国自由、平等、博爱的原则和象征物。

2. 法国共和主义的核心原则与象征物

自启蒙运动开始，启蒙思想家们就提出了自由、平等、博爱等一系列的启蒙思想，这些主张因法国启蒙运动主战场的地位而得到了其他国家所无法匹敌的广泛的宣传和支持，在法国大革命反反复复的进程中得到了锤炼，并形成了自己独特的共和象征物。共和原则与共和象征物，不仅充斥于人们日常的生活中，更深深镌刻在了共和国和法国人民的心里，成为迄今为止法国共和的根基和精髓。以下这部分内容就主要呈现了法国的核心价值观以及共和象征物，以更好地理解共和主义。

(1) 核心价值观——自由、平等和博爱原则

①自由

启蒙运动中最早宣传的就是自由主义，《人权宣言》曾规定人们生来是而且始终是自由平等的。著名学者秋风也曾说过，“法兰西是个奇怪的民族，他们觉得自己最热爱自由”[①]。那么法国式的自由是一种什么样的自由呢？它与英国的自由又有所差异，差异在哪里呢？

法国式的自由有多种流派，但更多的是一种信仰式自由。“即人们把

---

① 天放：《法国精神》，当代世界出版社 2008 年第 2 期，第 197 页。

自由当做‘理念’，自由的实现与否在于社会中大多数人的生存体验，而不仅仅在于政治制度的设计上”[①]。

以卢梭为例，他是信仰式自由的奠基人。他认为人的自由意志来源于其自然本能和良心，自由不是理性的思辨，而是实在的信仰。卢梭的自由重视主观条件，他说“人生而自由，但却无往不在枷锁之中。自以为是其他一切主人的人，反而比其他一切更是奴隶”[②]。在卢梭看来，他认为自由是做自己的主人，要从根本上解决自由问题，不能只采取英国式的“消极”的手段，否则人们在选举代表时享有自由，选举后自由又荡然无存。显然，这种信仰式自由是“基于主观主义和本能感觉的，仅在思想领域追求自由，而忽视了人在现实生活中应该享有的权利”[③]。

与卢梭处在同时代的孟德斯鸠对待自由却是另一种认识。他遵循理性主义的方法，从自然、历史和社会的角度阐发自由，他反复表示“我的原则不是从我的成见，而是从事物的性质推演出来的”[④]。他定义的自由是“做法律所许可的一切事情的权利”，自由只能是法律下的自由，法律就是理性。在制度设计上，孟德斯鸠着眼的是在法国这样的大国中可以操作的政治制度，重视对政治自由的制度保障。与卢梭一样，孟德斯鸠崇尚自由，然而他的自由却比卢梭的多了几分冷静和理性，对法国大革命的借鉴指导意义更大。如果说卢梭是法国式自由的发动机的话，那孟德斯鸠则是方向盘。

那么，法国式自由与英国式自由又有什么区别呢？

在美国比较教育学者坎德尔看来，法国的“自由”虽是资产阶级革命的一个响亮口号，但法国在政治上却逐步形成了中央集权和统一秩序的传统。法国王权起初极弱，但后来日益强大，成为主宰一切的力量，贵族也被迫依附国王，最终形成了专制王权。另外，由于法国长期受罗马天主教的影响，天主教的唯理性、讲秩序、集权制等特点，深深在法兰西民族身上打上了烙印[⑤]。

---

① 武小凯：《与信仰同行》，法国研究，3trim. 2009

② 同上。

③ 同上。

④ ［法］孟德斯鸠：《论法的精神》上卷，张雁深译，商务印书馆 1982 年版，第 37 页。

⑤ 坎德尔：《比较教育》（上），罗光廷等译，商务印书馆 1937 年版，见顾明远《民族文化传统与教育现代化》北京师范大学出版社 1998 年版，第 193 页。

与此类似的观点还有茨威格，他在《异端的权利》中批评道：“大家都高呼自由，一旦获得自由，他们发现，原来比起自由，自己更需要的是一个绝对权威，更愿意的是被领导。”这也突出了法国在革命中对自由的信仰和对本民族现实之间差异的矛盾。

托克维尔在研究法国大革命的传世名著《旧制度与大革命》中指出，大革命以过分平等主义的理想而牺牲了那些仁人志士自己所崇奉的自由：法国革命取得了平等的法律，取得了一律化和一体化，但付出了日益集权化的代价，它并未能实现自由。这一点与我国学者高毅的观点有吻合之处，即他们都承认法国大革命注重平等的价值大于自由。不同的是，高毅也并不完全认同英国式的自由，他认为英国式的自由“实际上只尊重一种非常狭隘的‘自由’概念的价值”，“这种古典主义其实就是丛林法则，自由权利的范围最狭窄，只适用于少数英国富人。由于它只保障少数富豪的利益而肆意损害广大民众的利益，片面性极大”①。不过从这些学者来看，学者们都明确或间接地表达出了法国大革命对于两者的侧重不同，平等压倒了自由。

②平等与博爱

法国对平等和博爱的青睐远远超过了自由（当然更倾向于平等），这从启蒙运动时期就可以知晓。启蒙运动最早宣传的是英国洛克的自由主义理论。然而，法国的启蒙运动却更强调平等和博爱，这与两个民族的文化性格有关（参考注释17中的相关内容），此处尚未形成定论而不多介绍。卢梭对平等的热爱是启蒙思想家中的典型。他的政治思想是坚决反对人类的一切不平等状态。在他看来，人类平等价值无量，未获得它哪怕牺牲自由都可以。在英国资产阶级革命、美国独立运动和法国大革命中，法国大革命是最注意下层民众利益的保障和维护，在相当长的时间里推行了制宪传统，实现了普选制和人民大众的政治参与权，并彻底摧毁了封建土地制度，保障了广大小农有田可耕。正是对平等的渴望和追求推动了法国大革命的进行，推翻了封建制度，创造了现代社会的政治模式，“从根本上动摇了社会秩序和自由的基础，以及在漫长的历史过程中所形成的一切美好

① 高毅：《从法国大革命看法兰西民族的一种文化特性》，《历史教学》2008年第4期，第5—10页。

的事物和人类文明的瑰宝”[①]。

（2）关键象征物

第一共和国成立以后，法国人民对共和并没有什么清晰的深刻认识，即使对受过良好教育的人来说也一样，在这种情况下，革命领导者在领导革命、宣传共和时就需要将共和这一抽象的东西具体化，以一套象征符号来长久地影响民族，使共和深入民心。

①国歌：《马赛曲》

《马赛曲》原名《莱茵军战歌》，又名《献给吕克内元帅的军歌》，是由莱茵方面军的一名工兵上尉于1792年4月26日在军中创作，此后开始在义勇军中传唱。当马赛结盟军唱着此歌来到巴黎，巴黎民众便将它称为《马赛曲》。1792年8月10日，巴黎民众在对抗外来势力的起义中也唱了这首歌。前线战士的传唱极大鼓舞了士气，为法兰西战胜外敌和捍卫独立起到了积极作用。第一共和国成立后，它作为共和象征物的呼声渐高，它不仅是一首爱国歌曲，更是一首反对封建主义，歌颂共和主义的歌曲，是法兰西共和的标志之一。1789年，在甘必大的领导下，法兰西第三共和国通过投票将它确立为了法国国歌。

②国庆节：攻占巴士底狱日

1789年7月14日，巴黎人民攻占巴士底狱开启了法国大革命波澜壮阔的历程。1790年6月，制宪议会决定向那些攻占巴士底狱的人颁发证书，以表彰他们使“自由战胜了专制主义”[②]。同年7月14日，在攻占巴士底狱一周年之际，巴黎举行了庄严隆重的联盟节，来自全国各地的14000名代表，从巴士底狱遗址出发，穿过圣安东尼、圣德尼和圣奥诺雷街[③]。拿破仑统治时期和复辟时期都禁止庆祝攻占巴士底狱日。直到第三共和国成立之后，共和派使之成为全国性的节日。1880年7月6日，议会在经过激烈的讨论后通过法令：共和国以7月14日为一年一度的国庆日。之所以选择这一天是因为攻占巴士底狱日是法国大革命的导火线，不仅点燃了法国革命的烈火还点燃了全世界反对旧制度，追求进步共和的新

---

① 埃德蒙·伯克：《法国革命论》，商务印书馆1998年版，序言部分。

② Rosemonde Sanson · Les 14 juillet, *F te et conscience nationale*, 1789—1975, Paris, 1976, p. 12

③ Ibid. .

时代。

③国旗：红白蓝三色旗

在法国，以红白蓝三色所组成的三色旗、三色绶带和三色徽在1789年发展为共和国的象征物。第一共和国成立后，它们逐渐成为了法兰西共和国的标志。由红白蓝组成的图案最初是大革命中资产阶级的象征，表示他们的政治愿望和团结人民大众。其中，白色代表波旁王朝、蓝色和红色则来自传统的巴黎城徽的标志。1789年7月17日开始，国民自卫军开始使用三色的帽徽。到1789年底，三色徽开始在巴黎流行起来。第一共和国成立后，革命者就开始使用三色标志，而法兰西共和国军队一直使用三色旗做军旗。1880年7月14日，法兰西第三共和国在国庆仪式上将三色旗授予各军团。1958年宪法规定：以蓝白红三色为标志的旗帜为法兰西共和国的国旗。[①]

正是这些共和象征物的确立和存在使法国民众沉浸在共和主义的氛围中，他们感受它，领悟它，与它同在，共同成长，使共和主义不断深入民众心中，形成法兰西民众普遍而深刻的共和主义情结。

二 民族主义与文化多元化

不仅是共和主义，现代民族主义也最早萌芽于1789年法国大革命期间，大革命让法国人抛弃了对地区和领主的认同、对君主的效忠，颠覆了“朕即国家”的观念，形成了对法律和主权的现代国家认可。

（一）法国的起源与民族构成

法兰西民族是法国的主要民族，约占法国人口的90%[②]。在历史上，高卢人是法国人的祖先，法兰西民族以高卢人为主体。在凯撒大帝征服高卢以后，高卢人与先后来高卢定居的伊拜尔人、罗马人、勃艮第人和法兰克人逐渐融合，终于在15世纪末至16世纪初形成了具有鲜明特性的法兰

---

① 1958年宪法第二条，参见雅克·戈德硕编《1789年以来的法国宪法》，巴黎1979年版，第425页。

② 吴国庆：《法国》，社会科学文献出版社2003年第8期，第43页。

西民族[①]。

除了法兰西民族这个主要民族外，法国存在着众多的少数民族：阿尔萨斯族、弗拉芒族、布列塔尼族、巴斯克族和科西嘉族等[②]。因为法兰西民族和其他民族的混合，所以不存在一种典型的法国人，往往兼具几个民族的特点。

由于法兰西民族是由许多种族长期融合而来，因此法兰西民族一直是一个极富复杂性的民族，有着令人捉摸不透的民族特性：崇尚自由与平等、热情奔放而独立、浪漫而理想、宽容而骄傲、幽默健谈等。

此外，法国还是欧洲大陆上最主要的移民国，在历史上，是仅次于美国的第二大移民国，这些移民与当地人长期的融合，使得法国在民族构成和文化上存在着明显的多元性。

（二）法国的民族主义

什么是民族主义呢？用西方学者泰勒的话来说，民族主义并不简单是指民族感情，而是指旨在促进社会生活的一体化，并通过群众动员来决定现代国家政治发展的意识形态和社会运动。

最早成为现代民族国家的是英国，但民族主义观念却最早产生在法国。英国资产阶级革命只是首次实现了民族主义的内部认同，而法国大革命才真正在国际政治领域完成了民族主义意义上的对外标识。[③]

那法国民族主义有什么特征呢？

首先，法国民族主义的基本精神是保护和捍卫其民族的固有文化传统和疆界的完整和独立性，强调民族利益至上，认为国家是政治忠诚和政治行动的最终目标。[④] 这并不难理解，从法国历史来看，民族主义是在对抗宗教神权、封建专制王权和外来侵略势力的过程中形成的，因此它首先是一种国家情感和国家意识，是为了捍卫其独立完整性和文化的。

---

① 吴国庆：《法国》，社会科学文献出版社2003年第8期，第43页。

② 同上书，第44页。

③ 崔卫峰、刘新莉：《“民族主义”内涵之我见——以法国民族主义的产生和特点为例》，《新疆社科论坛》2005年第4期，第13—15页。

④ 何向：《浅谈法国民族主义与其文化政策》，《湖南省社会主义学院学报》2006年第3期，第56—58页。

其次，对民族主义具有理性认知。对法国而言，其民族主义的理性认知体现为其民族成员在政治、文化等多方面都遵循着自由、平等和民主的原则，建立的民族国家遵照民主与法制原则，强调公民的政治权利和自由。这一方面是因为法国一直具有注重理想且富于逻辑条理的思维方式，深受理性主义的影响，注重理性地看待事物。另一方面，大革命以前，法国民众深受启蒙运动的影响，自由、平等、博爱、民主、人权等观念深入人心，在大革命期间的共和国时期也得以实践和体现，成为其民族主义观念的重要组成部分。当然，这并不意味着法国是绝对理性的，比如雅各宾主义（极端强调民族同一性，否认族群多元化）的出现、法国发动的一系列的侵略战争等就是证明。

（三）民族主义与多元文化主义的“纠葛”

民族与文化总是难以分割的。基于法国是一个多民族国家，其民族主义也旨在捍卫其文化传统，因而法国在文化上存在着多元文化。法国有着所谓“悠久而高贵”的文化，这使得他们在文化上存在着优越感。然而20世纪以来，法国文化日益边缘化，在抵抗美国化的浪潮中，似乎已经成为了“非主流”。因此，将民族主义与文化联系起来非常必要。当然，处在多元文化包围圈中的法国并没有束手待毙，而是采取开放性和开发性于一体的多元文化政策。比如：

1. 对民族文化遗产采取保护性开发措施，加强民族文化保护工作。
2. 加强对文化事业的支持和资助，鼓励民族文化繁荣。
3. 开辟和发展文化市场，积极推进文化产业世界化。
4. 妥善对待异域文化，提升本民族文化的兼蓄水平和辐射能力。①

再者，开始对地方少数族群文化进行保护，对外来移民准入采取宽松的政策等。这些措施都对提升法国整体文化在世界上的影响力有很大帮助，然而，在笔者看来，少数民族和外来移民并没有得到真正的认可，尤其是外来的移民。这是因为法国的民族主义政策所致。大革命后的雅各宾主义一直是法国民族主义的主流，即在民族的同一性上形成了一种沙文主

① 宇文利：《博弈与突围——法国应对多元文化冲击的政策及其启示》，《理论学刊》2008年第9期，第119—123页。

义式的民族意识，这种极端强调民族同一性的做法也使政府对少数民族和外来移民采取漠视甚至否认的做法，被漠视甚至否认的少数民族文化和外来文化又谈何保护呢？雅各宾主义的演化最终带来了一系列的消极后果，如族群分裂、排外主义等。70 年代，由于经济危机和以后的滞涨时期带来的经济的不景气，法国失业越来越严重，种族主义变成了排外主义，即保卫法国人和欧洲人种族的个性和纯洁性，反对外来移民。他们认为正是这些移民，特别是阿拉伯移民，导致了法国和欧洲社会的没落，抢走了法国人和欧洲人的工作，造成了大量失业和社会不安定。而这种种族主义和排外主义思潮逐渐被失业者、生活贫苦的人以及种族偏见者接受，并转化为极右运动和排外运动，并组成了政党——国民阵线。① 2002 年，以排外主义、种族主义著称的极右势力国民阵线候选人勒庞在法国总统选举第一轮投票中获得高票支持，仅次于当时右翼政党保卫共和国联盟候选人希拉克，并排挤掉了呼声甚高的社会党候选人若斯潘，引起了国际社会一片哗然。此后，极右翼势力在各国的抬头，也被称为“勒庞现象”。勒庞现象在法国的出现反过来又加剧了国家的认同危机。当然，这只是导致法国多元文化无效的一个原因，但是这也不容小觑。因此，如何消除雅各宾主义根深蒂固的影响，在民族主义与保护少数民族文化、外来文化，真正实现多元文化之间达成平衡，对法国来说才是促进民族和国家认同，促进文化多元化的真正关键。

在探讨了法国的共和主义和民族主义以后就会发现，理性主义始终都是贯穿这两个主义中的一条线，没有它，共和主义和民族主义也许就不会那么精彩。

（四）理性主义

法国人热爱自由，有着优雅的生活方式和高品位的文化，在生活中，在艺术上，法国人都十分浪漫。法国男人都有着与英国绅士风度不同的骑士风度，将女人排在第一位。然而这并不意味着法国人不理性，恰恰相反，法国人注重逻辑和批判，自娘胎里就汲取了理性。这种理性一旦被笛卡尔证明，似乎就成了亘古不变的真理。

---

① 吴国庆：《法国》，社会科学文献出版社 2003 年第 8 期，第 280 页。

那么，为何法国人会产生理性主义的哲学呢？这是因为除了受笛卡尔理性主义的影响外，法国长期受罗马天主教的影响，天主教的唯理性、讲秩序、集权制等特点，在法兰西民族身上打上了深深的烙印。因此，法国人尽管在生活和艺术上浪漫，在学术哲学和政治方面却极为理性。

启蒙世纪，对启蒙运动者或启蒙思想家来说，首先是一个理性的世纪，而启蒙运动也往往被称为哲学理性主义的运动。那么理性是什么呢？被称为“西方近代哲学之父”的理性主义者笛卡尔解释理性说，“理性是天赋的，是人所自然地具有的”。启蒙思想家继承和发扬这种理性主义精神，在“作出判断和辨别真伪”时，要求“让每一样事物”不受非理性的影响，而“回到它固有的原则上来”。总之就是说，自然的就是理性的，理性的也就是符合自然的。启蒙思想家们把理性推崇为万能，认为用理性为武器可以达到人的一切。深信理性是至高无上的，是引导人们发现和确立真理的独创性理智力量。他们自觉地以理性为武器，评价一切，批判一切，在思想领域掀起了一场波澜壮阔的反封建启蒙运动，使18世纪的欧洲成为“理性的时代”和“批判的时代”，确立了西方现代化社会的基本原则。

理性主义的典型代表之一就是声势浩大的法国大革命。对此，黑格尔曾经有过深刻的评价。“大革命对于黑格尔来说，或许有着更为特别的意义：因为不仅在他的内心，更在头脑中刮起了理性的风暴。”① “黑格尔本人论述了他的理性概念和法国大革命的关系，而且特别强调这种关系。法国大革命已宣布：‘现存的制度除非必须根据理性的权力组织起来才能被认为是合理的。’”② 在黑格尔看来，法国大革命的机制就在于一种理性的机制：“启蒙运动假定的‘否定的倾向’只是一味地‘破坏那些自身已经被破坏了的东西’。”③ 既然现实自身就蕴含着否定它自身的力量存在，我们只能尊重它而非善意地加以否认。当黑格尔断言现实的就是合理的，合

① 安丽霞、蒋学杰：《理性的乐观：黑格尔的现代性观念》，《长春师范学院学报》2010年第3期，第1—3页。

② 马尔库塞：《理性和革命——黑格尔和社会理论的兴起》，重庆出版社1993年版，第4—5页。

③ 洛苏尔多：《黑格尔与现代人的自由》，吉林出版集团有限责任公司2008年版，第48—49页。

理的就是现实的时候，“并不是拒斥变化，而是立足于现实的东西客观的辩证法”①。也就是说，黑格尔认为，“法国的君主制在1789年已经变得如此不现实，如此缺乏任何必然性，如此不合理性，以至于它不得不被大革命消灭。黑格尔总是极其热烈地谈论这场革命。在这种情况下，革命是现实的，君主制则是不现实的”。②

与英美传统所不同的是，美国的“经验主义”传统与英国一脉相承，注重渐进式的、尊重经验本身的保守主义传统，而法国鲜明的“理性主义”更强调理性对经验的谋划作用，比如启蒙运动中被伏尔泰称作是“理性和自由的法典”的由孟德斯鸠所著的《论法的精神》对大革命中法国的政治体制实践就有着直接的指导作用，其三权分立就来源于《论法的精神》。而这场思想解放运动又成为了大革命实践的领路人，带领法国人民颠覆了君主的绝对权力，告诉人们自由和平等的价值，将世界带入了理性和科学的时代。当然，在革命历史上，非理性的暴力行为也屡见不鲜，如1968年的“五月风暴”，但是这种阶段总体来说很短，并不影响其总体的理性主义，理性始终是主体，尤其是精英文化的主流。

至此，我们已经以三大主义为代表介绍了法国的文化，法国独特的文化模式对其教育有着巨大的影响力，尤其是对于其公民教育、德育教育等方面。接下来在第二节中，就重点探讨受法国文化影响的法国的价值观教育。

三 法国的德育教育

（一）法国三大主义对法国德育教育的影响

无可辩驳的是，法国的三大主义对法国的德育教育是有着深刻影响的，这种影响也促使法国教育的现代化改革。

1. 共和主义对德育教育的影响

在法国资产阶级大革命以前，法国的学校教育就是宗教教育。在16、

① 马尔库塞：《理性和革命——黑格尔和社会理论的兴起》，重庆出版社1993年版，第4—5页。

② 同上。

17世纪时，法国的教派斗争相当残酷，而各个教派都把学校当成了宗教斗争的工具和领地。启蒙运动爆发后，启蒙思想家所宣传的自由、平等、博爱等原则也渗透到了教育领域。受大革命中的共和思想的影响，法国教育业开启了它的世俗化阶段，开始了法国现代学校德育教育体制。以卢梭为例，他不仅在思想领域引领了法国共和主义运动，其德育理论体系可谓在教育领域引发了一场启蒙运动，并对西方德育理论的发展产生了长远的影响。

卢梭首先对经院教育的性质进行了猛烈的批判，指出封建专制和教会权威下的教育是对儿童本性的压抑和摧残。他主张教育应顺应人的自然本性，使儿童身心得到自由的发展。卢梭否认先天道德，认为人的德行是教育的结果。在卢梭看来，人的最基本的自然权利就是自由，自然教育实质上就是自由的教育，因此，卢梭主张尊重儿童的自由，反对强制灌输的传统理论，反对儿童被动接受现存说教，鼓励儿童直接从生活、环境中学习，发展儿童的独立性和创造性，把儿童培养成自由的人。[①] 卢梭的教育理论是以人道主义和博爱为中心来实施的，反映了资产阶级道德教育的基本点和共和的基本精神，在理论上也对西方德育思想产生了深远影响，他的思想无疑是共和主义在德育教育领域渗透的代表。

除此之外，最具有代表意义的还是19世纪下半叶的教育世俗化及其以后的“中立性”。法兰西第三共和国的共和派领袖们把教育世俗化视为打击教权主义，巩固共和国的重要政治策略。从历史到现在，法国一直是一个拥护统一与集权倾向较为严重的国家。在领袖们看来，世俗学校系统与天主教学校系统的并存造成了法国社会的分裂，天主教学校教育的反动倾向阻碍了统一的民族国家和现代的民主政治的建设。为了巩固共和国的统治，打击教权主义，法兰西第三共和国先后进行过两次教育世俗化改革，第一次是1879—1886年间由茹尔·费里主持的改革，第二次是19世纪末20世纪初的瓦尔德克—卢梭和孔勃的教育世俗化改革，在这两次改革后，法国彻底实现了教育制度的世俗化。[②]

---

① 王玄武等著：《比较德育学》，武汉大学出版社2003年第9期，第59页。

② 郑崧：《反教权主义与19世纪下半叶法国的教育世俗化》，《世界历史》2007年第1期，第39—45页。

费里希望建立一个没有国王（共和制）、没有上帝（世俗的）的国家。他认为国家的世俗化必须从学校的世俗化开始，并认为拥有平等、义务和世俗化理念的年轻人将会成为捍卫共和的武器。1881 年，第三共和国通过著名的《费里法案》，决定实施七年义务教育，宣布“世俗性”为法国教育的根本特点之一。所谓的“世俗性”是指教育从宗教的束缚中摆脱出来。教师不再由神职人员担任，宗教内容从教材中被取缔。费里的教育世俗化改革只是为了使公共学校在宗教问题上保持中立，而并不想侵犯信仰自由，改革所反对的只是具有宗派倾向、影响民族团结和精神统一的教会控制下的教育，并不反对宗教信仰。经过费里改革，天主教会逐渐退出法国的公共教育系统，转而在私立教育中谋求发展。1878—1886 年间，在加尔省，在男子公立学校中，由宗教人员管理和任教的减少了 71%，女子学校中减少了 33%，在诺尔省，则分别减少了 47% 和 24%[①]。在整个初等教育领域，天主教公立学校的在校生人数在学生总数中所占的比例：男生 1875 年为 19.4%，1880—1881 年为 11.2%，1890—1891 年为 3.7%，1900—1901 年仅为 0.7%；女生 1875 年为 40.6%，1880—1881 年为 30.5%，1890—1891 年为 18.8%，1900—1901 年为 9.7%[②]。与此同时，私立的天主教学校快速发展。在初等教育中，天主教私立学校在校生人数在学生总数中所占的比例：男生 1875 年为 4.3%，1880—1881 年为 7.1%，1890—1891 年为 12%，1900—1901 年为 14.7%；女生 1875 年为 16.1%，1880—1881 年为 21.9%，1890—1891 年为 26%，1900—1901 年为 30.8%[③]。

随着社会的发展，这一世俗性逐渐扩大为“中立性”。所谓“中立性”是指教育不受任何宗教信仰和政治倾向的控制。用法国前教育部长的话来说，就是“学校决不能成为政治斗争的场所和工具”。这在 19 世纪末 20 世纪初的瓦尔德克—卢梭和孔勃的教育世俗化改革中表现最为突出。由于这次改革是在国家分裂的危机中进行的，因此表现激进。改革从

---

① 罗伯特·吉迪：《法国外省的教育：1800—1914》（Robert Gildea，*Educationin Provincial France*1800—1914），牛津大学出版社 1983 年版，第 143 页。

② 休·麦克劳德与鲍勃·斯克里布纳：《法国天主教社会史：1789—1914》，牛津大学出版社 1983 年版，第 122 页。

③ 同上。

限制天主教教育最终发展成彻底的教育世俗化。1904 年 7 月 7 日颁布的一项法律中禁止所有教团成员从事教学活动，它们的学校在 10 年内逐步关闭。1905 年，又通过了政教分离法。该法规定：“共和国保证信仰自由；保障宗教仪式的自由进行”，但同时规定国家“对任何宗教仪式既不承认，也不给予工资或津贴”，从而彻底实现了国家的世俗化。政教分离的原则后来又写进了法兰西第四、第五共和国的宪法，成为法国维护公共教育世俗化的根本法律依据。①

这两次改革使得法国的教育从神权教会的枷锁中脱离出来，正式开启了法国教育现代化的道路，可以说就是教育领域的“法国大革命”。最集中地体现了法国资产阶级在教育领域内推翻封建专制和神权统治的意志和实践，是共和主义的极致体现。

2. 民族主义对德育教育的影响

法国民族主义的凸现首先应该归因于一种巨大的社会危机意识和民族忧患意识。这种意识触及到教育领域的时候，在公民教育，尤其是公民爱国教育领域体现尤为突出。

普法战争失败后，法国人民一蹶不振，经济和民族信心都出现了大滑坡，这使学校德育教育和公民教育结合了起来，把教理式说教改成个人体验式的启发，尤其强调用普法战争的失败激发学生的爱国主义。

1939 年，第二次世界大战爆发，为了拯救法国，学校各年级普遍开展了“公民爱国主义教育”，从小学生到全体公民都在爱国主义精神教育感召下，团结一致，鼓足斗志，为维护法国的尊严而战斗。在此期间，政府给小学实施义务教育以优先地位，政府特别强调要效忠国家和国家元首，热爱自己的国家。战后，1947 年编写教学大纲时仍然将公民义务教育放在首要地位。可见，国家的需要和民族的利益乃是当时法国进行公民教育的出发点和归宿。②

为了抵制当代美国文化在全世界文化领域的争夺，捍卫本民族文化，法国民族主义者特别重视青少年民族传统教育，希望通过改革现存的教育

---

① 郑崧：《反教权主义与 19 世纪下半叶法国的教育世俗化》，《世界历史》2007 年第 1 期，第 39—45 页。

② 马尔库塞：《理性和革命——黑格尔和社会理论的兴起》，重庆出版社 1993 年版，第 4—5 页。

制度灌输民族意志，促使青少年熟悉和热爱自己本国的文化传统。正如费希特在《爱国主义及其反面》里指出的，教育的目的是将精神融入对国家的热爱，它“将使一个民族武装起来，这个民族不会被任何强大的力量所击败”[①]。这无疑是民族主义在教育领域最外显的体现。

3. 理性主义对德育教育的影响

作为启蒙运动的主战场，法国理性主义一直被启蒙思想家所推崇，并在今后很长时期内根深蒂固，成为法国精英文化的主流。理性主义对教育的影响因而也是不言而喻的。

对于有着“自然的即是理性的，理性的即是自然的”观点的理性主义者来说，卢梭的个人本位论是理性主义影响德育教育最好的解释。

卢梭从“天赋人权”的哲学观出发，决定人生而具有平等和自由的权利，人类天性的尊严是至高无上的，社会的发展必须服从人性。为此，他要求教育能脱离社会的藩篱而率性发展，顺应人的自然本性培养身心和谐发展的自然人。与此相应，他把对天性的培育作为德育目的的中心，即德育目的就是在培养儿童善良天性的基础上，培育同情心和爱的情感，以达到把自爱之心扩充到爱他人的仁慈、正义的道德境界。他认为：只要使人类天性中所拥有的能力得以保存和生长，就会自然养成公民的品质。因此，他关于德育目的的中心仍然是个体的天性。[②]

卢梭所提倡的人本主义教育的大旗，呼唤教育回归到塑造人本身的道德和精神需要上去，充分尊重和顺应人的自然，即人本。其教育目的就是使理性、道德和精神多种力量得到最充分的发展。

总之，文化和教育总是不能分的。代表了法国主流文化的三大主义也都对法国的教育有着极大的影响，或者改变了法国教育的方向使之走向现代化进程，或者改变了法国德育教育在一段时期内的内容，又或者改变了法国民众对待德育教育的理念，推动这教育的车轮不断向前。那么，法国的德育教育具体又是什么样子的呢？有什么特点？对中国来说有什么借鉴意义呢？接下来，我们将集中探讨这些具体内容。

---

① 何向：《浅谈法国民族主义与其文化政策》，《湖南省社会主义学院学报》2006 年第 3 期，第 56—58 页。

② 王玄武等著：《比较德育学》，武汉大学出版社 2003 年第 9 期，第 59 页。

（二）法国德育教育的历史演变

法国资产阶级大革命发生以前，法国学校教育主要被天主教牢牢控制。17、18 世纪时，法国的教派斗争非常激烈，以至于当时教会斗争的双方都企图把学校变成宗教斗争的工具和场所，几乎全部学校都控制在教会手里，教师都由教会神职人员担任。学校教育所教授的内容大多是宗教教育，法国封建主义教育也深深打上了宗教的烙印。

启蒙运动爆发后，启蒙思想家卢梭、爱尔维修、狄德罗等人极力对教会进行抨击，反对教会神权控制法国教育，反对僧侣霸占学校，并为未来新社会中的教育和教育制度提出了理论和原则。他们认为教育是启迪愚昧和反对宗教的武器，教育的目的是培养具有自由、平等、博爱思想和科学知识技能的人。为此，启蒙思想家主张对学生进行百科全书式的教育，实现教育的世俗化，即进行自然科学和伦理道德教育，以道德课取代宗教课。他们既是法国资产阶级大革命的思想先导，也是法国教育革命的思想渊源。

1763 年，法国教育评论家夏洛泰发表了《国民教育论》，在他看来，如果教育被教会神权所控制，那么教育的一大缺陷，即完全缺乏道德和政治道德的缺陷就会无法摆脱，他主张应该由国家而不是由教堂去实施道德教育。夏洛泰的思想，对法国大革命初期孔多塞教育计划（关于建立一个世俗、自由、平等的公民教育体系的更加进步完整的方案）产生了直接影响。

在法国大革命及其以后一段时期，学校几经演变，开始了教育的中央集权化和世俗化进程。由于动荡不安的政局，不同时期的不同政权对学生要求也不同，学校德育课程内容因而也不断变化。革命之初，教育领域曾产生了孔多塞计划和雷佩尔计划，这两个计划均用道德教育和社会知识代替宗教课。

法兰西第一帝国时期，拿破仑十分重视教育事业，开始实行中央集权式的教育制度。这一时期建立了帝国大学作为全国最高教育领导机构，将全国分为 29 个“大学区”，创建了直属帝国的国立高中和地方兴办的市立初中，恢复了巴黎师范学院，整顿了巴黎综合技术学院等。由国家统一制定学校的规章制度、课程设置、课时安排，并进行监督。这些高等学府为法国培养了一大批高级人才。第一帝国建立的教育体系和制度，为近现代法国教育体制和制度的建立奠定了坚实的基础。但是就德育教育而言，教授的是“帝国教理”。①

复辟的波旁王朝执政时，又将1814年宪章作为学校德育的蓝本，教会重新控制了教育，造成了法国近代教育制度的倒退。但是期间颁布的《基佐法案》却促进了法国初级教育的发展。

第二共和时期，近代法国教育制度又有所改变，1850年颁布的《法卢法案》规定，学校完全由教会控制且教会教士等享有特权。

第二帝国时期，教育制度也几经改革，但是当时教会仍然控制着教育。

法兰西第三共和国时期，于1881年和1882年通过了著名的《费里法案》，宣布世俗化、义务和免费为法国的教育原则，废除宗教课并以道德课取而代之。20世纪初，为加强教育的中央集权，实现世俗化，法国对教会在学校的影响采取了一系列强硬措施：1902年政府宣布解散50多个从事教育的教会组织，封闭了3000多所教会学校；1904年议会颁布法令，重申教会同国家政权分离，禁止教会在法国境内实施各种教育，停办教会学校。1933年，进一步规定中学实行免费教育。1936年将义务教育延长至14岁。从此，法国教育长期被教会控制的局面结束。教育世俗化的实现，为法国现代学校德育体制的确立开辟了道路。

第二次世界大战后，法国学校德育课程变化多端。首先是小学道德课因有倾向性之嫌，不符合“中立性”原则，逐渐被取消；不久，又复设道德课，直至1969年改革前。1969年改革实行“课时三分制”合科教学，将公民与史地、自然等合并，称启发课，每周6课时。在初中，第二次世界大战后始设道德课，以后改设公民课，直至1971年改革前。1979年改设“经济·公民”并统合“历史·地理”，每周3课时，以便与小学的综合化一贯。高中比较稳定，一般是公民与史地结合在一起，称人类科学。

可见，法国学校德育教育经历了一个由宗教教育到道德教育再到公民教育的过程。20世纪以前，是从宗教教育到道德教育的转变时期，是宗

① 吴国庆：《法国》，社会科学文献出版社2003年第8期，第338页。

教教育与道德教育的合一。1975 年法国对普通教育进行改革时，特别强调进行公民教育。而现在的德育教育就是包含了公民教育。

（三）法国德育教育的目的和内容

1. 德育教育的目的

作为现代西方公民德育思想和实践的主要发源地，法国在不同的历史时期对德育内容的侧重不同，对德育教育的目的表述也不尽相同。例如，伏尔泰认为，教育的目的是培养具有“健全理性的自由人”，即具有自由、平等、博爱和科学知识技能的人。对于教育应该培育什么样的人，卢梭这样说道：“我的目的是，只要他处在社会生活的漩涡中，不至于被种种欲念或人的偏见拖进漩涡里去就行了；只要他能够用他自己的眼睛去看，用他自己的心去想，而且，除了他自己的理智以外，不为任何其他的权威所控制就行了”①。卢梭要培养的人，通俗来讲就是在一个理想的社会中具有公民品格的人。综合来讲，德育教育的目的就是强调把一个人培育成理想的现代社会公民。随着现代科技的发展和社会的开放，法国学校德育已包含四项具体培养目标：培养作为一个法国公民应该具有的正确的思想态度、端正的行为品格、正确的价值观念和爱国情操与国际和平思想。

2. 德育教育的内容

以德育教育的目的为导向，法国德育教育的内容也是围绕培养合格的共和国公民而展开的。鉴于法国的德育教育包括公民教育和道德教育，我们就分别来展示其内容。先是公民教育，其次是道德教育。

（1）公民教育

早在 19 世纪末，法国公立学校教育就较彻底地用公民德育取代了宗教德育，由班主任担任公民课教学。1882 年教育法令的第一条中就规定所有的法国公民必须从小接受必不可少的公民知识教育，无论是公立学校的学生，还是就读于私立学校，或者在家庭接受教育，概莫能外。因此，下面侧重分析法国学校公民德育。

公民教育先后通过小学、初中、高中三个阶段的实施。小学的公民教

---

①　卢梭：《爱弥儿》（第四卷），商务印书馆 1978 年版，第 360 页。

育旨在帮助学生认识自己的生活环境，发现共同生活的价值，唤醒学生的责任意识。初中侧重于系统的政治知识教育（了解地方、省、中央的政治组织、政治基本概念，了解社会服务事业并感受社会成员间的相互依存关系，了解国家经济建设的基本要则等），高中则涉及政治、经济、法律、国际事务的知识（一般政治理论、法国宪法，法国在国际组织中的角色及其国际关系，世界重大解决问题等），旨在使学生获得基本知识的同时，引导学生关心国家及国际的重大问题，激发学生社会责任感和使命感。

下面以小学公民教育的内容为例说明其特点。法国小学五年，对象是6—11岁学生。其公民教育称为“公民与道德”。根据1995年新教学大纲，法国小学的公民教育主要内容如下：[①]

①基础阶段。丰富多彩的班级、学校生活，进行以社会的基本准则为中心的德育，使学生在自立和责任的基础上达到：

1. 对人的尊重，包括尊重自我并养成良好的健康的卫生、安全习惯，尊重他人的义务和权利、尊重他人人格与身体的同一性、尊重他人的财产和言论自由，养成协作与互助的精神。

2. 对公共财产和生活环境的尊重（进行消费教育和环境管理、人类生活环境、公共财产教育）。

3. 对集体生活规则的尊重（班级、学校集体生活的原则如友爱、合作、互助等教育，责任感教育，努力做事、尽善尽美教育）。

4. 了解公民基本常识，如共和国的象征（法兰西女神玛利亚娜、三色旗、马赛曲、7月14日等）、共和国总统、议会等。

②深入阶段。在学校教育环境中让学生深入接触社会，在学校到社会的跨越中具备与负责任的合格公民应该具备的基本素质：

1. 尊重自我（诚实、勇敢、正直、努力、思考、有序、真实等）。

2. 尊重他人（尊重他人人格和身体的同一性，尊重他人言论自由，尊重残疾人等）。

3. 尊重集体生活中的责任和义务（民主讨论中倾听与尊重他人发言，集体合作意识与能力等）。

---

① 杨跃：《法国小学教育考察》，南京师范大学出版社1999年版。

4. 了解人类的权利与尊严（1789 年《人权宣言》）。

5. 了解法兰西共和国（象征、标志、社会制度、自由平等博爱、总统与内阁、国会、选举权与普选、地区选举、司法、警察、公共服务机构等）。

6. 了解民主私生活（人身安全保护：警察、宪兵队、消防队员，社会安定、家庭安全，国家自然与文化遗产保护等）。

7. 了解世界中的法兰西等社会实际。

公民教育不仅单独列为一科，而且有自己的教学大纲，只是在各年级由于内容的需要与有关学科协调。各年级的情况如下。五年级：学生所在省的地理、历史、行政（省长、省级机构、教育、司法、财政、公路与桥梁、警务与劳务、农业）。四年级：市镇、省、地区各级经济与社会组织、城市供应（水、电、食品）、公共机构的职能（邮电、交通、医院、银行）、社会调查、参观访问。三年级：国土的组成、行政机构、行政区、中央集权和地方分权、各部门职责、司法；法国的各项努力：人口、最新物质与文化成就、与地理大纲协调。二年级：政治生活的组成。条件：共和国格言；自由的各重大阶段：远古，1679 年人身保护法，美国独立宣言，1789 年公民人权宣言，1948 年世界人权宣言，抗战；练习自由：思想自由、政治自由、言论自由、结社自由、入会自由；自由的丧失：独裁；宪法：原则和作用；执法：共和国总统及政府；立法：议会；司法：宪法委员会。与历史、文学、外语大纲协调。一年级：法兰西在国外，非洲和马尔加什人民的大家庭与独立，联合国成员国的法国和联合国各专门组织，欧洲各专门组织成员国的法兰西。与历史、地理大纲协调。专科班：世界重大经济问题，不同国家政治和经济结构下企业与国家的关系，国际与多国经济，对发展中国家的经济技术援助；货币区域，现代国家中主要经济、社会机构及其组成部分；货币与交换，银行及法兰西银行的作用，贷款、有价证券、交易所、各工商业公司、合作社、国营企业、企业资产负债表（社会资本、营业额、毛利、净利、储备和折旧）、工会、保险。大纲还规定：对国内外时事的学习可取大纲中的各项内容，有必要让高年级学生学会对当时的重大事件形成有依据的和合理的意见。与哲学、历史、地理大纲协调。

在法国相当于我们小学四年级的公民教育课课本的课本，共有 15 课，分别是：第一课：我们需要自由；第二课：我们需要公正；第三课：我们需要工作；第四课：我们需要平等（一至四课是基于人类最基本愿望，引导学生了解自由、公正、求真的需要，正是这些人类基本需要组成人类自由、公正、平等的基本权利）；第五课：学会辩论；第六课：学会在团队中工作；第七课：为了健康，我们的责任；第八课：面对环境，我们的责任；第九课：我们有选择的自由（五至九课主要是进行行为能力和规范教育，使学生了解人权、个人的责任与社会生活之间的联系）；第十课：共和国的自由；第十一课：共和国的自由；第十二课：法国的司法机关；第十三课：公共服务，国民教育；第十四课：财产和人身安全；第十五课：社会安全和国家稳定（十至十五课重在让学生了解国家机构、人权与公民行为之间的关系，一些基础性的概念知识以后还要继续加深学习）。

（2）道德教育[①]

法国小学德育内容主要讲社会民主生活的一些基本准则，它包括三个方面：公民生活规俗和道德行为；政治经济体制和社会责任；法国在世界上的地位。具体内容安排则因年级的不同而不同，可分为三个阶段：

小学第一学年为预备阶段，主要内容是：公民生活和社会生活的基本情况和基本准则，包括有关卫生、安全、吃饭和穿着的基本规俗；努力学习和工作的意义；尊重自己和他人；承认他人的权利和种族的平等；自治和责任；合作与互助；了解法兰西共和国，知道共和国的象征（玛利亚娜、三色旗、马赛进行曲、7月14日国庆节）。

小学第二、三学年为基础阶段，主要内容是：各种制度的初步知识；个人财产以及合同的概念；祖国统一、民族团结、自由平等博爱的信条；选举权、普选的含义以及政府职位（总统、总理、议员、乡长、市长）的职权和作用。

小学第四、五学年为中级阶段，主要内容是：1789年公民人权宣言和1948年世界人权宣言；自由（言论自由、集会自由、结社自由）和权利（工作权、罢工权）的含义；1789年以来的成就和法国的政治制度

① 黎万江：《法国学校德育述评——当代西方学校德育比较研究之二》，《中学政治教学参考》1994年版，第31—33页。

（宪法和法律的制定、批准和执行的程序以及全国行政管理系统）大型公共机构及其作用；法国的军队和实力，以及在世界和平、地区（欧洲）和平中的作用；国家、民族和人类、人道主义与社会文明的含义；法国在国际上的地位和作用。

法国中学德育内容也包括三个方面：个人道德教育；国家和社会公民教育；国际公民教育。内容不同，教育途径也不相同。法国中学的道德教育是与语文合科进行的，语文教师承担起双重责任，既教语文，又要通过著名作家的文章培养学生的道德意识，引导学生产生博爱、勇敢、荣誉、正直、正义、宽容、仁慈、善良、文静和理性，以崇高的道德品质激励学生，为此每周的语文课时专门增加了半个小时。各年级道德教育的内容依次为（法国的“年级”是逆数的）：

6～5 年级：古今伟人业绩所展示的人的基本道德；

4～3 年级：通过阅读分析道德感情，意识人力所能达到的程度；

2～1 年级：思考各种道德理念，环顾包括希腊、基督和法国文化、犹太先知、东方智慧在内的人类价值。

这些主要就是法国公民教育和道德教育的内容，从这些内容中，我们可以来总结一下法国德育教育的一些主要特点以及优势。

（四）法国德育教育的特点

法国德育教育的特点可以从上述德育教育的内容上以及整个德育系统的统筹安排上反映出来。

第一，在教学体制上，实施中央集权化，坚持标准统一，自由教学。法国是一个中央集权化的国家，教育体制和教育内容整齐划一，有统一的教学内容标准和年度计划标准，在强调标准的同时又注重教学自由，强调充分发挥地方特色。

第二，在内容上注重生动性、基础性和社区化为一体。法国公民课本内容的选材生动有趣又基础实用。小学课本注重对童话、寓言、伟人传记、学校生活事件、简单读物的使用。课本简洁，篇幅不大，但材料充实，图画众多精美，每课结尾用斜体编排简短的结论和恰当的问题。中学课本内容则讲究深广、具体、实用，注重实践活动、模拟情景、社会调查、参观访问。公民课本内容的构筑，注意基础性和社区化。它强调从周围的社区环境出发，诱导学生逐步扩大视野；强调从具体简单的事物、事实出发，合理引导抽象的概念和准则；强调从历史发展和地理环境出发，最后导出社会的政治经济制度和法律。这样做，有助于帮助学生融入社会和周围的环境，更能逐步深入，层层递进，使人易于接受。

第三，在教学方法上，传统为主，革新为辅。在法国中小学，传统的教学方法是主流，在全局上主要还是采用以灌输知识为目的的班级授课。但也有诸多革新：一是提倡说理，提倡师生之间、学生之间相互交流，尤其重视学科之间、学科内部的协调、配合。这从其大纲上也能很明显地体现出来。前教育部长费里曾极力主张要把教理式说教改为个人经验式的启发。小学公民课特别是低年级，强调要通过师生之间的交谈，指导学生形成良好的习性。在中学，讨论则是比较通用的教学方法。二是新设“觉醒学科”（人文、自然常识、艺术活动）。三是把报纸列为正规教材。这是教育部长哈比所推进的，目的在于“训练他们加工和改造庞大的信息的能力，以成为现代世界的好公民”①。

第四，在目的上，突出公民素质。法国前教育部长让·皮埃尔·谢韦纳芒认为：“学校应当培养公民，现代法兰西共和国和我们前辈所处的共和国一样，不能没有热爱共和国的原则和法律的公民。这便是公民教育的首要任务。”法国道德教育的目的之一就是要培养学生具有民主法制思想、追求自由并能自律、热爱法兰西民族与文化。把学生们培养成公民甚至是整个教育的首要任务。

第五，争取家庭协作。法国教育向来注重学校同家庭的联系，并以法律法规形式确定下来。如前教育部1989年制定的《教育方法指导法》第十一条规定：“学生的家长是教育共同体的成员。各学校应保证家长参与学校活动并且与教师及其他人员进行对话。”法国要求，教师和每个学生家庭之间交流情况的联系至少要维持到学生成年为止。

第六，强调道德认知。强调道德认知是法国德育及其评价的一大特点。这一特点有其历史渊源。被誉为“当代德育之父”的法国社会学家、教育社会学创始人涂尔干主要从“塑造社会我”、促进个体社会化的角度

① 何向：《浅谈法国民族主义与其文化政策》，《湖南省社会主义学院学报》2006年第3期，第56—58页。

去看待道德教育，其道德教育模式一度成为小学公民课的实践标尺。

（五）法国德育教育的优点及对中国德育教育的启示

实际上，从上述的法国德育教育的特点中我们已经可以粗略了解到其优点了，但是与中国的德育教育相比，它又具有许多我们不具有的优势，促使我们对我国的德育教育进行反思并从法国德育教育中借鉴其精华。

第一，从德育的目标来讲。法国德育目标明确，内容丰富。法国的德育一直是把“培养法国公民”作为其目标的，自大革命以来，法国一直坚持博雅的教学方向，坚持了德育教育应有的地位。与美国相比，中央集权化和教育的“世俗性”原则又保证了德育教育地位的确立和落实，保证了教育的连续性。

与法国相比，我们的教育目标则显得更为高远。尽管我们定位也非常明确，即为社会主义现代化建设培养“四有”新人，但是我们的德育目标存在着过分理想化和政治化的倾向，强调德育目标的远大性、长期性和终结性。这样的做法超越了青少年道德发展的阶段和身心发展水平，不够现实。因而在社会中出现了这样的情况：从小树立了远大理想，长大后却连基本的道德规范都不清楚。

因此，针对我们的情况，我们可以向法国学习，在德育目标的制订上把德育目标和德育理想分开，把握规律性，与学生的身心和道德发展阶段相接应，做到德育目标定位的准确和科学。

第二，从横向来看，即从单一阶段（比如小学阶段）的德育教育内容构成上来说，法国德育教育的内容概括起来主要有以下几点：（1）人权教育。这是德育教育的核心。（2）政治思想和爱国主义及其宪法和法律教育。当然，这在每一个国家都是必要的。（3）伦理道德教育。它是为共和国提供合格公民的关键。（4）民主生活。通过“建议民主生活”，学生们在实际中可以获得良好的民主体验，进而养成民主作风，这是德育教育的重要内容。（5）生计教育。主要是使学生了解重大的经济问题，掌握基本的经济知识等。除此之外，法国会随着社会的发展而进行改变，主动进行改革，以适应社会的变化。如 1984 年，法国官方明确指出，公民道德教育以“人权”为核心，遵循 1789 年的公民人权宣言和 1948 年的普通人权宣言，把公民权利放在首位。

相比之下，我国的道德教育在内容上主要是政治思想、爱国主义、宪法和法律教育这些，理论性十分强，而不注意在实践中的运用和体验。内容的侧重点也重在一些大方面的设置，而忽视了一些小的和日常行为准则联系较为密切的内容，这是不合理的。当然，在与时俱进的对内容进行补充和调整这方面，我们一直在努力。

针对这方面的内容，我们没有必要对内容进行简化，而是要不仅能照顾到理论的侧重点，看到那些实用的较小方面的内容的传授，还要适当照顾到其实践意义和体验，而不是纯粹的大而空的说教，同时要注意内容随时代的变化而要保持更新和调整。

第三，从纵向来看，即从整个德育教育阶段内容的编排和实用程度上来讲。从内容的编排上来说，法国德育教育注重对于规律的把握，内容注重层次性，讲求循序渐进。例如，对于《人权宣言》的学习上，小学和中学的课本里都有，但是深浅不一。对于小学，注重品行，而对于初中，则关注社区和国家，重视价值观的培养，重点突出，规律性强。从内容的实用性来讲，在德育教育的初级阶段，法国注意学生基本行为准则的养成，再到高一点的阶段，则开始注意对学生价值观的养成进行重点教育。

这点对我们的冲击是比较大的。对待小学生、初中生和高中生，所教授的内容应当层层递进，而不能仅仅是重复，更不能颠倒顺序。所传授的内容不能仅仅是空洞的理论，而应当尽可能加入实际的东西。

因此，从整个德育教育的阶段来讲，应当统筹照顾小学、初中、高中等的传授内容，对每个阶段讲解不同深度的知识，切忌大而泛、大而空，顺序倒置。避免近年来出现的“对小学生进行共产主义道德教育，对中学生进行社会主义教育，对大学生进行社会公德和文明行为教育”次序颠倒、不符合教育规律的状况。

第四，在教学方法上。走在近代教育前列的法国有着灵活多样的教学方法。对于一些合理的重要的东西，如个人经验式的说教，法国没有抛弃，而是进行一再强调。除了这种方法之外，法国进行过大胆的探索，比如“觉醒活动”的设立，把报纸列为正规教材，又或者“读无字书”活动（法国学生每周三、周五下午不在校上课，而是参加社会教育活动，由社会向学校开放其公共资源，并给学校提供德育、美育、心理健康教育等服务）、“交叉实践课”的设立或者个人经验式启发和互动等，这些都避免了因空洞的说教而使学生厌倦德育课，大大提高了学生的学习兴趣，有助于实现良好的德育培养效果。

在中国，德育课至今都还是单纯的理论说教和传授，中国学生很大部分都是把德育课当作不得不学的一门课，心理上有很大的抵制，甚至为了考试而学习这门课，与法国的差异很大，与我们培养“四有”新人的初衷差距更甚。

这对我们的启发是，我们必须改变现有的教学方法，实现德育教育途径和方法的多样化，使德育教育能真正被广大中国学生所认可和接受。

第五，在道德素质培养方面。法国的德育不但走出了校门，就是在校内也经常搞多种模拟活动。法国课外实践活动十分丰富多彩，如各种学习小组、俱乐部、体育活动、旅游活动，有时甚至是到国外参观访问。这些课外活动，不仅培养了学生的兴趣，也在无形之中培养了学生的团结、合作、宽容、友爱等集体精神。

相比较而言，我国学校公民道德教育对社会实践在公民道德素质培养作用的重视很不够。公民道德教育只停留在“知”上，而“知”也往往是为了应付考试，忽视了知行的统一，造成了知行的分离。

对此，我国公民道德教育一定要重视社会实践在道德教育中的作用，抓好道德实践这个环节，不能单单强调理论，更要在道德实践中增强公民的道德情感，磨砺公民的道德意志，实现知行的统一。

第六章

日本核心价值体系及价值观教育
——武士道与大和文化

一　前　言

（一）日本案例的重要意义

日本现代化腾飞及其在当今世界的影响

从 17 世纪 30 年代到 19 世纪中期，日本奉行“锁国政策”，1853 年美国舰队强迫日本开放港口时，日本人还没见过轮船，日本社会仍处于封建自然经济的状态。但是，经过 1868 年的明治维新，不到半个世纪，日本就走完了西方资本主义国家差不多用了 200 年左右的时间才完成的现代化历程。二战后，日本只用了 20 年就迅速崛起，不断创造出经济“奇迹”。到 50 年代中期，日本经济已完全摆脱了战败的阴影，各经济部门的产值都全面恢复并超过了二战前的最高水平。1990 年日本经济增长率为 6.1%，大大高于资本主义发达国家的 2.8%，这不能不使全世界为之刮目相看。

长期以来，日本的现代化水平稳居世界第二。尽管近年来日本的经济增长表现出迟缓的迹象，但丝毫未影响其世界经济大国的地位。日本凭借本国的技术优势，在国际贸易中扮演着最优角色，保持了本国的经济活力。另一方面，日本大力发展金融产业，在海外为日本的巨额资本寻找盈利丰厚的投资场所，以获取巨额贸易外收入，极大地巩固并增强了日本在国际经济格局中的地位。

日本经济发展与青少年思想品德的危机

20 世纪 60—80 年代，日本经历了经济的高速发展时期。然而，伴随着现代化的进程，诸多社会问题，尤其是青少年的道德问题日益尖锐。随着物质生活的极大提高，进入 20 世纪 80 年代以来，日本青少年的价值观发生了很大变化，从原先的物质需求转向了自我实现的需要。青少年追求个性和创新，努力表现自我，贪图享乐。随着生活的富裕，奋斗精神的绝对权威和崇高地位不复存在了，在相对主义盛行的日本，青少年中的人际关系也变得越来越冷漠。青少年更趋向于表面上的来往，不愿意让别人介入自己的私生活。此外，暴力行为、恐吓事件、援助交际等青少年不良行为日益增多，严重影响了教育的发展和社会的稳定，引起了全社会的关注。

日本与我国的关系

中国和日本，一衣带水，在文化和传统上有很多相似之处。从汉代开始，两国便有交流，尽管其间因各种原因两国的关系曾一度紧张，但并未构成实质性的影响。日本飞鸟时代，圣德太子便向隋朝派遣隋使，隋朝灭亡后，继续派遣唐使，始终不断地学习中国先进的社会制度和思想文化。由此可见，中国文化与日本文化同属于汉文化圈。然而，尽管中日文化同根同源，中国传统文化对日本的影响根深蒂固，但历经 1000 多年的交流、碰撞、融合、变革后，中日两国在民族价值观等方面逐渐分道扬镳继而结出不同的果实。这种不同，不仅体现在社会制度、文字以及民风民俗方面，最根本地还体现在社会核心价值体系上。所谓核心价值体系，就是一定社会中人们普遍认同的基本的价值观念所构成的体系，它是价值领域的集体理性，能够保障社会经济制度、政治制度、文化制度的稳定和发展。尽管日本的“大和文化”倡导的是一种多元化的文化价值观，但日本作为一个统一的整体的民族国家，在不断地吸收与变革中，依旧有属于自己的鲜明独特的民族精神与核心价值观体系。

（二）分析日本文化价值观的特殊视角：武士道

都说欲了解日本，必先了解武士道。的确，武士道是日本民族的灵魂和象征，也是日本文化精神的核心。今天，即使武士道的行为基础和精神基础都已经不复存在了，但它作为日本所独有的文化仍然深深地影响着每一个日本人。武士道的善恶观念、思维模式、价值取向和行为方式已内化在日本人的国民性之中，支配着国民的思想和行动。尤其在日本近代化过程中以及今天日本人的生活方式、精神信仰中，都留下了武士道精神的印痕。正像新渡户稻造所说的那样：“即使具有最进步思想的日本人，如果在他的皮肤上划上一道伤痕来看的话，伤痕下就会出现一个武士的影子。"[①] 新渡户稻造认为，日本的现代化过程，从某种意义上说，是武士们化身为现代军人、政客、财阀、教育家，全面掌控着国家精神和行为走向的过程。日本现代化的原动力，全在国民本身，而其源泉，正是武士道。武士道作为训条也许会消失，但基本观念不会消亡。

二 日本核心价值体系的生成机制

（一）生态视角

一个国家和民族的自然因素、地理环境对整个国民性格的影响在古典政治学家那里曾经得到过饶有兴味的探讨，但随着科技的不断发展以及人类对技术依赖程度的增加，自然环境作为社会发展的影响因素漫漫淡出了人们的视野。然而，由于自然地理对一个国家国民性格、社会价值体系的影响是在历史中形成，而且是一旦形成就深深根植于社会肌体之中，历久而不衰的，所以在人类对自然环境的依赖大为降低的现代社会，这种探讨将仍有必要。当然，同样是从地理环境的角度探讨日本国民精神、社会核心价值体系的论著，其关注点和结论也不尽相同，这一点在中日两国研究日本民族核心精神的学者间尤为明显。通常来说，日本国内学者关注的多是日本地理环境温和秀美的一面，而我国学者则更多关注的是日本国土资源少而自然灾害多的一面。

在众多研究日本民族精神、社会核心价值体系的学者中，志贺重昂是较早从地理环境的角度来论述这一问题的。早在 1894 年 10 月由政教社出版的《日本风景论》中，志贺重昂就从地理学家的观点出发，对自然地理给予日本人的心理影响进行了详尽的解说。他认为，日本山川秀美，植被覆盖率高，季风气候又具有海洋性的特征，自古至今对涵养日本人的审美意识发挥了重要作用。特别是松柏科植物的繁多，对培养日本国民的气质形象起到了很大的作用，使日本人民也有了像松柏一样的坚韧品格，所以把日本又称之为"松之国"[②]。除此之外，日本国内其他一些从自然环

① 新渡户稻造：《武士道》，商务印书馆"日本丛书"，1993 年版。

② 志贺重昂：《日本风景论》，东京政教社 1894 年版。

境角度看国民精神的论著，也都充分肯定了日本地理环境的独特性和优越性以及它们对日本民族精神、社会价值观的有利影响。

与日本学者相反，从中国学者的论著中，我们看到更多的则是关于频发的自然灾害对日本人心理的负面影响。众所周知，日本是一个南北狭长、呈弧状的岛国，面积狭小，国土约 37.8 万平方公里，相当于中国的 1/25，资源贫乏、多自然灾害。本来地处孤岛在古典政治地理学家看来应该是优点，柏拉图和亚里士多德对理想国家的设计都强调国土不宜大，人口不宜多。而莫尔的“乌托邦”和康帕内拉的“太阳城”也都是建立在孤岛之上，以免受外部世界腐化风气的影响。另外我们也注意到，历史上中国元朝军队两次试图登陆日本，都因海风的阻隔而没有成功，这些都是我们应该看到并且承认的。然而，国土面积狭小、资源贫乏、多自然灾害对世界上任何一个国家的长远发展来说都是难以掩盖的劣势。日本国土面积仅有中国的二十五分之一，在有限的国土面积上可供农业和牧业发展的平原、耕地、牧场和草地所占比例均不高。发展工业必需的矿产资源，如石油、煤炭、天然气、铀等也严重匮乏，不得不从海外大量进口，其中原油进口率达到 99.7%。更加不利的是，由于位于太平洋火山地震带上，日本火山活动频繁，经常发生地震和火山喷发，其中以地震最为多见。1923 年发生的关东大地震，死亡 14.2 万人；较近的一次大地震 1995 年发生在阪神和淡路，死亡 6433 人。7 级以下地震更是不胜其数。海啸、台风、暴雨对于日本人来说已是司空见惯的天气现象。自然灾害造成的不仅是物质上和经济上的损失，更是对人们心理上的考验和打击，所以日本人才会常常抱有一种危机意识。这种危机意识的积极面是使日本人坚韧不屈、奋发图强地想成长为一个经济大国，其消极面则是导致整个民族为了获取更大的“生存空间”而对外侵略扩张，对其他国家造成非常惨重的危害，这从第二次世界大战中就能略窥一二。

此外，我们还必须注意到的是中国与日本的自然因素形成的强烈反差。相邻一个国土广袤、资源丰富、人口众多、政权统一的中国，日本自然地理的劣势更加凸显，而且在历史上的大多数时期，中国的文明程度都是领先于日本的，这一点意味深长。这使日本民族始终有一种深层次的自卑感、压迫感以及由此而激发出来的自强不息的精神品质。日本人来中国之后，普遍都对中国的疆土辽阔感触良多。与一个大国为邻，还会无端地增加他们的不安全感。我们常说的中日之间的“安全困境”更多的是心理意义上的，而不是实际的政治存在。目前中日关系的冷淡，在日本比在中国有更加强烈的反映，关于中国“威胁论”的书在日本的书店被摆放在醒目位置，十分畅销；电视和印刷传媒对中国的抗日游行进行了偏颇的和不利于两国关系良好发展的报道。这种情况的出现既是日本反华分子故意制造舆论的缘故，也是日本民族不安全心理在现代社会生活中的真实写照。绝对和相对意义上的地理环境劣势共同作用于日本国民的心理，而这些心理长期的积累就沉淀出了日本民族特有的国民性格和社会价值观。

因此有人说，只有武士道才是真正最适合日本这个国家的精神。日本人用“武士道”来培养其国民的爱国尚武精神，用作迅速推动日本改革和发展的强大精神动力，甚至还用作侵略中国和亚洲其他国家的“精神力量”。因为武士道的最大特点首先在于它不是一种单纯的信仰，而是一种必须身体力行的实践道德。一个永远担心自己资源不够的国家，不可能心存宽容和博大，他们只能鼓起勇气不断向外界索取，努力拼搏和奋斗。所有的公民都是心存着恐惧在生活的，没有极大的勇气是活不下去的。哪怕是通俗的日剧，也处处表现着这一点。

（二）历史积淀

武士与日本历史

随着经济的变革与中央集权制的瓦解，武士作为日本社会武力争夺土地资源和政治权利的产物，于8、9世纪的平安时代正式登上了历史舞台，并于9世纪中叶以后从最初的私人武装形式发展成为社会各方公认的军事力量。这一时期的武士团体仅停留在非规范的小群体行动层次，团体内部是按宗族关系和主从关系结合在一起的，要求从者绝对服从主人，其主要特点是忠诚与尚武。1192年，镰仓幕府的建立标志着武家政权在日本的确立。为了巩固统治、有效控制武士阶层，统治者把原先分散的武士都集中于幕府的统治下，其行动也走上了公共化、规范化的道路，武士阶级在国家政治、经济和文化生活中的主导地位逐渐确立和强化。

从武士的出现到德川时代，武士始终是以“战斗”置身于日本历史的中心，战斗是他们实现自身价值的唯一武器。镰仓、室町和战国时代，武士的公务以军役为中心，在战场上建功立业。直到德川家族统一日本后，日本结束了长期战乱的局面，进入了长达200多年的和平时期。幕藩统治者为巩固政权，实行严格的“兵农分离”和“士农工商”四民等级制度。武士作为最高等级的“士”，其主要职能也从战斗者转变成了行政官僚。德川时代以前的武士道是“作为战斗者规定自我的”，而在德川时代武士道则是提倡“非战斗者的观念道德至上主义的实践道德”，这就使传统的武士之道向理论化、精神化的武士道过渡。而推进并完成这一过渡的，是著名儒学家兼武士道理论家山鹿素行等人。他把儒家思想与武士行为相结合，将过去武士经验主义的行为习惯和道德情操用儒家思想改造成理论化、系统化的武士道。同时，这一时期的武士道开始走向平民化的道路。由于武士被置于四民之首，其行为方式、人生哲学自然成为农工商三民所崇敬和学习的对象。“在民众的主体性活动、通俗文艺形式和教育普及等因素的作用下，武士道逐渐为平民所接受，成为全民的道德和日本民族精神的核心。”[①] 新渡户稻造也说道：“武士道从它最初产生的社会阶级经由多种途径流传开来，在大众中间起到了酵母的作用，向全体人民提供了道德标准。武士道最初是作为优秀分子的光荣而起步的，随着时间的推移，成了国民全体的景仰和灵感。”[②] 也就是说，这一时期，武士道精神逐渐趋于普及化，融入到了日本人的意识之中，形成了一种文化的共同体。德川时代末期，由于幕藩统治腐败再加上西方列强的坚船利炮，德川武家政权被推翻了。但武士道的文化因子却扩散到了整个日本民族当中，成为日本文化不可或缺的重要组成部分。

日本“大和”文化的特点

日本人善于学习外来文化是人所共知的，日本人同时拥有着自我否定的精神和求新的欲望。自我否定的精神为日本顺利地接受外来先进文化扫清了思想障碍；而求新的欲望又成为日本人学习吸收外来文化的动力。日本悠久的历史，孕育了别具一格的“大和文化”。所谓大和文化，其本质是一种多元文化，即外来文化的综合体。

纵观日本文化的发展历史，日本对外来文化的吸收大致经历了“和魂汉才”、“和魂洋才”两个不同的发展时期。明治维新以前，日本一直

① 向卿：《论江户时代武士道的平民化》，《日本学刊》2004年第5期。

② 新渡户稻造：《武士道》，张俊彦译，商务印书馆2001年版，第91页。

处于中国文化影响之下，之后又广受西方强国的影响。在第一阶段大约存在着三个文化因素，即佛教文化、儒教文化和道教文化，这三种文化因素灵活地结合在一个大和文化的形态内，构成了这一时期日本独特的宗教文化。所以我们常说大和文化是在中国文化的影响下发展的，可以说是“中国文化的综合体”。但长达220年的闭关锁国，也使日本文化逐渐走出中国文化的模式而形成了自己独特的内涵。同时，由于很难接触到当时欧美先进的自然科学和文化意识，使日本远远落后于历史发展的进程，这就为日本明治维新以后屈从于西方文化打下了基础，当然，这也是历史发展的必然。

值得注意的是，虽然日本是一个善于吸收外来文化的民族，但历史上每一次大规模吸收外来文化的过程，又都是形成本民族文化模式的过程：古代日本人虔诚地吸收唐风文化，然后转化为本民族的和风文化；明治维新后励精图治，积极吸收欧洲文化，使日本成为东方唯一的近代资本主义国家；第二次世界大战后，在吸收美国文化的基础上，形成了具有特色的日本现代文化。日本文化是通过吸收、选择外来文化，并融合本民族文化传统才得以形成的混合文化，吸收、选择、融合，三者缺一不可。在这个过程中，贯穿了日本人强烈的务实精神。这种务实，不仅表现在他们积极吸收外来优秀文化方面，也表现在他们对外来文化中不适于自己的内容进行鉴别和改造的方面。日本人接受了儒家文化，却只吸收了有益于其统治的部分政治伦理，而对作为儒家人伦根本的婚姻、家庭伦理或加以排斥，或进行变通，以适应本国的国情及实际利益的需要。虽然这个过程往往伴有功利主义的目的，但不能否认，儒家伦理对日本人的束缚远较中国人为轻，因此，他们的家族关系较为开放，建立在此之上的人际关系与社会关系也相对简单。在面对近代化挑战时，日本所遇到的障碍也就比中国小得多。

在行为方式上，日本人与中国人和西方人最大的不同莫过于重视集团的共同行动，人们总是自觉地把自己纳入集体之中。在价值观念上，中国人与西方人都重视个人的天赋，强调个人的作用，而日本人更多的是重视集团的作用。有人曾将日本人与美国人作比较：美国人奉行的原则是，我只要做别人尚未做的事，发挥出个人的能力就会成功；日本人奉行的原则刚好相反，只要我认准社会的主流，坚定不移地把自己汇入社会的主流中去，就一定会成功。美国人总是极力显示自己的与众不同，而日本人则千方百计地证明自己与大家一样。

“大和文化”顾名思义，讲究一个“和”字，这也是中国古代儒家“和为贵”思想的体现。日本学人福永法源在其《法源人生讲谈录》中说：“和为贵”一语，“既是中华民族传统文化极为重要的组成部分，也是大和民族积淀已久的价值观念和行为准则”。[①] 日本早期融合诸部族而成的统一民族就称为“大和族”，最早统一日本的就是“大和国”。在日本社会里，“和”字还紧紧联系着国号、年号、人名、地名、店名等，它是日本人很熟悉很喜欢用的一个字。日本国号称为“大和”，一些代表日本国特征的东西都连接着“和”这个字。如：和服、和文、和歌、和纸、和食……人们把“和”字当成国家的代号。另外，历代首相名人也多采用“和”字为座右铭。比如，70 年代的大平正芳首相的座右铭是“宽容和忍耐”，80 年代初的铃木善幸首相的座右铭是“和的政治”，90 年代初的羽田孜首相的座右铭是“改革与协调”。这些名人首相所提出和标榜的座右铭都是以“和”或与“和”含义有关的词句为主的。由此可见，日本人非常重视“和”，处处体现着明显的“和”意识。

综上所述，可知中国儒家“和”的思想原则已经成为了日本文化的重要组成部分。那么，这样的思想基础，怎么会与好勇斗狠的“武士道”以及后来发展起来的军国主义思想并行不悖呢？这样讲求中庸、平和的国家怎么会发动如此大规模的侵略战争甚至在他国土地上烧杀淫掠呢？这里我们需要注意的是日本内外有别的共同体意识。日本历来视家、国为一体。国是放大了的家，家是缩小了的国。任何一个人，除了是家庭的成员、国家的国民外，他还是若干不同性质的“共同体”的成员，他们必须尽其所能来维护这个共同体的名誉和利益，而各种共同体中一个普遍性的秩序规则就是“内外有别”，界限分明。适用于共同体内部的道德规范，不一定适用于共同体的外部。日本民族“和”的原则是用来调和内部矛盾，解决内部纷争的，而对外部则是无情的竞争甚至残酷的打击，这是日本文化双重性的一个体现，就像露丝·本尼迪克特在《菊与刀》一书中以“菊花”和“刀”来象征日本人的文化矛盾和双重人格：“日本人

① 福永法源：《法源人生讲谈录》，中国国际广播出版社 1996 年版，第 159 页。

爱美而黩武，尚礼而好斗，喜新厌旧而又顽固，服从而又不驯，忠贞而易于叛变，勇敢而又懦弱，保守而又求新。”在日本文化形成与发展的过程中，有许多看起来是很矛盾对立的现象，可是又和谐地结合在一起，从而形成了独具一格的大和文化，这种情况可以说是举世罕见的。所以美国哲学家穆尔认为，日本文化是“所有伟大的传统中最神秘的，最离奇的”。[①]

那么，在共同体内部“保持一体之大和”，如何会发展到走向对外侵略的军国主义道路呢？在下一小节我们还需要具体讨论日本传统政治文化中，对国民影响至深的“武士道精神”。

（三）文化模式:武士文化

提及作为“大和之魂”的武士，人们的心头也许会掠过冷艳的樱花、雪亮的佩刀以及与剖腹有关的种种仪式。在日本，武士本意为学习武艺、执掌军权者，作为社会阶层出现在 9 世纪中期以后，镰仓幕府时期成为支配日本社会的实际力量，德川时期随着封建幕藩体制的崩溃而衰微。武士道是武士阶层的价值观和道德信念，是武士们在职业上和生活中必须遵守之“道”。用一句话来说，即“武士的训条”，也就是随着武士阶层的身份而来的义务。武士之“道”，开始只是关于施恩与报效的一种简单的主从道德关系的规定，后来吸收宋代的朱熹理学，重名分，严等级，崇礼齐欲的封建说教，逐渐演变成以家臣方面忠、义为主的一整套武士道德规范与行为准则。虽说是武士的道德规范，但其精神已成为日本政治文化中的一个重要组成部分，影响日本的政治、社会生活至深，形成了日本特有的武士文化。武士文化作为日本社会独特的意识形态和伦理道德，制约日本民族的思维方式和行为方式，在其产生、发展和演变的 1000 多年漫长岁月里，对日本社会历史的发展和民族精神、民族性格、民族文化的塑造有着不可替代的影响，成为日本人心理的深层积淀。

武士道是日本人将外国文化与本民族精神相互融合的产物，是武士文化的中心价值体系，强调以生命效忠主君的无私奉献精神，忠实地反映了统治者的意识，其文化渊源主要包括佛教、儒教和神道教。日本著名教育家新渡户稻造认为，佛教给予武士道以平静的听从命运的意识，对不可避

① 本尼迪克特:《菊与刀》，浙江人民出版社 1987 年版，第 104 页。

免的事情泰然处之，恬静的服从；道教教导武士对君主（上级）绝对的忠诚，对祖先虔诚的尊敬和对父母无条件的孝行，包含了日本民族精神中的爱国心和忠义；儒学思想是武士道道德教义最丰富的源泉。孔孟的冷静，仁慈，智慧的处世哲学提供了武士作为统治阶层的职业道德；君臣父子，夫妇，兄弟，朋友的五伦之道又为其提供了日常生活的基本道德准则。

武士道的主要德目是：忠诚、名誉、武勇、义、礼义廉耻、朴素、勤学等。"忠诚"是武士精神的核心和灵魂。"忠"是下级武士家臣对上级主君保持绝对的忠义，借以维护和巩固武士阶级内部上下等级关系的秩序，尤其强调君道和臣道。家臣食君俸禄，为主君效命，主君对下级武士有生杀予夺之权，下级武士不许有一丝一毫的不满或违抗。"名誉"在武士心目中的地位比生命更重要。武士对主君的忠诚和在战场上的拼命厮杀、浴血奋战都是为了保持或获取名誉。"武勇"是武士在战场上敢作敢为、百折不挠的精神。武士自幼年起便接受各种训练，包括作战能力、适应自然环境的能力，搏斗时丝毫的胆怯都是对武士称号的极大侮辱，不是杀人就是被杀，为主君战死是武士无上的光荣。"义"是武士选择取舍的最高标准，家臣对主君要忠义，武士间要讲信义，同时还要讲究社会信义和遵守诺言。"义即决心，道理既晓，付诸行动，顽强不屈。当死时，必敢于死，当征讨时，必敢于征讨。"[①]"礼仪"要求武士的言行举止和衣食住行都要符合武士的身份。要勤奋好学，磨炼战技，生活朴素、节俭，防止好逸恶劳。这种不计代价维护个人荣誉的信念，使得武士不会避开堪称无谓的自我牺牲。忠诚是武士规范中最严格的教条，对武士而言，背叛等不正当的行为是绝对不被容许的。他们无条件地执行命令，极端地服从，重视整体利益。这些都是值得肯定的武士文化中的优秀一面。

然而，任何事情强调过了头都会走向另一个极端，武士的这种绝对的忠诚和忘我也会出现让人觉得残忍的一面。新渡户稻造在他的《武士道》一书中，特设一章讲述"自杀及复仇的制度"。例如书中描述 24 岁的左近和 17 岁的内记两兄弟为报父仇，企图刺杀当时掌握全国实权的德川家康幕府，未遂被捕，被判决处死全家男人，包括他们年仅 8 岁的幼弟八。但德川家康赞赏

① 新渡户稻造：《武士道》，企业管理出版社 2004 年版，第 16 页。

两兄弟的勇敢，于是下令让他们以剖腹自杀这种荣誉的方式去死。作者引用了当时现场观众中一位医生的日记，显示当时三兄弟剖腹的情景：

> 当他们并排坐在等待死的席位上时，左近面向幼弟说：“八，你先切腹吧！让我看到你切腹没有切错。”幼弟答道：他还未见过切腹，等看哥哥做的样子，自己再仿效做。哥哥含泪微笑说：“你说得好，刚强的小家伙，不愧是父亲的儿子。”八被安排坐在两个哥哥中间。左近将刀扎进左腹，说：“弟弟，看着，懂得了吧？切得太深了，就会向后倒，把双膝跪好向前俯伏”。内记也同样地一面切腹一面对弟弟说：“眼睛要睁开，否则就像女人的死脸了。即使刀尖停滞或气力松弛了，还要鼓起勇气把刀拉回来。”八看到哥哥所作的样子，在两个人都咽气之后，便镇静地脱去了上身衣服，照着左右两位所教的样子漂漂亮亮地完成了切腹。①

在这一段令人读来毛骨悚然又心痛欲绝的切腹描写中，几乎体现了日本武士道强调的忠、义、勇、名誉、礼和克己等全部道德规范。而在这种所谓武士道精神的感染下，我们或可懂得在内部提倡“贵和”与“中庸”思想的日本人，可能在外国国土上犯下那些令人发指的灭绝人性的暴行。

日本走上军国主义穷兵黩武的道路之后，被扭曲了的武士道又经历了一次畸变。武士道作为封建制度的宠儿，却在日益法西斯化的国家军队中找到了安身立命之所，成为帝国主义侵略扩张的工具。为推行侵略扩张的政策，日本需要用武士道去激励士气，巩固军队，也需要用武士道去禁锢和统一国民的思想。为此，他们开足宣传工具的马力，打着“拯救日本”的幌子，强行灌输“皇国论”、“大和魂”、“为天皇尽忠”等思想。武士道本来就是武士争雄天下，崇尚杀戮的非人道伦理观，把军刀当作勇敢与地位的象征。特别是“武士道，就是对死的觉悟”，这种思维方式与狭隘民族主义和扩张政策相结合，就把非人性和反人道发挥到极端，变为虐杀狂和自虐狂。其实武士道在刚出现的时候，它的本意还是好的，只是到

① 新渡户稻造：《武士道》，企业管理出版社 2004 年版，第 71 页。

了后来才被人用到了歧路上去了，同时也就让周围的人对它产生了强烈的反感。

总之，历经近千年漫长岁月积淀下来的武士道精神，是大和民族历史创造活动的产物和日本文化的精髓，世代相传、经久不衰，早已成为传统、成为习惯，渗入日本人的每一个细胞，支配日本人的思想和行动，它不会仅仅因为日本在二战中的失败一夜间就烟消云散。当武士道的向善、向美、向光明的一方，即向幸福安宁的和平主义倾斜时，便转化为日本现代化、并创造人间奇迹的重要因素。战后的民主改革，武士道精神从法西斯军国主义思想体系中剥离出来，嬗变到民族向上的意识中去，成为民族奋进的精神底蕴和无穷动力，为日本现代化作出了巨大贡献。首先，武士文化注重实践、身体力行的务实精神，为战后日本创造经济奇迹作出了巨大贡献。战后日本在引进西方技术方面就非常务实，严格分清轻重急缓，合理安排优先次序，把整个引进过程置于国家的有效管理之下，一般只引进技术不引进设备，尤其不花巨资引进成套设备。他们的口号是：第一台设备引进，第二台设备国产，第三台设备出口。同时还注意把引进和独创结合起来，使外来技术尽快消化在日本自身的技术体系中。就是这种务实精神为日本在最短时间内顺利实现现代化提供了可靠保障。其次，武士文化中“忠”的观念促成了日本人的尽职精神。战后，日本国民将对国家、天皇的忠诚直接转变为对公司、企业的忠诚，员工自觉地把整体利益放在第一位，普遍奉行“公司第一”的信念，勤奋工作，任劳任怨地为企业创造自己的价值。在日本，不管一个人的工作是什么，都要千方百计地完善自己的工作，这种至善论的倾向在每个职业中都可以发现。欧美国家将日本员工这种对工作近乎狂热的程度称之为“工作狂”、“猛烈社员”等，这正是对日本人强烈的敬业精神的最真实的写照。

时至今日，武士道虽然已经不被日本公开作为一种精神信仰来倡导，但作为一种精神文化，它对国民的影响往往总是超越时代和经济基础，因而不可低估。

三　武士道在日本文化与现代价值观中的体现

价值观是社会成员用来评价行为、事物以及从各种可能的目标中选择自己合意目标的准则，是人们某种利益、立场或愿望的表达形式。几乎每个民族国家都会有一个统一的核心价值体系，即一定社会中人们普遍认同的基本的价值观念所构成的体系，它是价值领域的集体理性，能够有效地制约非理性的社会价值体系作用的发挥，能够保障社会经济制度、政治制度、文化制度的稳定和发展。这种核心价值体系并非一朝一夕就能产生，也不是靠外在的强制规定，而是一个民族经过了历史的洗礼、文化的导向等一系列因素逐渐形成继而不断完善、巩固的。这种社会核心价值观体现在这个民族生活的方方面面，渗透在每个社会成员的最本质的精神思想之中。日本，亦是如此。

（一）民风民俗

明治维新以后，由于深受西方文化的影响，日本的衣食住行都发生了很大的变化。在东京，西洋风颇为流行，比如在银座之内，西洋式的建筑等遍地皆是。男子多穿西装，女子多穿洋装，电车汽车，往来如织。各种电影、翻译过来的戏剧等，没有一样不是西洋舶来之物。当时的西洋文化，已经普及到了一般民众。面对西方文化的强烈冲击，如何保留原有的风俗特色，是每个民族都会焦虑的问题。在这一点上，日本一如既往地传承了“大和”文化的精髓——在吸取外来文化优势的同时发展自身原有文化，并把两者恰当地结合在一起，创立了独具特色的日本传统民族文化，使得日本文化在世界文化史上占有重要的一席之地。

比如，在日本，办公的建筑多为欧式建筑，而平常所居住的地方有些还是日本式的传统房屋；在食物方面，日本人的饭桌上既有西式的牛排，也有中式的饺子、拉面，当然还有各色的日本料理；即使是最麻烦的服装问题，特别是女子的服装问题，也得到了很好的解决，比如日本人把衣服区别为事务用服与平常用服之二种。平常的穿着都是以上班正装或者休闲服饰为主，大家都倾向于轻便、简素，至于礼服，则完全以洋装为本位，这是世界之大势，然而在一些传统节日或者重要的日子里，日本女子还是会选择穿和服以表庄重。比如樱花盛开之时，日本街上会出现很多穿和服的女子，她们三五成群结伴去赏花，再比如女孩子参加成人礼时、新年时也会选择和服。相比之下，我国传统的汉服却在西式服装的冲击下渐渐淡出了人们的视野，这也是值得我们深思的一点。

（二）赏樱花

说到日本，人们自然会首先想到樱花。它和富士山、东京塔一起成为日本大和精神的象征。日本语中，“樱时”就是指樱花盛开的时节，也就是春天。日本政府把每年的3月15日至4月15日定为“樱花节”。在这个赏花季节，人们带上亲属，邀上友人，携酒带肴在樱花树下席地而坐，边赏樱、边畅饮，真是人生一大乐趣。

据说日本人的爱樱花是有许多理由的，比如文人从它的美丽而容易凋零感到人生的短暂，武士联想到捐躯的壮烈，一般百姓则因为樱花在凄厉的冬天之后给他们带来了令人鼓舞的春天的消息。日本人的团队精神有目共睹，而樱花正是表达团队精神最彻底的一种花朵。每到春天，日本列岛的樱花，就如同花的浪潮一样，从南到北地如同潮水一般开放，其席卷春天的架势，令人几乎要忘记，樱花其实是多么柔弱的花朵。单独看樱花，一小朵一小朵的，十分柔弱，但是，当所有的樱花一起开放时，其凝聚力却能带给人们一种无法用言语表达的震撼。正如“若问何似大和魂，恰如朝日映山樱”所说的那样，樱花与日本人由不可替换的羁绊联系在一起。所以许多人才说，樱花，代表着日本这个民族的精神。

樱花的凋落也是别具一番景致，满树的樱花在和煦春风的摇曳下，从各种角度反射着阳光，纷纷扬扬地飘落下来，让人眼花缭乱。可是一夜过后当你再度光顾樱花园时，昨日还是遮天蔽日的树冠上干净得只剩下光溜溜的枝条和几片新嫩的绿叶，清清爽爽，无牵无挂，展现在你眼前的是满地散落的花瓣，那么均匀，那么轻盈，散发出静静的、银色的光辉。几分凄惨，几分悲壮，让人感伤，催人泪下。它活跃地生然后灿烂地死亡。

樱花的这些特点与日本传说文化所推崇的英雄观和人生价值是一致的。在日本人的传说文化中，与“生时的辉煌”相比较，更为世人崇敬，更能折服民心的似乎是“死时的尊严”。人们似乎更感服那些精忠不阿、气节高尚的失败，那种刻骨铭心、可歌可泣的死别。樱花之所以能牵动整个日本民族的心和魂，其魅力也许就在这里。

（三）神话故事

神话是民族精神最集中、最本色的闪光，是民族文化最悠久古老、最顽强健壮的生命之根。要认识和剖析一个民族以及这个民族文化的真正本性，神话是关键命脉所在。与中国神灵的“超人性”相比，日本的神都被世俗化、人格化了。日本神话故事中的“天上界”充满着人性的色彩，讲究实际，甚至猜疑、嫉妒之心比凡人还盛。例如在“天照大御神与速须佐之男命”这一组神话中，须佐之男神为姐姐天照大御神辞行，匆匆奔向高天原。天照大御神听到后，大为震惊，说道：“我的兄弟此来必无好心，是想夺我的国土啊!”于是全身披挂，准备与弟弟决一死战。天照大御神连自己的弟弟都不相信，其疑心之重、危机感之重是显而易见的。

此外，当天照大神得知人世间还有一片沃土，世俗世界还有其他的神在统治时，她认为这无疑是对“中心”的挑战，也无疑是对她的“神圣”的一种亵渎。于是便下令平定苇原中国。还有，八束水臣津野命神见出云国国土狭小、贫瘠，使用粗大的绳索将北门佐歧之国、北门良波乃国等拴住拉了过来，与出云国连在一起，以便壮大自己的势力范围。由此可见，日本的神灵们也充斥着强大、扩充自己势力范围的欲望。为了维护自身的优势地位，有时会采取一些不光彩甚至卑劣的手段，这不禁让人联想到军国主义的精神根源。

日本民族的危机意识很强，这也许源于土地和资源的匮乏。身处火山带，山地面积占四分之三的日本地震与火山频发，台风时时可能光顾，渔业经常在风浪中作业，同时传统木质结构的住房容易引发火灾，造成不可估量的损失。这些都增加了日本人的忧患意识，使其对可能发生的不利因素具有很高的警惕性。这种“危机意识”将始终渗透在社会生活的方方面面，从而鞭笞着日本人要一直努力奋斗，采取各种手段用实力去获得自己想要的东西，他们崇尚的是一种强者文化，只有强大和胜利才会得到尊重和敬仰，这种信仰在武士道上也有很好的体现。

（四）谚语

日本的谚语据说多产生于江户时期（1603—1867），以口口相传的形式流行在老百姓中间，其表现的内容极其丰富，从人们的喜怒哀乐到人情冷暖处世之道，从人与人的关系到人与社会、自然的关系，五花八门，无所不及。谚语产生于劳动实践之中，是群众智慧的结晶。作为一种特殊语言形式，它反映了某一地区、民族的文化和思维，其内容和人们的生活方式、风俗民情、历史文化和民族心理等有密切的联系。日本人上下有序、内外有别的文化特点在谚语中也有鲜明的体现。

日本人认为，人生在世，要想安身立命，个人的品行、修养是非常重要的。江户时期儒学思想占了主流，在其基础之上形成的武士道构成了日本的核心道德。武士道最初作为武士阶层的道德出现，后来推广为全民道德。其终极思想是"忠诚"，"忠"被视为武士的最高伦理道德，同时把"义理人情"作为重要的道德纲目加以强调，认为如果世间没有了义理，人们就会丧失廉耻之心，邪恶与舞弊将蔓延失控。日本的谚语对此多有体现，比如：

・花は桜人は武士（花中樱花，人中武士）

这几乎成了日本人的口头禅，其意同于汉语的"人中吕布，马中赤兔"。

・犬は三日饲之えぼ三年の恩を老忘れぬ（犬饲三日，三年不忘其恩）

武士は食わねど高楊枝（凉伞虽破，骨格尚在）

・武士に二言無し（武士无二言）

・唐土の虎は毛を惜しみ日本の武士は名を惜しむ（唐土老虎惜毛，日本武士重名）

・刀は武士の魂鏡は女の魂（刀是武士之魂、女人之宝）

・瓦となって全からんよりは玉となって碎けょ（宁为玉碎，不为瓦全）

实用主义是日本文化的重要特征，小到个人生活，大到整个国家的大政方针无不体现着这种原则。实用主义在政治上的极端体现，就是永远与强者为伍，即谚语所谓的"背靠大树好乘凉"，所以有人认为日本缺乏原则性和道德感。但另一方面，日本人一切从实际出发、不求虚名、踏实务实的作风也的确有其值得借鉴之处。比如表现"讲求实际"的谚语有：

・立ち寄らば大树のかげ（背靠大树好乘凉）

・花よりだんご（舍华求实）

・虚名久しく立だす（虚命不久立）

有人说，中国人讲究"乐生重死"，日本人讲究"惜生崇死"，既然生命是无常的，那么活着时就要珍惜每一分钟，老老实实做人，认认真真做事，这或许是日本人基于人生无常的认识对其为人处世态度的一种警示。

（五）茶道文化

谈起茶文化，人们会自然而然地想到日本，日本茶道似乎已经成了日本文化的代名词之一了。但是追溯到茶文化的历史我们就会知道，日本的茶道其实是由中国传播过去的。中日茶文化已有一千多年的交流史，从唐代开始，中国的饮茶习俗就传入日本，到了宋代，日本开始种植茶树，造制茶叶，到明代才真正形成独具特色的日本茶道，其中集大成者千利休，他提出“和、敬、清、寂”为日本茶道的基本精神。脱胎于中国母体的日本茶文化逐渐形成了其独具特色的茶道，这又是“大和”文化吸取与改造的一大体现。

茶道是日本文化的代表，又是日本人生活的规范。茶道内容是丰富的，在思想方面，它是融佛教、道教、儒教为一体的一种精神文化。在形式上，容括了各种生活艺术的总汇。茶道中的“本来无一物”、“无一物中无尽藏”的哲学思想，不对称、简朴、素淡、枯高的美学思想，以及平等、互敬、恬淡的道德观念，独坐观念的自省精神，是日本茶道的特征。

从茶文化的参与者讲，日本遵循严格的世袭制，等级制度格外森严，当茶初传到日本时只在上层社会之间盛行，这与贵族及僧侣热衷于欣赏唐物的风气是分不开的。在日本茶道形成的初期，只有天皇、贵族、级别高的僧侣才有机会接触茶。在中国，茶的栽培、销售、饮用的主体是广大人民群众。从民族性格来讲，两国的民族性格特点存在鲜明差异，中国人崇尚中庸和谐、开朗友善，把茶文化越来越多地融入生活。而日本人生性严谨内敛，尊重传统，所以日本的茶道精神及茶道技艺秉承传统、流传至今。

茶文化虽然各有其独特的美，但是它们有一个最大的共同点就是追求“和”的思想、“天人合一”境界，透过茶来感受真正的美、本质的美、自然的美。日本茶人赋予身边所有器具以生命，享受人和自然、人和物、物和物相融合的意境。中日茶文化都以茶为载体将自己的精神理念体现在茶道的实体活动中。中国茶人将传统的儒家文化、修身养性的理念体现于品茶与作茶诗、绘茶画等实践活动中。日本茶道秉承禅宗理念，将其体现在茶道礼仪、茶道规范、茶道技艺上。

综上所述，我们不难看出，虽然从文化的“硬性”角度来看，武士道已经消亡了，但如果从文化的“软性”角度来看，武士道的文化因子却已扩散到整个日本社会当中，其精神直接或间接地融入日本人生活的方方面面，也体现在现代日本社会的主要价值观上。

第一，实用主义的价值观。日本传统的务实精神在现代社会依然根基牢固，与认真努力的“昭和年代”的老一辈相比，“平成年代”（即90后）的“新成人”更具有“实用主义”的色彩，这在就业选择、教育生活等各方面都有不同程度的体现。

第二，集体主义价值观。日本人在进行价值判断时，不是以个体的自我为原点，而是以客体对象为坐标轴，表现出明显的“他者指向”基础，这是受集团意识的影响而产生的结果。日本人往往把眼光放在自己所处的共同体内部，这种心理结构对其价值观起到了制约和导向的作用，避免了价值判断的随意性和价值体系的混乱。

第三，相对主义的价值观。日本人往往能够正视现实，根据所处的环境、状况进行具体的、有针对性的思考和判断，并在此基础上作出相应的反应。日裔美籍学者中村元在其著作《东方民族的思维方法》中这样说过：“日本人能够使新旧事物以独特的方式相结合并互相影响。我们看到，这种既保持传统又借鉴外来事物的调节机制在历史上是有变化的，然而始终不曾消失。”① 这种民族相对主义表现为既推崇传统又积极吸收新事物，在现代社会依然是日本文化中的主流价值观。

日本文化中的主流价值观在其价值观教育中有完好的体现，所以，有必要仔细分析其价值观的教育及其经验。

四　日本的价值观教育的经验

不同的国家因民族特性的不同，学校德育目标也体现出不同的特征，一个国家的德育与其自身的民族特性、民族整体的价值观总是有着内在的一致性。

日本历来重视德育，将其放在学校教育的首要位置。早在1879年，

① ［苏］普罗宁可夫、［苏］拉达诺夫：《日本人》，赵永穆、朱文佩译，中国广播电视出版社1991年版，第13页。

天皇便颁布《修订教育令》，确定以修身为“本”，知识为“末”的原则，使独立的德育课程——修身科的口授学时占总授课学时的比重由1.5%上升至10%，在各科中跃居第一。虽然二战后学校德育一度处于混乱状态，但在1971年，日本颁布教育改革令，强调要把德育放在首位重点抓。此后，日本政府又陆续颁布了一系列文件重申这一立场，使德育主导的思想在社会上形成共识。为了进一步贯彻这一思想，一方面，日本政府对学校德育实行全面干预，设置了一整套完整的管理体制；另一方面，从1958年起，日本中小学每周开设一节道德课，称“道德时间”，正规教材由文部省制定，此外，文部省还编有一套收有几百篇文章的德育乡土教材。

重视本民族传统的道德价值观教育是日本德育的特征之一。明治维新以前，日本的各种教育都以灌输伦理道德为核心，对百姓进行严格而广泛的封建传统道德熏陶，推崇天皇崇拜、仁义忠孝、骁勇、坚忍、重名轻死、崇拜军刀、舍身正果等武士道的生存价值观。

19世纪中叶，西方殖民者的炮舰打开了日本国门，新掌权的明治政府看到了本国与西方的巨大差距，开始“明治维新”。日本在吸收西方科技和文明的同时，仍以封建道德作为学校德育的基本内容，培养掌握现代技术的封建臣民武夫，“忠君爱国”是当时教育的核心思想。在明治天皇颁布的《教学大旨》中就明确提出：“教育的目的主要是激发尊君爱国意志。”1871年，日本设立文部省，次年，颁布了《学制》，倡导国民皆学，建立了统一的学校组织，并特设了学校的“修身”课程，用来对学生施行德育，但是效果并不理想。近代至二战前日本执行的德育路线仍然以培养天皇忠顺的臣民为目标，不断向国民灌输神国观念、武士道精神、皇国史观等德育内容，影响甚广。最终，“忠君爱国”的军国主义德育成为战犯的帮凶。

1947年，日本修正了教育基本法，在一定形式上抛弃了推崇了五十年的武士道军国主义德育路线，以培养国民热爱真理与正义，尊重个人价值，富有自主精神，身心健康，爱好和平为宗旨。此后，经过若干次改革，德育目标明确规定要使日本人“具有自主性”，推崇尊重个人、尊重个性、自由、纪律、自我责任等现代社会所需要的价值观，与此同时，尤其注重传统道德价值观，如忠孝、家族和皇道等观念，巧妙地与“建设家乡”，“为大和民族利益”等口号结合起来，再配以其他的感性材料（包括英雄史），以本地的人物传记、风土人情吸引学生的注意力，激发学生的爱国情怀，教育效果很强。

日本德育的核心目标是培养民族精神，日本人的民族认同感非常强烈。日本学校德育内容主要是文部省制定的道德条目为主，每一德目都有详尽说明，特别强调德育与各科及课外活动配合。因此，德育实际是由德育课以及历史、地理、公民、政治经济、家庭技术等社会科和社会实践课程、生活指导课、劳动课等共同承担的。日本德育内容虽然十分丰富，但德育的核心目标却十分明确。1990 年后，日本将德育目标表述为：“将尊重人的精神和对生命的敬畏观念贯彻于家庭、学校及社会的具体生活中，为创造有个性的文化及发展民主社会及国家而努力，进而培养对和平国际社会做出贡献的具有自主性的日本人，以培养作为基石的道德情操为目的。”其本质是培养懂得廉耻、服从国家意识、拥有民族优越感的“高大”日本人，使全体日本人树立起民族意识。日本民族精神之精髓——勇于进取、百折不挠、忠精团结、舍身奉献等德性教育浓浓地渗透于各门德育课程及活动之中。

日本德育的成效人们是有目共睹的，大和民族强调集体主义价值观，突出群体意识，倾向于从集体主义的道德观去看人生的价值，国民的同舟共济的意识浓厚，这是日本学校德育的成效。在日本，集体主义的价值观教育表现在方方面面，日本学校的校园文化更是很好地体现了这一点。

那么，什么是校园文化呢？由于研究的角度不同，人们对校园文化的理解和解释也各不相同。通俗地讲，校园文化是一种集体意识和行为规范，是学校面貌、风气的体现，也是师生思想、精神、言行素养的体现。校园文化具有外显和内隐两重性特点。从外显性来讲，校园文化通过一些载体进行传达，比如文化活动、文化设施，包括各个学校的艺术节、运动会、广播站、雕塑等，甚至校园的一草一木都能体现学校文化；从内隐性上讲，校园文化就是学校师生思想意识、行为习惯等的具体化，如言行举止、治校理念等方面，两者互为表里。日本的学校文化处处体现着大和民族的核心价值观。日本学校的德育大纲中有明确列出“关于集体与社会”的道德条目，学生会活动、俱乐部活动、全校性活动（如国庆、校庆、文化祭、音乐会、校运会）等活动之中，甚至在学生守则中都能体现出集体主义的德育理念，比如中学生守则中对着装（细致到鞋袜颜色、校服的换装时间、毛衣颜色及式样……）、礼貌用语等都有细致、详尽的规定。

下面本节将选取几个较有代表性的方面进行具体的介绍：

（一）集体荣誉感

日本是个讲求荣誉的国家，日本学校非常重视培养学生的成就感和集体荣誉感，许多学校将历年来全校师生在各项工作和活动中所获得的奖杯、奖状、图片等都集中陈列，摆放在学校走廊的显眼处，让它们陪伴着、激励着一届又一届的学生成长、成才，不断去获得新的成绩。不仅如此，学生个人制作的一些工艺、美术、书法等“作品”也被张贴、悬挂在教室、走廊的墙壁上，学生的成就感、集体荣誉感在日积月累的熏陶中生成、强化。这种潜移默化的道德教化，效果要比空洞的说教好得多。我国中小学也非常重视学生集体成就感的教育，但是，有些学校对奖杯、获奖证书等教育资源格外珍视和爱护，往往将它们束之高阁或放置在专门的房间里陈列，学生、老师很难经常看到，这种教育资源随着时间的推移，被人们逐渐地淡忘，实在可惜！

（二）校园祭

每年的九月底至十一月底，日本各个高校都要举办各自的校园文化节，即所谓的“校园祭”，虽然每个学校的宣传主题不一样，称谓也不一样，但基本上都与学校历史与传统有关。诸如中央大学叫“白门祭”，因为学校最初创办时的象征性建筑为“白门”，白色意味着正义、真实、纯粹，这是创办者（十八位年轻律师）对学生以及未来从事法律工作人士的美好期待和规约。其他如明星大学的“星友祭”、创价大学的“创大祭”、拓植大学的“红陵祭”、东京工科大学的“红华祭”、杏林大学的“杏园祭”、东京都立大学的“二祭”、东京纯心女子大学的“圣母祭”以及多摩美术大学的“艺术祭”等。各个学校都是学生自发组织的，留学生们也都一起参加，学校领导不指示，教师不参与，学生自娱自乐，内容精彩纷呈。除了各国传统饮食展卖外（比如日本学生经营“日本料理”，中国留学生制作“中华料理”，韩国留学生推出“韩国料理”，各种烹饪工具一应俱全，现场制作展示），还有露天舞蹈、音乐会、旧物品甩卖、学术报告会以及传统的剑道、书道、茶道、花道、武术表演等。“校园祭”可以说是各个高校学生团体活动的一次大展示，也是对他们平时活动结果的一次大检阅，除了展示各国的饮食文化，宣扬一种集体主义的合作参与观，也是对各个学校校园历史的一种纪念活动，构成秋季日本大学校园一道美丽的风景线。

（三）校服

学生穿着统一的校服，这在世界上绝大多数国家的学校中都是普遍现象，尤其是日本。谈到日本的学校教育，恐怕给人们留下最深刻印象的便是孩子们整齐划一的校服和统一样式的书包。日本学校的校服有帽子、罩衫、套装、夹克、制服、水兵服、衬衣、领带、裤子、袜子、鞋、书包，所有细节都包括在内。最让人感到惊讶的是，即使是冬天的校园，女孩子们也是身着短裙，没有一个学生会把自己裹的严严实实。日本学校要求学生一年四季着短装，旨在培养他们的耐寒能力，提高他们的身体素质。从幼儿园开始，孩子们就年复一年地经历冬季的抗寒磨炼，御寒能力大大提高，体质也会不断增强。其次，这也是日本学校培养孩子们意志力的一种方式。意志力作为日本最显著的民族特征之一，为世界各国家所公认，无论是体育赛场上还是经典影片里，日本人都在世界各国人民面前淋漓尽致地展示着他们民族的意志力。日本人把意志力看作是一个人能否正确履行生活职责的必备条件，因为它要求人们学会自我克制、自我约束、永不向困难低头。在日本，大人们不仅对孩子们进行抗寒磨练，自己也会经常有意识地进行耐寒训练。比如，每逢一年中的首场雪，他们不分老少都要作一次户外冷水浴，当然，与日常的洗浴不同，他们只是用冷水淋湿身体而已，不过这完全是一种自觉行为。日本的冷水浴等并非追求如何健美，实际上注重的是意志的磨炼；日本冬天校园里的短裤短裙、统一样式的书包乃至过马路的整齐队形，看上去是一件件小事，事实上都在培养孩子们的民族集体主义观以及坚忍不拔的意志力。

（四）开学与毕业典礼

日本人上学期间各阶段的开学与毕业仪式，都是人生中的重要仪式。

日本学校的入学仪式是非常有讲究的，以京都大学为例：入学式当天，学生们会穿清一色的深色西服提前来到制订的地点等待仪式的开始。场地会有指示牌，指引着参加入学式的学生和亲友分别进入典礼区和管理区（亲友们也被要求穿正装出席），新生们不管从服装到坐姿都整齐划一。当主持人宣布仪式开始，会场一角的京都大学交响乐团奏起华丽且略带沉稳的乐曲。乐曲声中，以京都大学学长（校长）为首，各研究科的研究长列队两排从侧门进入，看他们的服装，也是清一色的深色西服，学长更是笔挺的黑色燕尾服。学长致辞前，台下同学起立，行鞠躬礼。随着学长致辞的结束，入学式也进入尾声，学长、各研究长又列队退场。

日本学校毕业典礼的隆重程度和形式流程，无论是在繁华的东京还是偏远的乡下，都基本相同，此时也正好是樱花在日本盛开的季节。尽管日本的各个大学都有自己设计的毕业礼服，但主打礼服还是传统的民族服装和服。学生在毕业之际会穿上和服参加各种各样的活动，在毕业当天还可以邀请亲朋好友一同参加，这必将成为他们在大学阶段最为难忘的记忆之一。

日本人讲求群体协作、重视民族集体价值观的民族特性如此鲜明，以至于在当今社会表现出独特的市场经济模式：协作型市场经济，它体现在企业间的相互协作及企业内部的团结合作，员工以工厂企业为家，而且，公司企业名气越大，越注重公司精神教育，像松下公司从厂家到管理机构、培训中心以及技工学校和研究机构，都非常注重“产业报国、光明正大、奋斗向上、礼貌谦让、适应形势、感恩报德”的“松下精神”教育。重视集体的企业文化建设被不少人认为是日本成为经济巨人的秘密武器。而这些，与日本人从小到大在学校接受的道德观灌输是密不可分的。

随着时代的发展，日本价值观教育也面临着新的挑战，如何从其价值观教育经验中获取教训并应对挑战随之提上了日程。

五　日本的价值观教育的教训与面临的挑战

日本在短时间内实现了经济的迅速腾飞，教育在其过程中发挥着不可替代的作用。然而，随着科技的迅猛发展，经济的全球化和社会的信息化等一系列因素，日本整个社会也在发生着重大的变化。在这种情况下，日本的德育也出现了一些亟待解决的问题。本节将对今后日本德育要面临的主要问题作一个简要的分析：

（一）如何在新的时代背景下正确处理民族传统与外来文化的关系

日本的道德教育当前处于传统与现代的转换过程中，出现了道德伦理标准失范的危机。民族文化与外来文化的关系如何处理，关系到道德教育的理论资源和革故鼎新的问题，也是今后日本学校德育无法回避的问题。总的来说，日本在这方面有很多的经验教训可以借鉴和吸收。日本对外来文化的吸收可以分为“非理性”与“理性”两个时期。“非理性”时期是指在对待外来文化的初期，态度多为盲目模仿、照搬照抄。例如，古代时期的唐风、汉化和近现代的西风、美化一边倒现象。但经过一段时间的一边倒之后，日本又会出现一股强调本国传统文化的风潮，对之前的全盘吸收进行批判和反思的理性时期。“日本对待外来文化的吸收一般均经过了一段曲折的过程，但往往在经过非理性、无所适从的无序状态之后，最终会走向理性而有序的状态，并形成日本吸收外来文化的稳定结构，或固定模式”①，所以才能始终没有失去自己的民族传统之本，以日本传统的价值观对外来文化进行筛选。

日本在对待传统文化与外来文化方面的经验告诉我们，在道德教育的发展与改革过程中，要注重取长补短，不以民族传统文化来排斥外来文化，也不以外来文化排斥传统文化，而是有选择地吸收外来文化的优秀部分，这种选择是以对自己是否有利为标准的。在日本的教育史上，始终存在着复古与西化两股潮流的交错并进，但无论什么时候，两者都不是原封不动或者一边倒倾向。正如日本人自己所说的那样，对“过去的文化既不可一概否定，也不应一味赞美。不论我们如何想唾弃她，而她也是同时代有着血肉联系；另一方面，不论我们如何想赞美她，而她已经不能按原来的样子复活”②。的确，日本这个民族不单是个勇于接纳外来的新事物，它也是个坚定的守旧者，将自己本民族的价值观深深根植在整个大和民族的土地中。就像日本著名神道家吉田兼俱所说：“佛教者为万法之花实。

---

① 杨薇：《日本文化模式与社会变迁》，济南出版社 2001 年版，第 232 页。

② 永田广志：《日本哲学思想史》，商务印书馆 1992 年版，第 8 页。

儒教者为万法之枝叶。神道者为万法之根本。延续二教者是神道之分化也。”[①] 所以，无论是儒教的叶还是佛教的花，都取代不了神道教这个主干的地位，同样，外来文化经过改造和吸收成为日本文化之树的一部分，但依然取代不了日本主干的地位。

然而，由于日本的文化根基较浅，一直处于东西文明的边缘，一直通过不断吸收、消化外来文化来发展完善自身，由于民族相对单一，强烈的集团意识形成了他们的本民族中心主义、排他性。虽然日本曾经积极吸收、引进过大量的外来文化促进了本身的发展，但由于民族优越感的症结所在，也在一定程度上影响到了日本的国际化进程。另外，日本在牢牢守住自己传统文化的过程中也应该有一个正确的认识，即日本传统文化同样是精华与糟粕并存的。面对当今国际经济政治的一体化，来自外部的文化冲击也越来越明显。日本的道德教育如何正确处理民族传统与外来先进文化之间的关系，是一个值得关注的问题。

（二）如何正确处理人本主义与集体主义的关系

日本的集体主义价值观对日本社会的发展产生过巨大影响，它使人们相互合作、克服困难、团结一致、奋勇向前。这种集体主义的积极因素，在二战失败时期对日本的重新崛起起到了关键性作用。然而，在新的时代背景下，这种整齐划一的集团性特点也在一定程度上导致了日本社会人本主义精神的缺失。如同加藤周一所说的那样，“平等主义是扎根了，但是人权、尊重少数意见、个人自由，却没有扎下根来。这是因为，它们没有传统的地盘”[②]。

由于日本社会深受上述集团主义的文化传统特征的影响，个性解放、人本位还远远没有得到长足的进步。日本虽然现在大力倡导所谓“个性教育”，但还有很长的路要走。美国学者赖肖尔认为，“日本人与美国人或西方人的最大区别莫过于日本人以那种以牺牲个人为代价强调集团的倾向”[③]。日本近代以来并没有真正经历过个人主义充分发展的阶段，日本

---

① 村两典嗣：《日本思想史概说》，日本创文社 1961 年版，第 532 页。

② 加藤周一：《日本社会、文化的基本特征》，吕永和译，《日本学》，北京大学出版社 1995 年版，第 4 辑。

③ 赖肖尔：《当代日本人》，上海译文出版社 1987 年版，第 113 页。

社会的那种等级意识随处可见，比如企业中员工对老板的序列意识；家庭中妻子对丈夫的顺从；在学校里学生对教师的权威；在学生中低年级对高年级的敬畏等。

如今，日本中小学德育出现了“教育荒废”危机，主要表现为学生贪图物质享受、欺负弱小、辍学、校园暴力和自杀率上升等现象。还有日本青少年的一些离经叛道行为，虽然有所谓的道德教育的“荒废”原因所致，但其实在一定程度上也是他们不愿意像祖辈那样被限制在集团的桎梏之下的一种抗争，尽管他们的行为还带有非理性的成分。社会集团的规约性越强，抗争就越强。他们的另类打扮，他们频繁跳槽的行为等所有不同于祖辈的价值观，都可以说是在寻求个性的解放，而这些，在他们原有的社会价值观中是找不到的。所以，这必然要求现代学校道德教育适应这种种新变化，去研究、探讨这些新课题。这些问题不解决，道德教育的现代化是空洞的。在道德教育中充分实现人本主义，日本还有很长的路要走。

尽管中日两国社会制度、意识形态、德育内涵不同，但两国拥有相似的文化渊源，德育工作的现实条件亦存在共通之处，总结日本德育经验和教训，对于我国探索德育工作实效性有重要理论和现实意义。

参考文献

[1] 新渡户稻造：《武士道》，企业管理出版社 2004 年版。

[2] 本尼迪克特：《菊与刀》，浙江人民出版社 1987 年版。

[3] 杨薇：《日本文化模式与社会变迁》，济南出版社 2001 年版。

[4] 王朝佑：《我之日本观》，京城印书局 1927 年版。

[5] 戴季陶：《日本论》，九州出版社 2005 年版。

[6] 李卓：《日本国民性的几点特征》，《日语学习与研究》2007 年第 5 期。

[7] 张建立：《日本国民性研究的现状与课题》，《日本学刊》2006 年第 6 期。

[8] 黄玉萍：《试析日本国民集团性的成因及其特点》，《甘肃政法成人教育学院学报》2007 年第 2 期。

[9] 梁晓军：《日本国民性之政治地理学解读》，《国际论坛》2005 年第 6 期。

[10] 赵宝煦：《“和为贵”、“中庸之道”与“武士道”精神》，《北京大学学报》（哲学社会科学版）1999 年第 4 期。

[11] 涂荣娟：《略论武士道对日本现代化的影响》，《绵阳师范学院学报》2007

年第9期。

[12] 高小岩:《浅析日本的武士道精神》,《日本问题研究》2006年第2期。

[13] 王凌皓、高英彤:《日本武士道的生成、作用及影响》,《外国教育研究》2003年第5期。

[14] 井力:《从谚语看日本人的人生观》,《南阳理工学院学报》2009年第5期。

[15] 王玮:《日本近代以后德育的流变及其启示》,《文教资料》2005年第33期。

[16] 李幼斌、黎齐英:《民族特性与德育》,《湖北民族学院学报》(哲学社会科学版)2002年第3期。

[17] 王丽荣:《影响日本德育因素的若干思考》,《日本问题》2007年第9期。

第七章

俄罗斯核心价值体系及价值观教育

一　引子:为何选择了俄罗斯

俄罗斯联邦位于欧洲东部和亚洲北部，是世界上国土面积最大的国家。长期以来，在这片广袤辽阔的土地上生活着的民族，在风云激荡的世界舞台上扮演着特殊的角色。曾经，为了探索强国方略，一代君主彼得大帝曾以学徒身份四处求学，之后它凭借着强大的军事力量和传统的君主统制，扩张成为地跨欧亚美三大洲的帝国，并以欧洲事务仲裁者的身份笑傲群雄。今日的俄罗斯，是联合国安全理事会常任理事国之一，对安理会议案拥有一票否决权。

俄罗斯造就了无数英雄才俊，是一个永远让人无法忽视的国度；它地缘广大，兼据欧亚，雄视东西；它文化深厚，拥有普希金、门捷列夫、车尔尼雪夫斯基、托尔斯泰、柴可夫斯基、列宾、高尔基等一大批享誉世界的大师；而它的背后也总是隐忧重重，它常常在灾难之后变得强大，又在极强中迅速衰弱，在衰弱之后，整个民族又会再次探寻一条崛起之路，直到今天，这一历程还在继续。

19 世纪俄国著名思想家陀思妥耶夫斯基曾经说过："真正伟大的民族永远不屑于在人类当中扮演一个次要角色，甚至也不屑于扮演头等角色，而一定要扮演独一无二的角色。"① 这是俄罗斯对自己的期许，在人类历史上，特别是国家发展史上，它的确是一个独一无二的角色。对于俄罗斯人来说，生活就像一条追寻理想的朝圣之路，他们肩负着强烈的使命感，

---

① 见陀斯妥耶夫斯基《群魔》，人民文学出版社 1983 年版。

关注人类生存的终极问题。也许，正是这一切，使俄罗斯民族的命运具有了一种悲壮的色彩，也恰恰因为这一切，使俄罗斯民族成为了世界上最强大的民族之一。因此我们选择了俄罗斯。

历史的车轮转动了一个又一个时代，在一百多年的时间里，俄罗斯在国家体制和整体的生活上发生了三次翻天覆地的巨变：独裁专制、社会主义和资本主义。每一次巨变，它都想要彻底地颠覆国家意识形态和价值体系。但是，无论生活在何种体制下，俄罗斯人民都始终保持着自己的独特和神秘，出色地保留了自己的传统、思想等，尽管许多都是那么的似曾相识，但的确，他们正慢慢地以自己独特的方式改造着这个世界。因此可以预见，梳理和思考俄罗斯的核心价值体系及其价值观教育将是多么地富有挑战性，那么就让我们一起来迎接这个挑战吧。

二　俄罗斯核心价值体系的生成机制

俄罗斯核心价值体系的生成和发展，其影响因素是多样的，复杂的。我们可以从以下三个方面进行梳理：生态的视角、历史的视角和文化的视角。

从生态视角来看，即使苏联解体后，俄罗斯仍旧是世界上国土面积最大的国家，地理、气候和自然环境复杂多样，地大物博，产生集体主义、大国主义和强国主义精神不足为奇。另外，俄罗斯地跨欧亚大陆，东方和西方文明，这两股世界历史之流在俄罗斯文化之中相互激荡、相互融合，永远在相互角力，形成了俄罗斯独特的民族精神。

从历史的流变来看，农奴制专制制度的长期统治、1240 年至 1480 年间蒙古鞑靼人的统治、沙皇农奴专制制度下的生活、前苏联社会主义的洗礼、目前俄罗斯联邦资本主义的转型，都给俄罗斯的价值体系打下了重重的烙印。另外，俄罗斯的不断胜利、将帅云集、人才辈出的历史，以及在艺术、文化和科技等领域的巨大成就，也造就了俄罗斯人的优越感和自信心，使他们深感骄傲和自豪。蒙受过外族的统治、农奴专制生活的痛苦，战争的摧残和胜利的喜悦，外加严酷的生存环境，使得俄罗斯民族具有惊人的忍耐力和坚强的意志，在漫长的历史长河之中，更给人以深刻的印象。

第三个因素，文化的视角，包括原始的信仰和宗教，或许是影响俄罗斯核心价值体系的最为重要的因素了。在俄罗斯精神结构的基础之中，也有着两种对立的因素：自然的狄奥尼索斯（古希腊神话）的力量和禁欲主义的僧侣的东正教。酒神的人格和自然崇拜，使得俄罗斯人酷爱饮酒。俄罗斯人和酒有着难以割舍的情感，嗜酒豪饮已经成为他们难以改变的生活习惯。在俄罗斯，不论文化层次、身份地位、经济收入，甚至不论男女老幼，面对烈性伏特加，许多俄罗斯人都难以自持，豪爽地一饮而尽，一边饮酒一边载歌载舞，尽情地抒发情感和酒神带来的灵感和迷醉，以及蕴藏在生命中的潜在的热情和冲动，姑且称之为“伏特加情结”。然而东正教教义的一个显著特征是在自由与统一的关系上，更为注重共同性，很强调个性自由和统一意志的同在。不过与物质自由相比，东正教更为注重精神层面，因此可以称为“禁欲主义的僧侣的东正教”。东正教对俄罗斯民族的素质和文化的影响很深远，在谈到俄罗斯精神的时候，几乎都是“言必称东正”的，东正教及其传统无疑是对俄罗斯的核心价值体系和价值观教育影响颇深的一环。

下面我们就分别从这三个视角，仔细探究一下俄罗斯的核心价值体系的生成及发展的影响因素。

（一）生态视角

俄罗斯位于欧洲东部和亚洲北部，领土面积1707.54万平方公里，居世界第一位。东西长9000多公里，南北宽4000多公里。东西两端时差11小时。俄罗斯是以平原和高原为主的地形，自然条件差异很大，整个地形犹如梯级，从西往东逐渐升高。俄罗斯濒临12个海，其中有属于北冰洋的白海、喀拉海、巴伦支海、东西伯利亚海、拉普帖夫海、楚克奇海；有属于太平洋的白令海、日本海和鄂霍次克海；有属于大西洋的波罗的海、黑海和亚速海；还有一个内海——里海。[①]

俄罗斯大地上纵横交错着十万多条河流，最长的是西伯利亚的鄂毕河，连同支流总长5410公里。被誉为俄罗斯“母亲河”的伏尔加河在俄罗斯河流中排行第五，全长3531公里，流域面积138万平方公里，约占

① 见王宪举、陈艳《俄罗斯》，重庆出版社2004年版，第4—6页。

俄罗斯平原的三分之一。古老的伏尔加河孕育了伟大的俄罗斯民族，他们又不断改造着伏尔加河及其两岸的面貌，创造着灿烂辉煌的俄罗斯文化和艺术。俄罗斯境内散落着200多万个大小湖泊。贝加尔湖是俄罗斯最大的湖，同时也是世界最深、蓄水量最大的淡水湖，位于东西伯利亚，湖水纯净如镜，群山环抱，风景优美，被誉为“西伯利亚的明珠”。[①]

俄罗斯有五大自然地理区，分别是俄罗斯平原、高加索山区、西西伯利亚、东西伯利亚和远东地区，蕴藏着丰富的石油、天然气等各种各样的能源；黄金、钻石、稀有金属的储量均在世界前列；森林覆盖面积约占全国领土的44%，有大量珍贵的木材和动物资源；同时又是世界上农用土地面积最大的国家。俄罗斯气候多样，雅库特冰天雪地时，亚热带的索契还是温暖如春。[②]

从现在俄罗斯联邦的国旗就可以看出生态自然环境的影响，其采用传统的泛斯拉夫色，旗面由三个平行且相等的横长方形组成，由上到下依次是白、蓝、红三色。旗帜中的白色代表寒带一年四季的白雪茫茫，蓝色代表亚寒带，又象征俄罗斯丰富的地下矿藏和森林、水力等自然资源，红色是温带的标志，也象征俄罗斯历史的悠久和对人类文明的贡献。三色的排列显示了俄罗斯幅员的辽阔。但另一方面，白色又是真理的象征，蓝色代表了纯洁与忠诚，红色则是美好和勇敢的标志。

自然的地理与精神的地理总是相适应的，俄罗斯的精神与俄罗斯土地的广袤无垠、辽阔广大是相适应的。俄国历史学家B. O. 克柳切夫斯基在其《俄国历史教程》中一开始就分析了俄罗斯的生态自然对其历史文化的影响，认为正是俄罗斯的自然环境在某种程度上奠定了俄罗斯精神和民族性格的基础。其广袤的平原和茂密浩瀚的森林，星罗棋布、纵横交错的河流和湖泊，四通八达的交通运输网络，这一切都决定了耕种的特点和国家的组织类型，形成了与相邻民族的关系，形成了民间文学幻想的形象和民间哲学的最初观点。[③] 俄罗斯民族发祥于平原，成长于平原、发展于平原，后来才逐步向山区和高原发展，迄今大多数的俄罗斯人依然居住在俄

① 见王宪举、陈艳《俄罗斯》，重庆出版社2004年版，第4—6页。

② 同上书，第5—7页。

③ 见朱达秋、周立《俄罗斯文化论》，重庆出版社2004年版，第2页。

罗斯平原之上，因此从历史的角度来讲，俄罗斯人是一个平原的民族。相较于高原和山地，平原对于俄罗斯的农业、工业、交通运输等都比较有利。但是俄罗斯的平原是如此之大，俄罗斯人民很难把握如此广阔的空间并使其定形。与大平原紧密相连的是俄罗斯文化深层的表现：心灵的温柔和谦卑，思维的捉摸不定和战战兢兢，心平气和的宁静和沉重的垂头丧气，追求精神的梦幻，趋向禁欲主义和创造的空灵。

俄罗斯人主要是作为农耕文化的代表进入欧亚大陆的历史，但是他还是森林狩猎和草原畜牧业的中介。森林和草原是俄罗斯人生活和发展的基本依托，森林是猎人的领域，而草原则是牧人的地盘。俄罗斯学者维尔纳茨基指出，俄罗斯历史和地理的基础是森林区和草原区的对立，森林和草原的斗争，无论是在景观方面，还是在经济方面。① 森林给了人们各种各样的材料和食品，又是躲避外部敌人的可靠场所，但对人而言，始终是有危险的。由此产生了俄罗斯神话和民间文学中形形色色的恐惧，说森林中住着对俄罗斯灵魂不怀好意的妖怪：凶恶的老妖婆、树妖、树精和来自地狱的鬼怪妖魔等。俄罗斯人把森林看作生命的源泉，同时也是死亡的归宿。而草原则象征着自由自在、放纵豁达、不受拘束和限制，是一个可以感受到无限宽广和奔放的地方，是一个自由而独立的形象，没有规范和限制，令人神往又使人害怕。草原对于俄罗斯人来讲，也是一个危险的空间，有着凶悍的游牧民族和四处游荡的盗贼，往往会使美好的希望成为泡影，在民间文学中也是俄罗斯人孤立无助和困难重重的反映。

不过克柳切夫斯基指出，俄罗斯人对河流的热爱克服了他们对森林和草原的那种双重感情。② 对于俄罗斯人来说，大江大河及其支流是连接森林和草原的天然之路。河流是邻居，是养育者，比如伏尔加河叫母亲河，阿穆尔河叫父亲河，是被作为家庭成员甚至是家长来接受的。大江大河使分散的居民建立密切的联系，可以互相交流生活经验，以物易物，是具有重要意义的商贸之路。俄罗斯商人分布的地区：普斯科夫、基辅、莫斯科、弗拉基米尔、伏尔加河沿岸的城市，即是明证。

俄罗斯的自然环境和条件培养了俄罗斯民族既奔放又忧郁，既懒散又

---

① 见朱达秋、周立《俄罗斯文化论》，重庆出版社 2004 年版，第 3—4 页。

② 同上书，第 5 页。

吃苦耐劳的性格特征。俄罗斯有着广袤而肥沃的土地，巨大的生存空间造就了俄罗斯民族豪放的性格。但俄罗斯漫长而寒冷的冬季却给人们留下了生活的重负与精神的压抑。因此，俄罗斯人总是表情庄严，肃穆，凝重多于微笑；心情忧郁，伤感，沉重多于轻松。此外，肥沃的土地也养成了俄罗斯人懒散的习性。然而恶劣的气候又使俄罗斯人饱尝了生活的艰辛，从而磨练了他们的意志，培养了他们吃苦耐劳的品格。俄罗斯人豪放勇敢，有时却爱走极端；他们热情好客，有时也宣泄无度；他们热爱生活，有时却消极遁世。

（二）历史积淀

俄罗斯人的价值观和国民性格不仅与其所处的地理位置和生态环境有很大关系，也与其历史积淀密不可分。

俄罗斯的历史，可以追溯到公元前 3 世纪，原居住在亚洲的斯拉夫民族移居欧洲，5 世纪时，日耳曼民族势力扩展，部分斯拉夫人以第聂伯河为中心，成立了东斯拉夫人的第一个政体，后来逐渐分为三支，有一部族聚居于罗斯河附近，自称罗斯人。9 世纪，氏族制度瓦解，形成了区域性的部落联盟，后又发展成为公国，与当时位于东方的拜占庭帝国结盟和通婚，并大量吸收其文化并迅速发展。10 世纪时，形成了大土地私有制，社会意识形态也随之发生变化，于是，当时的基辅大公弗拉基米尔强制将东正教定为国教，从而在思想上巩固了罗斯和西欧各国的经济和文化联系。12 世纪，罗斯公国诸侯混战，进入封建割据时期。13 世纪 30 年代，成吉思汗之孙拔都率军攻克罗斯，远征欧洲，统治罗斯公国达 200 年之久。14 世纪，莫斯科大公逐渐代替基辅成为俄罗斯的首领，为了摆脱蒙古的统治，建立统一的政权而成为俄罗斯统一事业的中流砥柱。15 世纪下半叶，莫斯科大公伊凡三世，逐步兼并了其他诸侯国，建立了一个中央集权的国家——莫斯科大公国，此后与蒙古军队多次战斗并宣告独立。[①]

公元 1472 年，莫斯科大公伊凡三世迎娶了东罗马帝国的末代公主，继承了罗马皇帝“双头鹰”的徽章，并将其家族族徽图案中屠龙的圣乔

---

① 见黄国平主编《飘逸与厚重并蓄——俄罗斯》，中国经济出版社 2002 年版，第 9—11 页。

治的形象和拜占庭的双头鹰结合起来，作为王权的象征。历史上的这次特殊事件造就了俄罗斯人强烈的民族优越感，此后的统治者们开始以罗马帝国的继承人自居。今天“双头鹰”徽章被确定为俄罗斯的国徽，象征着要注视整个世界。东罗马帝国灭亡之后，公元1547年，莫斯科大公伊凡四世在克里姆林宫戴上了罗马皇帝使用过的王冠，成为俄国的第一个沙皇。16世纪初，俄罗斯东正教的一位长老菲洛费伊在给俄国沙皇瓦西里大公的信中称，人类的历史就是三个罗马的历史，前两个罗马已经灭亡了，最终一切信奉基督教的王国将合并到沙皇的统治之下，莫斯科作为第三个罗马将永世长存。①

在这种唯我独尊的信念支配下，俄国迅速地走上了领土扩张的道路。不过，除了国土面积的广袤，在其他的各方面均远远落后于当时的西欧国家。当时俄国的经济完全依赖于农业，商业几乎全部把持在外国人手中。教育由东正教会垄断，普通民众知识贫乏。俄罗斯和西欧各国的差距，激发了彼得一世留学的愿望。作为一个君主，彼得一世认识到，要使俄罗斯上升到一个强国的地位，不光是要扩大领土，而且要有先进的科学技术，所以他埋名隐姓，四处求学。彼得一世在位期间不顾一切地推行他的改革，俄国著名的思想家赫尔岑评论说，在他野兽般的巨掌中有俄罗斯的未来。1725年1月28日，彼得一世去世，留下了一个空前强大，但在精神上却失去平衡的俄罗斯帝国。他为俄罗斯打开了“面向欧洲的窗户”，将一个守旧的国家推上了改革的道路，但与此同时又在相当程度上割断了这个民族和自己历史的联系。如何处理传统和现代的关系，是后发国家都会面临的棘手的历史课题。但对于拥有悠久传统的国家来说，在现代化的进程中，不可能割断历史，也不应该迷失自己的文化归属。

彼得大帝死后，俄国在37年间换了6位沙皇，没有一个人有勇气和能力肩负起彼得一世开创的事业。帝国的首都由圣彼得堡重新迁回了莫斯科，彼得一世签署的法令大多数被废除。1762年，叶卡捷琳娜二世登上了沙皇的宝座。几乎是在一登基，她就宣称自己是彼得一世的继承者，俄国将重新回到彼得一世开创的道路上。

---

① 见［美］尼古拉·梁赞诺夫斯基、马克·斯坦伯格《俄罗斯史》，杨烨、卿文辉主译，上海人民出版社2007年版，第116页。

叶卡捷琳娜二世统治时期，启蒙运动正在风行欧洲大陆。法国的思想家伏尔泰、孟德斯鸠、狄德罗倡导的民主和法制观念，逐步深入到许多欧洲人的思想中。她在俄国开始普及教育，为了筹措教育经费，叶卡捷琳娜二世放弃了皇室基金，这笔沙皇的个人经费大约占当时整个俄国国家支出的十三分之一。1767 年，叶卡捷琳娜二世要将欧洲的法制引入俄国。她花了两年时间亲笔起草了《法典起草指导书》，这部长达 600 页的《指导书》中，通篇浮现着启蒙运动所倡导的平等、自由、博爱的思想。她宣称："我需要人人遵守法律，但不需要奴役。"这位以彼得大帝继承者自居的女皇，和彼得大帝一样，采用对内专制、对外扩张的方式，追求俄罗斯的强大。在叶卡捷琳娜二世统治的 34 年时间里，俄罗斯帝国从土耳其手中夺得了通往黑海的入海口，三次瓜分波兰，18 世纪 80 年代，叶卡捷琳娜宣布：北美洲的阿拉斯加和太平洋上的阿留申群岛归属俄国版图。俄国成为地跨欧、亚、美三洲的超级大帝国，女皇本人则成为俄国历史上第二个被称为"大帝"的君主。①

叶卡捷琳娜二世去世后，席卷了整个欧洲的拿破仑军队在俄国遭遇败绩，俄国为整个欧洲挽回了败势。1814 年，叶卡捷琳娜二世的孙子沙皇亚历山大一世骑着白马进入巴黎，被推举为欧洲神圣同盟的盟主，俄罗斯成为欧洲事务的仲裁者。②

然而，由于农奴制带来的社会矛盾无法解决，俄罗斯的工业化进程受到严重阻碍，依靠武力扩张来维持大国地位的辉煌，只能是短暂的。到 19 世纪中叶，英国已经完成了第一次工业革命，法国和德国也开始了工业化的急行军。在沙皇专制统治下的俄罗斯并没有意识到自己的危机。1856 年俄国和英、法两国间进行的克里米亚战争的失败，使俄罗斯从主宰欧洲的顶点迅速跌落下来。这两种制度的斗争，资本主义制度战胜农奴制度，在社会的巨大压力下，1860 年，在俄罗斯施行了近五个世纪的农奴制被废除了。农奴制的改革为俄国的工业发展提供了大量的劳动力和广阔的市场，工业化、资本主义制度几乎成为富国强兵的唯一秘诀。许多一

① 见［美］尼古拉·梁赞诺夫斯基、马克·斯坦伯格《俄罗斯史》，杨烨、卿文辉主译，上海人民出版社 2007 年版，第 237—253 页。

② 同上书，第 292—295 页。

直在探讨国家发展道路的知识分子，无论是贵族出身还是平民出身，面对在强国之路上几度起伏的俄国，他们开始了新的思考和选择。正是在争论的过程中，俄国涌现了车尔尼雪夫斯基、别林斯基、普列汉诺夫、托尔斯泰等一大批思想和文化巨匠。他们的思考，开始跳出简单的传统和现代之争。正是因为他们的出现，俄罗斯民族摆脱了学生的地位，开始用自己的头脑来观察和思索外部的世界，并且可以毫不羞涩地用自己的语言向整个世界表达自己的观点。①

第一次世界大战爆发后，沙皇俄国陷入战争泥潭，走到了崩溃的边缘。于是 1917 年 11 月 7 日，世界历史上第一个无产阶级掌握的政权——苏维埃政府诞生了。二十年间，在这个政府的领导下，一个贫穷落后的农业国，奇迹般地变成了一个工业化强国。从彼得大帝改革开始，历经 230 多年的努力，俄罗斯民族终于第一次凭借国力而不仅仅是武力，占据了世界的制高点。

在历史上，政治家的个性气质曾决定性地影响了整个国家的命运。彼得大帝的改革，拉近了俄国和当时欧洲强国的距离；叶卡捷琳娜二世的改革，造就了一大批独立思考的俄罗斯知识分子；而列宁对革命的执著，则使这片土地勇敢地承担起为人类开拓新航道的历史重任。列宁给了人类一种鲜明的典范，即人类还可以有另外一种生活方式。接下来领导苏维埃政权的，是以行事严峻果断为世人熟悉的斯大林。俄罗斯人非常适应非个性的社会生活，当他们联合起来的时候就非常强大。当他们为了一种思想或者围绕着一个人团结起来的时候就非常需要英雄，为了这个英雄可以战斗到最后。俄罗斯是一个崇尚英雄、需要英雄，同时也是英雄辈出的民族。

1929 年 5 月，苏维埃第五次代表大会在莫斯科大剧院举行，讨论国民经济发展的第一个五年计划。就在这一年，一场人类历史上从未有过的经济危机爆发了。从 1929 年 10 月 24 日纽约股市的疯狂下跌开始，危机很快从美国蔓延到全球，袭击了几乎所有的资本主义国家。这是一个全球的大萧条，之前有很多关于社会公平的考虑，只有少数人像今天这样富

① 见［美］尼古拉·梁赞诺夫斯基、马克·斯坦伯格《俄罗斯史》，杨烨、卿文辉主译，上海人民出版社 2007 年版，第 339—344 页。

有，而大多数人却没有从经济繁荣中获得利益。随着经济的崩溃，人们开始知道资本主义并不像他们想象的那样运作，应该有政府的作用。1932年，第一个五年计划完成，苏联从农业国变成工业国。1937年，第二个五年计划完成，苏联的工业生产总值跃居欧洲第一，世界第二。从1917年十月革命开始，这个国家在不到二十年的时间里发生了翻天覆地的变化。它以令人难以置信的速度，走完了欧美国家通常需要几十年、甚至上百年才能走完的工业化路程。①

为了摆脱经济危机，德国、日本、意大利等国建立起法西斯专政。就在苏联完成第二个五年计划的1937年，战火最终也不可避免地侵入了这片广袤的土地。在第二次世界大战中，苏联以巨大的牺牲力挽狂澜，为维护世界和平做出了不可磨灭的贡献。莫斯科红场上的无名烈士墓，墓前的火焰已燃烧了几十年，它象征着不屈的鲜血和顽强的灵魂。墓志铭上写道："你们的名字无人知晓，你们的业绩万世永存。"陵墓下面掩埋着数千名在苏联卫国战争中牺牲的红军战士。苏联以2000万人的牺牲为代价，捍卫了正义，捍卫了和平。这是人类历史上最悲壮的一页。②

在20世纪中叶，美国和苏联两个超级大国隔洋相望，共同主导了世界未来几十年的走向。1957年，世界上第一颗人造地球卫星闯入了太空，它的身上镌刻着"苏联"。1961年4月12日，苏联宇航员加加林乘"东方"号飞船，第一次实现了人类进入太空的梦想。从太空俯瞰地球，是人类文明的高度，也是苏联作为世界上第一个社会主义国家的高度。任时光流逝，这一高度将永载史册。而能否超越这一高度，将取决于俄罗斯一代代领航者的视野是否足够高远。

1991年12月26日，克里姆林宫的红旗悄然落下，红色的年轮刻写了74圈。③ 苏联的迅速崛起是20世纪引人注目的大事。作为一次伟大实践，其经验和教训都成为人类发展的宝贵财富。对一个伟大的民族而言，挫折意味着新的出发。

---

① 见［美］尼古拉·梁赞诺夫斯基、马克·斯坦伯格《俄罗斯史》，杨烨、卿文辉主译，上海人民出版社2007年版，第482—492页。

② 同上书，第499—502页。

③ 同上书，第592页。

（三）文化特征

相比中国、印度、阿拉伯等文明古国，俄罗斯文化历史比较短，虽然起步较晚，但是进步很快，它一方面继承了本民族文化的历史传统；一方面积极吸收着东西方各民族文化的优势和长处，经过几个世纪的努力，到19世纪初就几乎与欧洲文化发展同步。俄罗斯人一直追寻着一种超验的目标，追索他们感到先进的理念，这使得俄罗斯文化呈现出一些非常鲜明的特征。

1. 具有欧亚特征的两极性

俄罗斯所处的独特地理位置使得它不得不一手牵着东方，另一手拉着西方，同时受到来自东西方的文化影响。著名的俄国思想家别尔嘉耶夫指出："东方与西方两股世界之流在俄罗斯发生碰撞，俄罗斯处在二者的相互作用之中，俄罗斯民族不是纯粹的欧洲民族，也不是纯粹的亚洲民族。俄罗斯是世界的一个完整部分，是一个巨大的东—西方，它将两个世界结合在一起。在俄罗斯精神中，东方与西方两种因素永远在相互角力。"①

2. 具有二律背反的双重性

特殊的历史地位，特殊的生态环境，奠定了俄罗斯人精神结构的基础，使俄罗斯民族精神具有一个根本性的特征，即"双重性"、亦即"对立面的融合"。"这个民族可能使人神魂颠倒，也可能使人大失所望；它最能激起对其热烈的爱，也最能激起对其强烈的恨。在俄罗斯人身上，各种矛盾的特点奇妙地结合在一起：专制主义、国家至上和无政府主义、自由放纵；残忍、倾向暴力和善良、人道、柔顺；保守宗教仪式和追求真理；个人主义、强烈的个人意识和无个性的集体主义；民族主义、自吹自擂和普济主义、全人类性；世界末日——弥赛亚说的宗教信仰和表面的虚假的虔诚；追随上帝和战斗的无神论；谦逊恭顺和放肆无理；奴隶主义和造反行动等等"。②

---

① 见［俄］尼·别尔嘉耶夫《俄罗斯思想》，雷永生、邱守娟译，生活·读书·新知三联书店2004年版，第7页。

② 同上书，第7—8页。

3. 具有基督宗教性

“罗斯受洗”（即公元988年，基辅罗斯的弗拉基米尔大公把基督教宣布为国教）开启了俄罗斯历史的基督教时代，基督教精神逐渐与俄罗斯民族的各个方面相融合，沉淀在其文化的深层结构之中，渗透到其社会生活的各个领域，使俄罗斯文化成为一种以基督教为基础的文化。俄罗斯文化的基本命题是宗教，但其基督宗教性却有着独到之处。首先，俄罗斯文化的神性意向是以受难意识为基础的。在俄罗斯人的眼中，基督就是受难的象征，这种深切的受难意识，使得宗教虔敬感有了独特的意义。其次，俄罗斯东正教神学是基督教传统和其古代多神教传统的一种独具一格的结合，既有别于西方宗教，又有别于东方宗教（佛教和伊斯兰教）。来自东正教神学的“会同性”是俄罗斯文化的一个重要思想。会同性就是人们之间自由联合，是个体和整体的和谐统一，自由的个体存在于统一的整体之中但又不失去其个体的价值。这是一种极大的凝聚力和向心力，对保持俄罗斯文化发展的完整起到了重要的作用。①

4. 具有包容性和使命意识

俄罗斯文化的包容性是指俄罗斯善于吸收其他民族文化的精华，不断地充实和完善自己，就像奔腾不息的伏尔加河，是一种容纳百川的文化现象。其实，俄罗斯文化的包容性是其宇宙性的一种表现，俄罗斯能够积极地接受外来文化、吸收和包容不同民族的文化和文明，这就使得它具有欧洲文化、亚洲文化乃至全人类文化的特征。②

俄罗斯文化向来就有着一种崇高的使命感，俄罗斯人自接受基督教以来，即认为自己是肩负着上帝赋予的特殊使命的民族。俄罗斯文化承载着对自己民族、国家和人民的一种深深的使命和责任。这种使命和责任首先表现在俄罗斯文化对俄罗斯的发展道路和前途的关注、对俄罗斯未来命运的思考。其次，这种使命和责任表现在俄罗斯人对自己祖国的深深的热爱。千年的俄罗斯文化史就是一部弘扬俄罗斯人爱国精神的思想史。再次，这种使命和责任表现在俄罗斯文化的自责机制上，俄罗斯人经常进行自我批判和自我否定，这加深了他们对自身的深层次思考和探索，促进了

---

① 见任光宣《俄罗斯文化十五讲》，北京大学出版社2007年版，第14—15页。

② 同上书，第16页。

俄罗斯文化的使命意识。①

5. 具有高度自觉的国家性

俄罗斯文化的另一个最基本的特征，就是高度自觉的国家性。俄罗斯人认为最崇高的物体就是罗斯，即俄罗斯大地。保卫她，耕种她，爱护她，享受她的恩赐，得到她的保护，作为她的孩子，是从属于她的。对大地的眷恋，对祖国崇敬，对最宝贵的物体的热爱，成为了俄罗斯人的民族自我意识的稳定主体。因此，俄罗斯人对待自己的国家的态度是恭顺虔诚的。国家被理解为具有自身价值的最高一级的机构，他们崇拜自己的国家，相信她的强大，相信她的保护，这是他们对大地母亲的崇拜，对自然的崇拜，转移到国家自身的结果。②

三　俄罗斯核心价值体系的内容阐释

（一）十月革命前的核心价值体系

沙皇俄国时代的核心价值观具有鲜明的封建皇权色彩。20 世纪前，俄罗斯处于沙皇的长期统治下，除沙皇本人外的个体皆为“臣民”，个人与社会仅仅是一种依附和制约关系，社会成员的个性自由和个人价值则被压抑和抹杀，被遵从和强化的是个人对集体、对国家、对皇权的效忠。迫于生活的压力，这时被强化的核心价值观念是一种群体意识、一种集体精神，并逐渐形成了一种带有普遍意义的社会伦理观念，一种宗法制观念下的忠君意识和集权观念。这种价值观念在相当长的时期内成为俄罗斯道德和伦理教育的主要成分，在俄罗斯的政治文化发展中具有决定意义。

19 世纪以后，十二月党人的武装起义唤醒了具有进步思想和民主主义精神的知识分子的革命意识，如别林斯基、赫尔岑、车尔尼雪夫斯基、乌申斯基等，他们在揭露批判沙俄腐朽统治的同时，对俄国人的价值观和俄国的价值体系也进行了深刻的分析，他们认为民族性和民主性是密切相关的两个方面，俄罗斯民族的教育首先应是俄罗斯民众的教育。人的民族自我意识及热爱祖国的情感构成了公民教育的个性道德基础，以民族性为

---

① 见任光宣《俄罗斯文化十五讲》，北京大学出版社 2007 年版，第 17 页。

② 见朱达秋、周立《俄罗斯文化论》，重庆出版社 2004 年版，第 7—8、37—40 页。

基础的教育，应当教会公民在执行自己的社会义务时，时刻表现出这种爱国主义及民族自豪感，要求个人利益必须置于公众利益之下。鲜明的民族性是整个教育体系的基础，德育是教育活动的首要任务，而培养积极行动的、充满社会义务感的祖国公民又是德育的首要任务。

在沙俄时期，进步思想家、知识分子所倡导的俄国价值体系的民族性、民主性、公民性和当时所实施的专制性、等级性为特征的价值体系并行存在，而这种以道德和民族主义为内容的民主精神，后来一直作为苏俄教育的传统被继承和发扬。

（二）苏联时期的核心价值体系

十月革命彻底改变了沙皇俄国具有宗教性、等级性、民族歧视等腐朽特征的封建价值体系，为实行社会主义的新型价值体系、培养全面发展的社会主义新型公民奠定了基础。这种价值体系的影响是深刻的，它已经渗透到意识形态领域之中，它树立起了苏联公民强烈的民族自豪感，在群体意识中，除了标识第一个社会主义国家的存在，还带有明显的评价色彩，凡是“苏联”的，即是“正确的、良好的、自己的”。卫国战争的胜利、战后经济建设成就，宇航事业神话般的发展都是苏联人民族自豪感和群体记忆的亮点。民众意识觉醒的进步表现，民众对主人翁角色的认同，是苏联核心价值体系进行改变的显著成果。

（三）新时期俄罗斯的核心价值体系

苏联解体以后，俄罗斯联邦实行三权分立、多党制和意识形态多元化，马列主义在意识形态领域的指导地位被取消，原有的社会价值体系被彻底打破。叶利钦奉行“民主至上主义”，社会精英们也竭力推崇西方新自由主义价值观。虽然普通百姓心目中还残留着苏联时期的思想观念和价值取向，但在社会分化、利益重新分配的冲击下，人们思想一片混乱，无所适从。为了尽快摆脱混乱局面，叶利钦 1996 年提出了制定“全民思想”的构想，社会为此进行了大讨论。然而，由于当时“民主至上主义”在俄罗斯居主导地位，西方的政治模式和思想意识广泛流行，外来文化思想同俄罗斯传统文化思想严重冲撞，致使制定“全民思想”的构想胎死腹中，社会依然一盘散沙。俄罗斯社会在转型时期曾一度动荡，造成这种动荡的重要原因之一，是社会缺乏公认的能起凝聚作用的核心价值体系。普京上台后，为确立具有俄罗斯自主性的核心价值体系作了一系列努力。

1. 确立以国家主义为核心的价值体系

叶利钦时期是俄罗斯意识形态上的“春秋战国时代”，各类学说层出不穷、良莠不齐，看上去很活跃，似乎社会正发生着思想革命，实际上却反映了社会不同利益集团之间的斗争，加剧了社会分裂。

普京在上台之初就试图扭转这一局面，他的具体做法是向传统回归。在1999年12月30日发表的，被称为“普京执政宣言”的《千年之交的俄罗斯》一文中，普京大谈“俄罗斯思想”，指出“俄罗斯社会团结的另一个支柱是俄罗斯人自古以来就有的传统的价值观”。

普京认为俄罗斯的传统价值体系包括四个方面的内容：一是爱国主义；二是强国意识；三是国家观念；四是社会团结。在普京试图确立的核心价值体系中，国家主义占有突出的位置。普京明确指出，“目前俄罗斯复兴和蓬勃发展的关键在于国家政治领域，俄罗斯需要一个强有力的国家政权体系”。按照普京最初的设想，建立俄罗斯社会的核心价值体系，应当把自由、民主等全人类共同价值观同俄罗斯传统价值观“有机地结合在一起”。但后来的发展证明，以个人主义为核心的自由、民主价值观同以国家主义为核心的俄罗斯传统价值观很难实现有机的结合，确立后者就不可避免地与前者相冲突。因此，为了确立国家主义，就需要破除对民主的盲目崇拜。普京指出，民主应当建立在一定的经济条件之上，“绝对的民主概念是不存在的。当然，有一些不能不遵从的民主基本原则。但是如果没有达到一定的经济发展水平，要想保障这些民主原则是不可能的”。普京的看法代表了不少俄罗斯人对民主认识的进步。

2008年5月7日，在总统大选中获得70.28%选票的德米特里·梅德韦杰夫在克里姆林宫安德烈大厅宣誓就职，成为现代俄罗斯历史上的第三位民选总统。在随后的就职演说中梅德韦杰夫表示，他将全力以赴地工作，继续奉行普京的政策，利用近8年来俄罗斯为经济稳定发展打下的坚实基础这一有利条件，抓住独一无二的机遇，把俄罗斯建设成世界强国。今后国家发展的主要任务是保证公民的权利和自由，保证公民的安全，告别法制虚无主义，在生活各领域实现创新改革，建立最先进的生产体系，实现工业和农业的现代化，建立强有力的私人投资激励体制，努力争取在技术和知识产权发展方面领先国家的行列中确定俄罗斯的稳固地位。今后的战略定位就在于此：即努力促使俄罗斯跻身于世界技术强国之林。在历史的教训下，俄罗斯的现实主义政治家开始摆脱“民主至上主义”的束缚，正在逐步确立以国家主义为核心的价值体系。

2. 试图创立“主权民主”学说

随着以国家主义为核心的价值体系的逐步确立，俄罗斯在政治模式和思想模式上与西方渐行渐远，普京的做法在俄罗斯国内外被广泛称为“可控的民主”。西方加大了对俄罗斯国内政治的批评力度。此后，西方支持独联体一些国家连续发动“颜色革命”，针对包括俄罗斯在内的独联体“专制体制”掀起了一浪高过一浪的“民主攻势”。为了回应西方的指责，捍卫以国家主义为核心的价值体系，同时为“可控的民主”正名，从2005年开始，俄罗斯的一些政治家提出“主权民主”论，2006年“统一俄罗斯党”的领导人表示要把“主权民主”论作为党的指导思想。“主权民主论”没有更多的理论创新，除了民主要符合俄罗斯国情、民主要与经济基础相适应这两点外，只是更加强调：主权与民主同等重要，如何发展民主，完全是各国自己的事情，外国无权干涉；民主主要原则的表现形式会因国情而异，不能强求俄罗斯与西方保持一致；反对利用民主问题谋求利益，反对输出革命包括输出民主革命。

虽然普京尚未对“主权民主”作出详细阐释，但俄罗斯舆论界认为该思想准确概括了普京政权的“政治内涵及其政治体制的特点”。“主权民主”思想为俄罗斯所构建的民主政治体制打上了民族烙印，既继承了俄罗斯的政治文化传统，又适应了当前俄罗斯的社会经济发展需要，其核心是国家权威主义，并带有政治制度人格化和崇拜强势政治人物的色彩。“主权民主”作为俄罗斯治国理念和政治路线的思想基础，植根于俄罗斯传统的国家权威主义之中。总体看来，以“主权民主”为标识的俄罗斯核心价值体系既以俄罗斯传统的思想文化和民族特征为基础，又适应了当代俄罗斯的政治现实和发展趋势。

四　俄罗斯的价值观教育的经验

（一）道德教育重新回归为公民教育的核心

在否定苏联时期的“全面发展”和“思想品德教育”之后，严峻的社会现实又将道德教育提上重要地位，提出在新的政治和经济条件下恢复与发展品德教育功能；思想道德教育的混乱状况使俄罗斯政府、教育部从最初的教育改革的兴奋中清醒过来，无论是回顾历史还是面对现实，都切实需要国家政策的回归，面对现实，俄罗斯政府不愿让道德蜕变、意识形态混乱、社会动荡成为俄罗斯的特色；而十年变革也为扭转这一教育领域状况提供了新的社会条件：国家法律、法规中许多教育条款不断更新，思想道德教育实施主体及思想道德教育系统构成的多元化已被逐渐认可；经济的逐渐复苏、意识形态的多元，尤其是新的宗教狂热的兴起，价值观及生活方式的改变为公民教育提供了新的契机，也提出了新的挑战。所以，俄罗斯政府必须通过“实现国家政策”，发展学校道德教育工作，确定思想道德教育大方向，控制家庭和社会教育的自发性和负面影响，结束价值观教育领域的混乱局面。

（二）以人为本,尊重个性成为公民价值观教育的理念

横跨欧亚特殊的地理位置，使俄罗斯人的意识形态中有许多非东非西的理念；民族构成的复杂化也造成了价值观的复杂化，社会主义制度的砰然瓦解更使原本基于天性、地缘关系形成的思想意识更为多元化；藐视规则、张扬个性和因循守旧、固执偏见的特点矛盾地交织在俄罗斯民族的血液之中。俄罗斯政府在公民素质教育中以人为本，尊重个性的原则，与其说是对新型价值观教育的自发选择，不如说是对当前公民思想现状的顺从。但这种无奈的顺从符合了新型的教育理念，也恰好和实际情形相吻合。俄罗斯的公民价值观教育不再强调以培养德、智、体、美、劳全面发展的共产主义新人为最终目标，但充分发展个性，培养符合时代要求和世界标准的高素质公民仍是其公民教育的宗旨，不论是国家颁布的教育法令和新的教育发展纲要，还是教育主管部门制定的中短期教育优先发展目标及教改措施实际上都是以个性的全面发展即道德素质、智力素质、身体素

质的综合发展为出发点的。

（三）“润物细无声”的教育方式

在俄罗斯，无论在学校，还是会议上抑或其他别的场合，你永远听不到“要爱自己的国家，要爱护环境、要尊重他人劳动”这种说教，但是孩子出生后年轻的父母会在屋旁门前的空地上栽下一棵小树来见证孩子的成长。新婚夫妇会到英雄纪念碑献上鲜花寄托对民族英雄的哀思和景仰。物质匮乏的俄罗斯以历史博物馆低廉的票价和全面向社会人开放等措施为公民教育提供最切实的援助。定期访问老战士，善待儿童和永远的“女士优先”更体现了公民价值观教育中的人道主义。公民价值观教育既实现宏观引导，更显现微观落实。在生活、学习交往的各个细微之处进行渗透，少了理论多了实践，少了口号多了行动，让每个人切身感受到这种教育是真真切切的。在学校中，思想道德永远不只是考试的一个标准，它还是能在言行中给学生作出人格评价的尺度。这种“润物细无声”的教育方式和高高在上的道德说教比起来更具亲和力，它是实在的不是虚无的，是具体的而非抽象的。

（四）注意人文素质的培养

在实行“非政治化、非意识形态化”的教育国策之下，学校和教学核心中取消了所有与共产主义思想教育字眼有关的教学和活动，而用社会人文科目的教学来完成公民价值观教育的内容，其目的是“促进个性自觉意识的形成，并为个性的自我实现创造条件，培养能融入现代社会意识的公民，并能在完善现代社会即发展公民社会，确立法制国家的过程中起促进作用，培养公民觉悟和热爱祖国的情感，使公民确定人文的和民主的价值观及民族文化永恒的价值观”。俄罗斯对公民人文素质的培养卓具成效，同俄罗斯人谈话交往你会觉得他们的知识面很广，尽管理解不深，但可谓面面俱到；俄罗斯人热爱诗歌，他们对伟大的诗人、俄罗斯标准语创始人普希金的热爱达到令人无法置信的程度，没有什么文化的人背上几首普希金的诗也不成问题。

五　俄罗斯的价值观教育的教训与面临的挑战

（一）俄罗斯价值观教育的教训

1. 理论基础薄弱

基于苏联解体后的政治经济文化等各领域的全面转型，导致价值观教育理论基础的土崩瓦解，使原本较为发达的价值观教育理论研究及实践陷入停滞状态。因而，夯实价值观教育的理论基础，为转型中的俄罗斯奠定坚实的思想根基，成为俄罗斯政府开展价值观教育的当务之急。实践证明，叶利钦提出的“寻找失去的俄罗斯思想”、“制定统一的民族思想”的号召，普京提出的以“爱国主义”、“强国意识”、“国家观念”、“社会团结”为内容的俄罗斯新思想，不但有效缓解了俄罗斯民众思想迷茫、无所依从的困境，而且为价值观教育的开展提供了较为坚实的理论基础。然而相对于前苏联比较完善的价值观教育理论基础而言，俄罗斯价值观教育的不成熟性也是显而易见的。当今俄罗斯价值观教育的理论基础仍然很薄弱。

2. 实效性不强

俄罗斯政府尽管重视学校价值观教育工作，经过多年努力，已初步健全了学校价值观教育的指导思想、教育目标和有关实施方案，并逐渐步入良性发展的轨道。然而，基于诸如教育私有化造成教育指导思想的多元化等多种因素的影响和制约，导致现阶段俄罗斯价值观教育的实效性仍然不强，也无法适应和满足当今全球化深入发展的需要。

（二）俄罗斯价值观教育面临的挑战

苏联解体后，俄罗斯在政治、经济、文化等各个领域都遭受了不同程度的创伤。作为社会文化重要方面的价值观教育也受到来自于社会制度和意识形态深刻转型的冲击和影响，转型初期的俄罗斯价值观教育存着巨大的“意识形态真空”。俄罗斯政府为切实推进价值观教育的转型作了巨大努力，的确在一定程度上拓展了俄罗斯价值观教育的新空间，增添了新动力。但是俄罗斯价值观教育存在思想理论基础不坚实、价值观教育实效性不强、价值观教育氛围不好等诸多问题，面临许多新的挑战。可见，俄罗斯价值观教育的转型之路并不平坦，也必将非常漫长。

1. 严重的两极分化，加大了俄罗斯价值观教育的转型成本

苏联解体以后，俄罗斯的经济规模缩减了50%。俄罗斯居民期望的“西方式生活”并未降临，相反社会却一次又一次陷入危机的深渊。尤其是俄罗斯“闪电式”的私有化造成了严重后果，国家以极低的价格把大量财富卖给一批暴发户，使财富主要集中在少数人手里。自由化的改革出现了两个俄罗斯——贫穷的和富有的，它们生活在不同的世界，彼此互不理解，拥有不同的价值观念。在缩减财政投入的背景下，财政和物资的分配极度不公平，缺乏教学条件的学校在增加，缺少食物和衣服的儿童也在迅速增加。正是由于俄罗斯的现实生活中存在着严重的两极分化现象，富人和穷人的生活水平与政治地位有着天壤之别，从而产生了同样是俄罗斯人却有着不同命运的现实遭遇。因而，在这种境遇下的价值观教育效果必将大打折扣，也加大了俄罗斯价值观教育转型的成本。为降低价值观教育转型成本，必须及时缩小收入差距，消除过于严重的两极分化，切实为俄罗斯价值观教育开拓新的发展空间。

2. 深刻的人才危机，降低了俄罗斯价值观教育的实效性

人才是国富民强的关键，也是一个国家加强和巩固意识形态的主力军，没有高素质的人力资源，尤其是高尖端知识分子，国家的建设和教育也必将成为空中楼阁。苏联解体以来，俄罗斯除了面临经济危机的困扰外，还面临严重的人才危机。人才的流失既严重影响了俄罗斯的经济社会发展，更为重要的是对俄罗斯人尤其是青年人的价值观教育极为不利。这主要表现在两方面：一是人才的大量流失冲击了俄罗斯价值观教育的生力军；二是人才的大量流失也进一步增强了俄罗斯人向往国外的分离倾向。因此，深刻的人才危机必将大大降低俄罗斯思想教育的实效性。

3. 外部环境的剧变及与主导价值体系抗衡因素的增加动摇了俄罗斯价值观教育的坚实根基

良好的外部环境既是提升价值观教育实效性的必要条件，也是形成价值观教育强大合力的基础。外部环境的好坏与否，将在很大程度上影响和制约价值观教育水平的高低。从俄罗斯价值观教育现状来看，外部环境的剧变在很大程度上动摇了俄罗斯价值观教育的坚实根基，也严重弱化了价值观教育的实效性。外部环境的剧变及与主导价值体系抗衡因素的增加，

使其与思想政治教育本身难以形成积极健康的双向互动，也是俄罗斯思想政治教育在社会转型期间面临的最为棘手的问题之一。因此，营造良好的外部环境，化不利因素为有利因素，是俄罗斯价值观教育的重要任务。

参考文献

[1]［俄］陀斯妥耶夫斯基：《群魔》，人民文学出版社 1983 年版。

[2] 王宪举、陈艳：《俄罗斯》，重庆出版社 2004 年版。

[3] 朱达秋、周立：《俄罗斯文化论》，重庆出版社 2004 年版。

[4] 黄国平主编：《飘逸与厚重并蓄——俄罗斯》，中国经济出版社 2002 年版。

[5]［美］尼古拉·梁赞诺夫斯基、马克·斯坦伯格：《俄罗斯史》，杨烨、卿文辉主译，上海人民出版社 2007 年版。

[6]［俄］尼·别尔嘉耶夫：《俄罗斯思想》，雷永生、邱守娟译，生活·读书·新知三联书店 2004 年版。

[7] 任光宣：《俄罗斯文化十五讲》，北京大学出版社 2007 年版。

[8] 肖甦、王义高：《俄罗斯教育变革探讨》，广东教育出版社 2008 年版。

第八章

新加坡核心价值体系及价值观教育

——新兴小龙与儒家现代化

1819 年，大英帝国的船队登上了新加坡岛。从此，新加坡便翻开了历史新的篇章：从一个无人问津的小岛，到一个国际贸易港口，再到一个物质文明与精神文明高度发达的共和国……新加坡创造了举世瞩目的奇迹。今天，新加坡被称为世界多元文化的百花园，因为它“兼存东西方，汇合百家文，流传万国语，容纳多宗教”。新加坡核心价值体系及其价值观教育的基本经验必然对我国的价值观教育提供有益的借鉴。

一　为何以新加坡为个案

“前进吧，新加坡！”——这是新加坡国徽上面的一句话，它昭示了新加坡的历史、现在与未来。新加坡历史较短，它却在经济上取得了高速发展和巨大成就，同时，其精神文明建设也同样成为世界典范。正是新加坡创造的奇迹为世界瞩目，新加坡现象也一直是学术界研究的热点之一。

一提到新加坡，人们便会想到它位居亚洲四小龙之首。新加坡如何能成为亚洲四小龙？何为“小龙”？新加坡之“小”在于，新加坡幅员小，资源少，历史短；新加坡如“龙”在于从 20 世纪 60 年代开始，其推行出口导向型战略，重点发展劳动密集型的加工业，在较短时间内实现了经济的腾飞。新加坡如此小国在较短时间实现经济腾飞并步入发达国家的行列，其发展的模式被称为“东亚模式”，引起了全世界的广泛关注。

一提到新加坡，人们便会被其富有多元色彩的文化所吸引。在经济发展的同时，其如何应对西方价值观的冲击以拯救人们日益堕落的价值追求和精神信念？具有多种不同文化的族群共同生活在新加坡这个面积狭小的国度，他们拥有不同的生活背景、不同的语言、不同的宗教、不同的价值观，却又如何形成了一种一元的共同的价值观，这些具有不同民族身份的人又如何形成了共同的“新加坡人”的价值认同？并促使新加坡成为一个和谐高速发展的社会。

伴随现代化的进程，人们的精神世界容易被物质社会所异化而导致整个社会道德价值的沦丧，从而难以为社会和谐发展提供持续发展的动力。尤其是在全球化背景下，多元文化的冲击、交流与融合，如何保持自我族群的民族身份和国家认同，是当今世界各国面临的共同挑战。新加坡以其在经济建设和精神文明建设方面都取得巨大成功备受世界关注。其历史发展过程中的成功经验必将有利于我国社会主义现代化建设。

为何新加坡能够成为亚洲新兴小龙？儒家传统文化及其现代化在新加坡历史发展过程中究竟起到什么作用？在新加坡固有的生态文化历史背景的变迁中，如何形成了新加坡特有的价值体系？其价值体系中核心价值观及其基本内涵是什么？新加坡价值观教育的基本经验又如何对我国当前的价值观教育以启示？下面本章将从生态视角、历史文化变迁的角度分析新加坡核心价值观的生成机制，在此基础上阐释其基本内涵和成功经验，并针对当前新时期背景下面临的挑战提出新的启示和建议。

二 新加坡核心价值体系的生成机制

一个国家的核心价值体系属于其文化重要的组成部分。文化是作为一个群体成员习得和共享的意义系统，而思想、意识、观念及其形成的价值观是文化的重要内容。各种文化都是人们对其所属的生态、社会政治场景长期适应的结果。每个民族的文化都是不断发展的、变革的。新加坡是一个多民族国家，其核心价值体系的形成，是由各民族共同创造并共享的意义系统。在新加坡所处的特定的生态环境中，在其历史发展变迁过程中，形成了其特点鲜明的文化模式。

（一）生态视角

马来半岛如同一条色彩斑斓的虎尾，伸入东南亚的海中，而新加坡位于它的最南端。新加坡国土面积约为 647.5 平方公里，是一个城市岛国。

新加坡全境由新加坡岛和附近50个小岛组成。新加坡岛呈菱形，面积占全国总面积的91.6%。岛上地势较平坦。岛上有格兰芝、裕廊等一些河流，但最长也不过6公里多。新加坡岛以外的50多个小岛中圣淘沙岛、龟屿已建成旅游胜地，大德光岛已发展成为重要的工业基地。[①]

新加坡被誉为十字路上的“咽喉”。它位于马来半岛南面，北隔柔佛海峡，与马来西亚为邻，南隔新加坡海峡与印度尼西亚相望。地处太平洋与印度洋航运要道马六甲海峡的出入口。

新加坡因为其优越的地理位置，在世界航运中占有重要位置。它处于被誉为“海上生命线”——马六甲海峡的出入口，直接连接了太平洋、印度洋，并将几大洲联系起来。新加坡也因为其优越的地理位置成为亚太地区最大的转口港，亚洲第三大金融中心。

因此，从新加坡地处交通要冲的自然环境来看，这里自古以来就是各国商贾云集之地，他们带来了金钱货物，更传递了各民族、各国的文化思想。

从新加坡的人口和民族来看，新加坡人口稠密，是东南亚地区面积最小、人口密度最大的国家。新加坡是移民国家，现有人口460多万，国民大多数是移民，约有208个民族，其中马来人是本土人，现在以华人、马来人、印度人和巴基斯坦人为主。正是因为新加坡民族众多，形成了多语言、多宗教的多元文化。其中以马来语为国语，英语为行政机关的官方通用语言。新加坡宗教信仰也十分复杂，以马来人为例，其最大的节日为禁食节，白天不能进食，开斋节的晚上登山望月，直到看到月亮才能进食。

尤其是，新加坡作为一个以华人为主的移民国家，华人社会中的儒家传统脉脉相承，对新加坡社会影响较大。如《易经》中“地势坤，君子以厚德载物”包含了一种兼容并包的宽博精神，有利于建立一种民族平等和谐精神；孔子提出“务民之义，敬鬼神而远之，可谓知矣”的思想强调了政教分离，这种思想对于一个多民族、多宗教的国家而言，有利于促进社会的和谐。

综上，首先，新加坡作为一个人口稠密、面积狭小、资源贫乏的城市

---

① 见李树藩、王德林《最新各国概况》，长春出版社2000年版，第276页。

岛国，为弥补自身发展之不足，谋求国家发展，其一直将培养人才精英作为建设国家的战略思想。同时，在引进外资与技术时，面临西方价值观的冲击和挑战；其次，新加坡作为交通咽喉和贸易集散地，地处航运要道，世界各国经济贸易往来，不同国家民族的文化相互交流；最后，新加坡地处热带地区，风光绮丽，被誉为花园城市，每年都吸引来自世界各地的游客。因此，新加坡成为了一个世界文明交流融汇的窗口。

（二）历史积淀

历史是置于特定生态地理环境中的运动。新加坡是一个历史相对短暂的国家。尽管新加坡立国时间不长，但在其特定的生态文化场景下，其主要的历史活动如何？在这种历史的变迁中形成了怎样的历史文化传统？这就是新加坡价值体系形成的历史根源。

1. 历史传说

新加坡是一个城市国家，原意为“狮城”。据马来史籍记载，公元1150年左右，苏门答腊的室利佛逝王国王子盘那乘船到达此岛，看到一头猛兽，当地人告知狮子，遂有“狮城”之称。鱼尾则象征了王子发现小岛前的古城单马锡，并代表新加坡由一个小渔村发展而来。新加坡是梵语“狮城”之谐音，华侨多称其为“石叻”或“石叻坡”，当地货币也称之为“叻币”，源于马来语“海峡”的意思，也有因其小而称之为星洲、星岛。正是因为这个国家传说，鱼尾狮便成为新加坡最重要且典型的象征物之一。

2. 国家简史

新加坡在古代被称为单马锡，公元8世纪建国，归属印尼室利佛逝王朝。18世纪到19世纪初，为马来西亚柔佛王国的一部分。1824年，沦为英国殖民地，此后一直作为英国在远东的主要贸易商埠和东南亚的军事基地。英国殖民者拐骗与招募大批中国人、马来人、印度人移居新加坡。1942年又遭日本入侵，把新加坡改名为“昭南市”，作为殖民地由日本军政府直接统治。1945年8月，日本投降后，英国恢复其殖民统治，次年划为直辖殖民地。1959年，成为自治邦，实行内部自治，英国保留国防、外交、修宪和颁布紧急法令权。1963年9月，新加坡成为马来西亚联邦的一部分。1965年脱离马来西亚，成立共和国。

因此，从新加坡的国家简史来看，在历史上，它就是由多民族所构成，受到多种文化的影响。它受到长期的殖民统治，给人们的心理和精神都造成了难以磨灭的伤害和摧残。反对殖民统治的革命精神，以及争取国家生存与独立的精神尤为强烈。另外，在长期不同社会制度生活方式和多元价值观念的长期影响下，新加坡民众缺乏民族认同感和归属感，国家意识也较为淡薄。尤其是新加坡曾属于英属殖民地，带有较浓厚的原宗主国的色彩。独立之后的新加坡种族复杂，宗派林立，为避免民族矛盾与宗派纷争，统一国民思想，促进国家发展，新加坡政府一直将使国民树立“我是新加坡人”的认同意识作为国家一项长期任务。

3. 国家象征

国旗的象征：新加坡共和国国旗由上红下白两个相等的横长方形组成，长与宽之比为3：2。左上角带有一弯白色新月和五颗白色五角星。红色代表人类的平等，白色象征纯洁和美德；新月象征国家，五颗星代表国家建立民主、和平、进步、正义和平等的思想。新月和五颗星的组合紧密而有序，象征新加坡人民的团结和互助精神。

国徽的象征：新加坡的国徽由盾徽、狮子、老虎等图案组成。红色的盾面上镶有白色的新月和五角星，其寓意与国旗相同。红盾左侧是一头狮子，这是因为新加坡在马来语中是“狮子城”的意思；右侧是一只老虎，象征新加坡与马来西亚之间的历史联系。红盾下方为金色的棕榈枝，底部的蓝色饰带上用马来文写着“前进吧，新加坡！”

国花的象征：新加坡以一种名为卓锦·万代兰的胡姬花为国花。此花由一位侨居新加坡的西班牙人，名为爱尼丝·卓锦女士于1890年在自己的花园里培植而成的。1893年，新加坡植物园为了纪念她，将这种花命名为卓锦女士之兰花。此花花朵清丽端庄、生命力强。其寓意有卓越锦绣，万代不朽之意。它象征了新加坡人刻苦耐劳与果敢奋斗的精神。这种浅紫色的美丽兰花有四个花瓣，象征新加坡四大民族及英语、华语、马来语、泰米尔语四大语系。

4. 历史挑战

在新加坡历史发展过程中，主要面临了来自于以下两方面的挑战：其一，现代化进程中物质生活丰富所伴随而来的精神缺失和道德滑坡；其二，多元文化的影响，尤其是西方价值观的冲击，使东方传统道德价值观受到严重挑战。在这种情况下，1979 年，新加坡发表了《道德教育报告书》，该报告指出："在过去 20 年来，新加坡在物质和社会方面都有很大的变动，工业化的计划不但给我们带来了繁荣，而其给我们也带来了新的生活方式和道德标准，从而导致我国人民的道德水准低落，并造成社会问题，因此，我们必须加强学校实施道德教育课程以抗拒这些不良影响。"①具体而言：

首先，新加坡是一个独立尚不到半个世纪的小国，缺少深厚的文化底蕴和根基，其所处的地理位置容易受到外来文化的影响。因此，新加坡在精神文明建设方面一直面临着严峻挑战。由于历史原因，新加坡独立后始终面临着如何生存的问题，因此，国家建设的重点一直放在经济上。而且，其精神文明建设也是为经济建设服务，因此，新加坡的精神文明建设往往带有很强的功利性。尤其是，年轻一代的新加坡人大多数在其独立后出生，在经济繁荣的环境里长大，加上政府务实政策的负面影响，不少年轻人更加关注个人和家庭的物质成就，缺乏社会责任感。

其次，新加坡建国以来，一直非常重视保持传统价值观。20 世纪 70 年代，随着对外交流与开放不断深入，西方个人主义和功利主义思想影响突出，新加坡社会风气，人们道德水准普遍下降，人们价值观念急剧变迁，越来越西化。新加坡传统的东方价值体系逐渐走向衰落，出现了文化认同的危机，新加坡人有可能成为没有"根"的"伪西方人"。进入 90 年代以后，新加坡人更加重视。李光耀曾指出，"在资讯发达的时代，我们必须保持我们的孩子保留基本价值观，以至于他们不受西方的影响"。

因此，在这种背景之下，新加坡政府加强了对社会价值观的导向。新加坡总理吴作栋曾在新年献词中呼吁新加坡人"拨出时间加强家庭成员之间的关系，向儿女灌输久经考验的传统价值观"。正是基于这种认识，新加坡采取了许多法律和措施来促进人们对传统价值观的保留：例如，"单身母亲"不能直接向建屋局申请购买组屋；同时又宣布，为协助年轻夫妇拥有他们的房子和提早生育儿女。首次购买公共住屋的年轻夫妇，可获得 4 万元津贴，如果购买的房子靠近父母的住所，又可再多得 1

① 冯增俊：《亚洲"四小龙"学校德育研究》，福州教育出版社 1998 年版，第 217 页。

万元。[①] 新加坡人逐渐达成了加强东方人家庭伦理关系，灌输亚洲人所共有的传统价值观的共识。

综上所述，从历史发展的角度来看，新加坡政治历史文化的变迁经历了较短的却复杂的过程。新加坡在其历史进程中尤其受到多元文化的共同影响。新加坡的传统文化是东方文化，主要包括儒家文化、佛教文化和伊斯兰文化，而经过一百多年的殖民统治、独立发展与开放以来，新加坡的政治文化、人们的行为方式、社会心理和生活习俗等方面都受到西方文化的影响，但仍保留了儒家文化的传统。以英国文化对新加坡的影响为例，英国人较为温和的统治方式、生活方式和价值观对新加坡人都有着深刻的影响：文官制度、英语作为官方语言等方面都在新加坡得到传承和新的发展。在移民基础上建立的国家，新加坡人充满了冒险与开拓精神。正是由于在全社会形成了共享的文化与价值观，这增强了新加坡作为一个多元社会的凝聚力，为新加坡经济发展和腾飞提供了源动力。

（三）文化模式:儒家现代化——“共同价值观”

文化可以看作是一个社会共享的价值和观念，包括价值取向、思维方式、行为准则、语言文字以及风俗习惯等。而文化模式在狭义上可以表达为主观文化。一个民族或群体成员共同认可的信念、价值观念等内容所组成的整体。它不仅体现于生活方式、道德训条、思维模式中，还包括经济、政治、教育等思想观念。新加坡在其特定的生态文化场景下，在其多民族的交往融合中，形成了具有鲜明特色的新加坡文化模式，其最核心的价值体系为“共同价值观”，而且这带有鲜明的儒家文化现代化和本土化的色彩。

新加坡人提出了“亚洲价值观”的观点，何为“亚洲价值观”？“由于比较集中地涉及亚洲社会不同于西方的特点，并因此而强调亚洲人自己的价值观或价值标准，故与此相关的观点便被统称为‘亚洲价值观’。”[②]

---

① 见马勇《90年代新加坡的精神文明建设及其对我们的启示》，《东南亚》1997年第1期，第11—17页。

② 董淮平：《李光耀在新加坡现代化初期的文化认同》，《求是学刊》（哈尔滨）1998年第1期，第103—106页。

而“共同价值观”亦是亚洲价值观的核心。

新加坡文化政策的调整，发生在20世纪70年代末以后。一方面是新加坡开始借鉴具有“儒家”依据的日本发展模式；其次，受到中国20世纪70年代末重新对外开放的影响，这种新的机遇可能导致东亚的转变且刺激了新加坡政府对东方文化尤其是儒家文化的重视。新加坡对其认识和理解的重视整体利益、重视责任和义务的儒家伦理进行了现代化的阐释和发扬。政府在充分吸取各族传统价值观精华的基础上，在1991年1月，经国会批准发表了共同价值观白皮书。这有利于促使各种族产生稳固的国家意识，形成共享的价值观念，以应对价值观的多元化和冲突。正是这种基于亚洲社会提倡基本伦理精神和观念的价值体系，才使得新加坡成为一个具有很强凝聚力的社会。

新加坡社会共同价值观的基本内容为：国家至上，社会为先；家庭为根，社会为本；关怀支持，同舟共济；求同存异，协商共识；种族和谐，宗教宽容。从新加坡“共同价值观”的基本内容，可以看出，儒家思想所倡导的以整体利益为重的集体主义精神，“修齐治平”的个人修养，以及“和而不同”的文化观构成了共同价值观的核心精神。新加坡将这些基本价值观上升为国家意识，并成为全体国民的行动指南。在国民中树立了敬业乐群、勤劳进取、讲求效率、廉洁奉公的新加坡精神。共同价值观反映了：作为一个移民国家，新加坡淡化了各族移民对移出国的认同和归属，强调新加坡的国家认同；在东方儒家文化深厚的历史积淀下，用儒家和合文化精神来维系国家与个人，以及各族群之间的关系。共同价值观确立以来，民众口耳相传，童叟皆知，形成了良好的社会氛围，为其建立长期稳定的政治环境和经济持续快速发展提供强大的文化支撑。

新加坡政府在发表《共同价值观白皮书》之后，于1993年，又提出了家庭价值观，其基本内容即：亲爱关怀、互敬互重、孝顺尊长、忠诚承诺、和谐沟通，简称为“五德”。显然这将核心的共同价值观融入了人们的生活，尤其是家庭生活之中，这必然是整个社会和谐的基础。为确保家庭价值观，新加坡国会于1994年通过了《赡养父母法案》，通过法律来保障家庭中父母的权利。在这部法案中，政府还提出了具体的家庭守则：“子女对父母要用亲切称呼；父母讲话时，子女不要插嘴；父母或长辈呼唤子女要随叫随到。”①

新加坡作为一个多元文化社会，强调东西文化的结合，力图在强调保持各族传统价值观和共同价值观之间，保持和谐与平衡。对于东西文化，奉行取其精华，去其糟粕的政策。比如：扬弃西方个人权利至上，新闻绝对自由等；较多地采纳东方文明的儒家文化，确认了其对于维系民族团结、维持家庭和睦、保持社会安定等重大现实意义。同时印度文化、阿拉伯文化以及马来文化等共同构成了新加坡经济发展所依托的多元文化的社会环境，而这种多元且和谐的社会环境之中孕育了新加坡核心的价值观念。

三　新加坡核心价值体系的内容阐释

核心价值观是意识形态的本质体现，表达出统治阶级的价值诉求。选择确立和维系核心价值观是各国每一个执政党和政府应承担的责任。新加坡作为一个价值观纷繁复杂多元的社会，这种挑战与任务显得尤为迫切。

新加坡和谐共融的社会环境孕育了其核心价值体系。这种价值体系的形成是儒家文化现代化的结果。儒家文化是一种礼乐文化。它涉及了社会政治、伦理、经济生活的各个层面，具有重要的道德教化功能。新加坡政府剔除了儒家文化中神圣化的封建礼乐传统，倡导爱国主义、集体精神等，保留了东方文化传统的深层含义。新加坡是一个城市国家，在一个地域狭小而又开放的社会中，其价值观是比较容易普及全国的。

（一）理想人格：国父——李光耀

李光耀（1923—　）曾被英国外交大臣称之为苏伊士以东最典型的英国人。他对于东西方文化带有双重标准的认同：一方面从历史渊源的角度认同了东方文化；另一方面，他与西方文明固有的天然共生的关系带有了更多的情感倾向。他之所以被称为新加坡之国父，其意义不仅在于其领导下使新加坡成为一个独立国家，而且在于他使新加坡人树立了牢固的新加坡意识。在过去一个半世纪中，新加坡人是奴颜婢膝和卑俗的结合体，

① 龚群：《新加坡的道德价值取向》，《上海师范大学学报》（哲社版）2006 年第 5 期。

他们的思想、行为和生活都体现了自我中心，无根而屈从的殖民地思想残留。在李光耀多元文化国策的影响下，使他们树立了牢固的新加坡一个国家、一个民族的意识。而且这为创立和繁荣一个具有多民族特征的新的文化体系产生了重要影响。

李光耀从小接受英式教育且后留学英国，他受到西方文化，尤其是法制、自由和社会主义理想的重要影响。然而，更为重要的是，李光耀本身就是一个新儒家文化的积极倡导者。早在 1982 年，李光耀在华人农历春节献辞中号召新加坡人要保持和发扬中华民族儒家的传统道德。他对儒家传统思想的核心之“八德”，即忠孝、仁爱、礼义、廉耻进行了重新解释。这后来成为新加坡政府一贯执行的“治国之纲”。他认为：忠，即忠于国家，树立国民意识；孝，即在现代法律和平等观念的基础上保持对长者的尊重；仁爱，即面对现代社会复杂关系及利益时保持仁爱之心；礼义，即礼貌与信义；廉耻，即为官清廉有羞耻之心。这成为了新加坡国民具体行动准则。这些传统的价值观念与现代文明结合，构成了新加坡“共同价值观”的核心要素和基本内涵。

李光耀是“亚洲价值观”的积极倡导者，在他看来，亚洲的文化和价值观与西方是不同的。新加坡的现代化完全可以在自己独特的文化背景和政治模式下实现，而不需要西化。他曾在国庆献辞中说：“也许我英语比华语好，因为我早年先学会英语。但，即使再过一千世代，我也不会变成英国人。我心中所信守的不是西方的价值体系而是东方的价值体系。”

在 1994 年，李光耀在北京举行的孔子诞辰 2545 周年纪念大会上说：“从治理新加坡的经验，特别是 1959 年到 1969 年那段艰辛的日子，使我深深地相信，要不是新加坡大部分的人民都受到过儒家价值的熏陶，我们是无法克服那些困难和挫折的。”① 从李光耀的个人经历与执行理念中可以看出，儒家文化对新加坡共同价值观的形成产生了深刻的影响。

（二）忧患意识与精英意识

新加坡的国情决定了其必须培养国民的忧患意识和精英意识，这是新

① 李光耀：《中华孔子基金会：儒学与二十一世纪——纪念孔子诞辰 2545 周年暨国际儒学讨论会会议论文集》，华夏出版社 1995 年版，第 7 页。

加坡人共享的核心价值观。

首先，生存对于新加坡而言，永远是一种挑战。这是由于新加坡是一个历史较短、资源匮乏、多元文化融汇的城市岛国。因此，认识国家基本事实，是保证国家生存与发展的基础。国家疆域狭小限制了它的天然资源，连饮水都需要向邻国进口。在新加坡独立时，其领导人李光耀提出了著名的3S政策，即：survival（生存）、security（安全）、success（成功）的为着生存的忧患意识和自强不息的斗争精神。

其次，新加坡强调精英意识，树立“人才立国”思想，建设学习型社会。一方面，由其国情决定。尽管新加坡拥有优越的地理位置，但却是一个资源贫乏的小国，为谋求国家生存与发展，培养国家精英，大力开发人力资源是新加坡国家战略之一。李光耀曾指出，“人才资源可以补救天然资源的不足”。[①] 因此，大力开发人力资源是新加坡发展的坚实基础；另一方面，受英国文化与儒家传统中蕴含的精英主义思想影响。英国文化是一种建立在等级制基础上的精英主义文化。而儒家文化中科举考试制度、“学而优则仕”、选贤与能及“修身、齐家、治国、平天下”的思想也对新加坡精英文化产生了深刻影响。

（三）平等观念

新加坡多种族、多宗教、多文化的现实国情也决定了平等观念是构建和谐社会最重要的价值观之一。新加坡政府实行民族平等的多元文化政策，即任何民族都没有特殊的地位和权力，也不搞地域分配。尊重各民族及其文化。新加坡政府声明是代表全体新加坡人的政府。其平等的观念主要通过语言平等和宗教平等两方面来体现。

语言平等：新加坡约有23种语言或方言，新加坡立国时确定4种语系通行语为公用语，即马来语、华语、英语和泰米尔语。由于新加坡原为马来西亚一邦，新加坡政府要体现优待少数民族绝不歧视马来人的语言，实行“治新必先安马”的政策。而且在学校教育中，必须要求学生学习英语和本族语。既能促进不同民族之间的交流，也能促进本民族文化的传

① 越心：《亚洲“四小龙”在经济高速增长期社会发展的问题与对策》，《社会纵横》1995年第2期。

承和共享。

宗教平等：新加坡是东南亚唯一没有国教的国家，并实行相互尊重和融合的宗教信仰自由的政策。李光耀曾指出，宗教有一套放之四海而皆准的道德价值观。所有宗教都向信奉者灌输某些共同的美德：仁爱、谦卑、正义和社会良知。因此，可以引导人们向正道而不入歧途。在新加坡岛上，庙宇众多。印度教、伊斯兰教、佛教、道教等都和谐共处。因此，在新加坡，中国式庙宇、印度式清真寺，华人和印度人居住的矮小红砖瓦房相得益彰。中国的寓言传说，印度人的焚香祭祀，阿拉伯人的手工艺品形成了鲜明对照。具有各种文化背景和不同生活习惯的人们和谐幸福地生活在新加坡这闻名遐迩的“花园王国”之中。

（四）国家认同

新加坡是一个多种族的移民国家。因此，促进民众的国家认同和国家意识，增强社会的凝聚力是政府建国以来一直最为迫切的任务之一，即促进国民形成“我是新加坡人”的认同。

新加坡的国民意识是一种新加坡国民独特的气质和精神，是一种不同于其他国家的核心价值观，是一种巩固社会和政治制度的坚定信念。李光耀给“新加坡人”的定义是“新加坡人是一个出生、成长或居住在新加坡的人，他愿意保持这样一种多元种族、宽宏大量、乐于助人、向前看的社会，并时刻为之贡献自己的生命”。[①]

如何才能培养新加坡的国民意识？李光耀认为，首先要培养人们的归属感，即每个人都应该意识到自己是新加坡人。尽管在新加坡华人占人口总数的3/4左右，但仍然强调保留各民族丰富多彩的传统文化，促进文化融合，形成一种新的新加坡文化；其次强调树立国家利益高于一切的思想。尤其在激烈的国际竞争中，新加坡作为一个城市岛国，必须激发人们生存的危机感和同舟共济的信念。

新加坡政府为培养国民的新加坡意识，提出了“一个国家、一个民族、多元文化”的口号。一个国家即新加坡；一个民族即由华人、马来人、印度人以及其他欧亚人组成的一个“复合民族”，淡化原祖国和民族

---

① 转引自冉小先《新加坡德育特色及对我们的启示》，《前言》2006年第2期。

的观念，使各国移民都效忠于新加坡，把新加坡利益作为共同利益。多元文化，即强调保持和发扬各民族的传统文化，但要服从于新加坡统一发展的需要，以创造更加丰富多彩的新加坡文化体系。新加坡强调不因种族、宗教、语言和文化而歧视任何人。

新加坡每年还举办各种形式的国民意识日活动，1993 年 6 月 5 日举行 20 万人参加的活动日，提出的口号是："全民团结，万众一心。"同年 8 月 9 日，国庆检阅典礼的主题是："新加坡，我的祖国，我的家园"，千人大型舞蹈的名称是"多元文化和谐"。[①] 其目的在于使各族人民融入新加坡社会。

（五）法制精神

新加坡精神文明之所以能够有大的发展，与政府重视法制建设是密不可分的。严格的执法使新加坡的精神文明有较高水平。在新加坡，几乎是无事不立法，无处不执法。例如：对随地吐痰、乱扔废弃物、随地大小便、便后不冲水、乱涂乱画、随便攀折花木、在公共场所抽烟、吐口香糖渣、家里的花瓶积水多日滋生蚊虫、汽车喷黑烟等在世界其他国家的法典中都无案可查的内容，在新加坡都一一立法规定并严格执行。且当人们违反时，罚款项目之多，数目之大。例如，谁乱扔垃圾不仅罚款千元，且挂着"垃圾虫"的牌子，在繁华地段打扫卫生若干天。而对于富有献身精神的、助人为乐、同情或帮助弱者的人通过援助、登报、奖励的方式引导人们追求真、善、美。在法制的约束下，新加坡注重维持廉洁体制。将政府廉洁作为其从政的基本目标和宗旨，由此，新加坡在国际上赢得了广泛赞誉。这也是新加坡政府对司马迁之"法之不行，自上始也"的深刻理解，始终坚持以身作则，锐意建立高效廉洁政府。因此，新加坡是一个重视道德和法制，并将其相济并用的国度。

总的来看，新加坡核心价值体系内涵极为丰富，最能概括和体现其精髓的是其共同价值观。新加坡国父李光耀代表了新加坡的理想人格，新加坡作为一个多民族的城市岛国，其国情决定了树立平等意识、精英意识的

① 谢宁：《新加坡多元文化的民族和教育政策的成就及启示》，《民族工作》1995 年第 11 期。

价值选择，这更是促进社会和谐进步的必然途径。

四　新加坡的价值观教育的经验

新加坡社会共同价值观的形成对于新加坡的发展提供了强力的精神支撑。发掘其关于价值观教育的基本经验也必然具有重要的现实意义。从新加坡价值观教育的概况来看，这是一种将家庭教育、学校教育和社会教育融为一体的教育。

新加坡作为亚洲新兴工业化国家，其因为稳定的政治环境和良好的社会秩序为新加坡取得卓越的经济成就提供了重要的条件。而作为文化软实力之核心价值观发挥了更为重要的作用。在这样一个东西方文化交汇的多元化社会，新加坡政府建立了一个宽容的社会环境，在倡导借鉴西方先进文化的同时，大力弘扬东方儒家文化传统。新加坡十分重视教育，以提高国民整体素质，且新加坡把智力投资看作生产性投资。教育经费在国家预算中始终保持很高的比例，在教育方面也实施了多方面的改革。这为新加坡价值观教育创造了良好的条件。

（一）从价值观教育的内容上看

1. 重视历史与国情的价值观教育

新加坡价值观教育是一种重视历史与国情的教育。在新加坡立国之初，为搞好经济建设，一直推行重理轻文的教育政策，结果使年轻一代普遍缺乏人文知识，特别是缺乏历史知识。根据新加坡教育部的调查，许多年轻人对新加坡如何取得独立的历史所知甚少，有的甚至根本不知道新加坡、马来西亚当年曾是一家。历史知识的缺乏使得年轻一代容易把眼前的稳定与繁荣视为理所当然，也因此不了解新加坡生存的局限与严峻的社会现实，这又势必影响国民的共识和团结精神的建立。因此，新加坡领导人一直十分重视历史教育。他们认为，如果年轻一代对自己祖国历史认识不足，不了解本国独立原因，那整个社会将失去团结的共识，而这种共识却是国家赖以生存和繁荣的要素。20 世纪 70 年代，新加坡政府将公民课、历史与地理三者融合，开设“生活教育”课程，帮助学生认识国家的历史沿革与地理环境，明确自己的责任和义务。

在新加坡，国防部和教育部经常联合主办一些以新加坡的生存局限与脆弱性为主题的大学、中学、小学校长研讨会。而后，教育部在全国青少年中进行国家局限、求存及成功之道的教育，以使学生认识基本国情，增强其居安思危的国家忧患意识。

因为新加坡是一个多民族移民国家，因此培养学生新加坡人的共同意识及平等观念尤为重要。在学生的课本中注入传统价值观，为避免因强调各族自身传统价值观而削弱新加坡人的意识；平等的价值观主要通过多元文化教育政策来实现，尤其是其双语政策。以双语政策为例：新加坡从托儿所和幼儿园开始实施双语教育政策，学校会为不同年龄段的班级配备一名英语教师和一名其他语教师，让他们分别运用两种语言对儿童施教。这样各族群学生学习了自己的母语，能够保留和传承自己的文化；在以英语为第一教学语言后，政府规定各民族学生必须学会本民族母语，高考母语不及格大学不予录取。因此，一方面普及了英语，促进各民族之间的交流及向西方的开放；另一方面加强本民族语言的教育，增强了学生对本民族的自我认同。通过双语的交流，还能使各民族之间和谐沟通，“求同存异，协商共识，种族和谐，宗教宽容”的意识已成为新加坡人的共识。

新加坡在教育上尊重各民族的价值观念，吸收并结合东西方文化，尤其重视儒家价值观念，把儒家伦理教育纳入学校课程，宣传孔孟之道的《三字经》被指定为小学的必读教材。

2. 生活中的价值观教育

在新加坡，学生在日常生活中经常参加“睦邻周”、“礼貌周”、“文明礼貌活动”、“敬老活动”等，还参观禁毒与反艾滋病展览等。在新加坡，每年开展的全国性公民道德教育活动较多，如，“国民意识周”、“华族文化月”、“马来族文化月”、“推广华语运动”等。以“推广华语运动”为例，在新加坡的超市、摊贩、购物中心、公交车车身上或一些政府机构里都随处可见标语牌，上面用英文写着：“讲华语，是福气，别失去！”这既是一种宣传的手段，也表明了政府推广华语的决心，更是弘扬中华文化，传递东方价值观念的重要途径。

其中影响较大的“礼貌运动”。该活动自1979年开展以来，从未间断。一方面要求各行各业为员工开设礼貌训练课程；另一方面对广大青少年进行“礼”的教育。新加坡政府对人们既进行“富而好礼”的教育，又进行“俭以养德”的熏陶。在全国各处的地铁站的月台上和地下隧道里，都张贴印有孔子语录的广告；在公园内塑造孔子像以供人瞻仰。这为儒家价值观的教育营造了良好的社会氛围。

3. 学校中的价值观教育

从学校课程的设置上看，学校直接向学生正面传授公民与道德知识、行为规范，以提高年轻一代的道德认知水平，树立正确的价值观。小学开设“好公民”课，旨在培养学生能够对自己、家庭、邻居、社会及国家尽自己义务的良好公民；中学设“新公民学”，旨在培养学生公民与社会意识。

新加坡在中学开始，便依据教育部1991年公布的《新公民道德课程草拟大纲》推行公民道德教育。[①] 这也对新加坡价值观教育提供了具体的标准和参考依据。尤其是《儒家伦理》课程得到了新加坡各界和国民的普遍赞同。“新加坡是世界上第一个将儒家伦理编成教材在学校里正式开设《儒家伦理》课的国家。”[②] 自1984年1月起，新加坡在中学三四年级开设了8年的《儒家伦理》课，系统地对学生进行儒家伦理及其道德价值观的教育，使学生成为有理想、有道德修养、具有正确价值观的人。这对新加坡年轻一代认识华族文化根源有积极意义。尤其是在西方思想文化的冲击下而新加坡并没有变成“伪西方”社会与政府大力推行儒家伦理教育，发扬儒家文化精神是密不可分的。除此之外，新加坡还出版了一批道德文明教育的通俗读物，如《道德教育文选》丛书，其中收录了中国古代“劝学”、“孔融让梨”、“愚公移山”、“大禹治水”等著名的故事。在其他课程，如语文教材中也反映了华族的文化与传统价值观，如华族的风俗、礼仪、家庭观念、古代神话、曲艺等，一方面让学生了解了华族的文化；另一方面在于使学生习得课本中的礼让、睦邻、孝亲、有公德心等价值观。

除“共同价值观”之外，民主与自由，整洁、公平、正直、健康、

---

① Curriculum Planning & Development Division Ministry of Education, Singapore. Civics and Moral, Singapore: SNP Education Pte Ltd, 1999: 32.

② 张鸿燕：《儒家伦理与新加坡的公民道德教育》，《外国教育研究》2003年第4期。

秩序、效率等思想观念也都是新加坡人追求的同等重要的价值目标。

（二）从新加坡价值观教育方法与途径上看

在新加坡，为了从小培养公民的爱国精神及对国家的认同感，学校非常重视日常生活潜移默化的教育。如：小学生每天都要参加升国旗唱国歌仪式，并举行升旗宣誓："我们是新加坡公民，我们宣誓：不分种族、语言、宗教，团结一致，建设一个公正平等的民主社会，为实现国家的幸福、繁荣与进步，共同努力。"[①] 除此之外，还有尊老爱幼活动、植树活动、清洁活动等。

新加坡中小学还有丰富的课外辅导活动以实现公民与道德价值观的教育，即榜样（example）、阐释（explanation）、规劝（exhortation）、环境（environment）及体验（experiment）被称之为"5E"教育，始终强调价值观教育与社会实践相结合。除此之外，学校还通过其他途径来培育学生的国家认同感。例如：在中小学学生的校服上印刷有关激励的文字，如"honesty"、"strength"、"innovation"、"devotion"等字样，时刻提醒着学生们。这种方式对学生们的价值观形成起着潜移默化的影响。

（三）从新加坡价值观教育的阶段上看

新加坡的价值观教育从小抓起，注重实践。从小学到大学，循序渐进。每个阶段的要求不一：低年级偏重培养学生良好的行为习惯，高年级侧重培养学生的社会责任感。这种对于学生不同阶段实施不同的教育在一定程度上和中国古代朱熹"小学"、"大学"中对学生的价值观教育思想呈现出一致性。

（四）新加坡价值观教育的基本特征

新加坡的价值观教育与其具有多元文化特征的社会环境紧密联系。因此，新加坡的价值观教育也凸显了新加坡社会的一些相似的特征。总的来看，本书认为，新加坡价值观教育是这样一种教育：

---

① 刘宏伟、孙艳艳：《新加坡德育经验对我国的启示》，《小学各科教与学》2001年第6期。

这是一种东西方兼收并蓄的价值观教育：既倡导儒家文化为核心的"东方价值观"，又吸收了西方现代文明的精髓。

这是一种家庭、学校、社会三位一体的价值观教育：新加坡特别重视家庭教育对学生价值观形成的影响，强调学校应与家长建立良好的关系。1990年，教育部制定和推广了一项学生社区服务计划（community interact plan），该项计划包括了：好朋友计划、关怀与分享计划、清洁环境计划、慈善捐赠活动等。旨在培养学生建立正确的价值观，从小培养为社会服务的精神。通过这种社区服务和公益活动，拓展了青少年价值观教育的空间，使他们从小就学会"关爱他人，奉献自我"。

这是一种全面的教育。它包括了效忠国家、公民社会责任感以及个人品格三方面的内容。

这是一种真实的教育。在学校中进行的价值观教育在社会中是真实可行的，"行善者得益，行恶者受罚"的社会道德标准也与学校价值观教育一致。

这是一种生活的教育。新加坡通过丰富多彩的社会实践活动，让学生参加各种体验营活动，培养学生的公民意识和社会责任感。

总之，新加坡为使全体国民共享这些核心价值观，取得了诸多有效的经验：在中小学教科书中加入儒家伦理的内容；对青少年进行军训；重视和规范升国旗仪式；开展礼貌运动；制定有利于老人的福利政策等。最为重要的是，从国家层面确立了"共同价值观"，通过这些有效的措施，以确保建立一个多元共荣共生的社会。

五　新加坡的价值观教育的教训与面临的挑战

新加坡作为一个城市岛国，国土狭小、自然资源短缺是制约国家发展的天然因素；新加坡作为一个多种族的移民国家，多元价值的交流既可能是激烈的冲突，也可能是良性的互动。只有形成宽容的社会环境，在全社会范围内树立"我是新加坡人"的国家认同才能促进社会稳定与和谐，国家的长远发展。

在全球化发展的今天，不同文化群体之间的互动交流日益频繁。新加坡的价值观教育依然面临传统与现代的相互冲击，多元化价值观的相互碰撞。任何一个民族的文化传统中都是精华与糟粕共存。如何萃取新加坡各民族传统文化中的精华是现代新加坡价值观教育面临的最大使命和挑战。

如何更好地借鉴儒家文化精髓使之适宜新加坡现代化发展是今天新加坡价值观教育必须进一步解决的问题。尤其是在新加坡经济迅速发展，物质财富不断增加，现代性的种种特征不断凸显的今天，人们对于理性主义和科学顶礼膜拜，对于现代社会物质财富和权力的追求极度膨胀，尤其是西方个人主义、自由主义思潮的冲击，物质文明高速发展与精神文明建设必须都要重视才能实现社会之和谐。

如何保持一个国家的特征，如何建立一种新加坡人的认同感。新加坡人尽管立国近半个世纪，但其作为一个“国家”，在语言、文化、历史，尤其是价值观方面，条件仍然不足。因此，在发展经济和创造美好生活之外，建立新加坡人的自我认同，保持一个国家的基本特征是最为重要的工作。这也是新加坡价值观教育一直以来的使命。精神文明建设，价值观教育的实施，都是一项长期而复杂的工程。一个国家精神文明发展的程度决定了一个国家发展的持久性，以及它发展所能达到的高度。

在这个价值观多元时代，新加坡给予我们一个一元价值观的典型范例。以国家白皮书的形式提出一个国家的价值观体系，这在当代世界首屈一指。其成功经验必然值得我们借鉴和学习。显然，在和平与发展为主题的当今世界，不同民族之间，不同文化之间应该相互尊重、相互交流，和平共处，整个世界才能和谐发展，这也才是世界人民的福祉。我们相信，新加坡定能实现其建设“优雅社会”的目标。

第九章

中国核心价值体系及价值观教育

中华民族具有五千年悠久的历史文明，在长期的历史发展中形成了世代相传的文化传统，这主要包括了一个民族特有的价值观念、思维方式、审美情趣及行为准则等。其中，价值观及其体系是文化传统的核心与本质。在文化变迁与社会变革中，中华民族的核心价值观薪火相传，生生不息。中国传统文化中的核心价值观不仅是世界文化宝库中的瑰宝，尤其对东亚文化圈影响深远，作为亚洲四小龙之首的新加坡，其提出的“共同价值观”就受到中国传统文化深刻影响。在时代发展的今天，梳理并反思中国核心价值观及其体系，取其精华，去其糟粕，这对于中华民族文化命脉的传承具有重要意义，也是新时期我国大力倡导社会主义文化建设重要的战略任务。

社会核心价值观及其体系属于社会意识范畴，由当时的社会存在决定。本章主要从历史变迁的角度，以1840年与1949年为时间节点，对三个历史阶段的核心价值体系进行论述，首先分析时代背景与历史原因，其次陈述该阶段的核心价值观及变迁，最后反思中国传统价值观之利弊，为当代价值观教育提出对策建议。

一　古代中国核心价值体系（1840年以前）

人类早期文化的形成、发展与演变都受到地理环境的制约。尤其是在生产力水平低下的古代社会，高山大海成为各文化群体之间相互交流难以逾越的天然屏障。中国作为一个大陆国家，这样的地理环境决定了中国传统文化具有较为显著的内向性。发端于西部高原的黄河、长江及珠江流域中下游均有适合农耕经济发展的良好的地理环境条件，正是在这天然机制中不断孕育了古代中国核心价值体系。

（一）古代中国核心价值体系产生环境：小农经济的农耕文明

“一方水土养一方人”。我国是一个大陆国家，特定的生存环境孕育了靠山吃山的农民而非靠水吃水的商人。一方面，中国的农耕文明历史悠久；另一方面，地理环境的不同形成了南北农业生产结构的不同特征——南稻北粟，河姆渡遗址与半坡遗址是长江流域和黄河流域农耕文明的典型例证。而这种受自然环境制约而产生的农耕文明，是中国古代小农经济形成的重要条件。这种小农经济农耕文明的形成与特定的生态环境、社会观念制度紧密联系。

1. 外部条件：生态机制

正如古代文明的发祥地，古埃及、古巴比伦、古印度以及古代中国，都出现在地理条件优越的大河流域的平原地区，这里气候暖和、水源丰富、地形平坦、土壤肥沃。这也为农耕经济的发展创造了良好的天然条件。

据史料证明，在原始人类生活的时期，我国处于气候温暖湿润，森林草原地貌的环境中，原始人类可通过采集和狩猎劳动较容易地获取生存所需的食物，且野生的粟、黍、稻等植物可满足人们充饥的需要。在距今7000余年前的新时期时代早期，我国境内的原始人类已从采集劳动演进为原始种植生产，从而开始了漫长的农耕文明的历史。

在我国历史上，农耕民族大多居处中原。黄河流域滋润了中原大地，这些地区土质松软肥沃、气候四季分明，宜于农耕，且为农耕民族提供了较为稳定的食物来源，使农耕经济成为古代中国最为稳定的社会经济形态。与北方游牧民族相比，农耕民族的生活状态与民族性格都显得更为安逸和恬淡。

2. 内在属性：土地自身的价值

土地，是古代社会农业生产最为重要的生产资料，又是地主阶级产生并最终成为统治阶级的基础。随着生产力的提高，尤其是铁质农具和牛耕技术的应用，土地私有制产生，产生了新兴地主和农民两大对立阶级。首先，土地是不动产资源，无水火盗贼之忧，具有其他物质财富不具备的优势；其次，拥有土地，便可无休止地在土地上攫取财富，社会各阶层都将土地视为财富的象征。在封建社会，官僚、商人和地主都争夺土地，加剧了土地兼并。而广大农民则通过家庭内部“男耕女织”的生产方式解决最基本的生活资料，依靠自己的劳动提供自身必需的最低消费，将有限的土地形成了自保单位的私田占有格局，进行分散式经营，中国古代流传的“牛郎织女”的神话传说，正是对这种家庭生产方式的真实写照。

3. 思想观念：重农思想与宗法观念

“民以食为天”、“国以农为本”之说表明了农业生产的重要性。在古代，农业是一个相对狭义的概念，专指粮食种植。伴随国家的建立，农业生产的重要性愈加突出。以殷商时期的甲骨文为例，“年”在甲骨文中由“禾”与“千”两个字上下组合而成，表示谷物累累丰收之意。在卜辞中，“求年”及“求雨”之内容也表明了统治者对农业的重视。“以农为本”的治国之道与宗法制的宗族观念对小农经济的形成尤为重要。

“以农为本”的治国之道。在古代，土地与人口是最为重要的资源。早在商鞅变法时，便明确地提出了兴农为治国之本的思想。后历代统治者都奉行此道，坚持国以人为本，人以衣食为本的理念。汉景帝说：“农，天下之本也。黄金珠玉，饥不可食，寒不可衣。”唐太宗也说过：“食为人天，农为正本。”坚持“以农为本”的国策，一方面统治者重视和鼓励农耕，使民务农。如西汉景帝时，为抵御匈奴骚扰和进攻，采取平时为农，战时为兵的垦农戍边的国策等，都将发展农业视为安邦富国的根本；另一方面也以土地作为强化自己统治的基础。如“计口授田制”、“屯田制”、“均田制”等土地制度，这些土地制度将农民束缚于土地之上，也才能保证“地生谷，国有备”。从商鞅变法开始，封建统治者还通过建立郡、县、乡、里等行政区划，对农业人口进行有效的控制和管理，以及后来实行的“编户齐民”制度，进一步遏制了农业人口的迁徙。因此，在国家制度的作用下，农业人口被世代固定在一个相对狭小的区域内，使农民与土地的结合更加紧密，也为统治者提供了更多且有保障的赋税和徭役。由于农业人口分布于全国大部分地区，用土地制度来束缚农业人口，实质上有效地巩固了自身的统治。因此，为了维护和巩固统治，封建统治者们采取“重农”的国策使农民与土地的天然联系更加紧密和牢固，这是我国古代社会小农经济农耕文明产生的重要基础和条件。

宗法制的宗族观念。在长期定居生活和血亲意识的共同作用下形成了宗法观念，后演变为旨在维护社会秩序的一种制度。宗法制实为在家族内部确立成员之间的亲疏关系，以确定财产的继承和分配的权力。人们也多采取聚族而居的生活方式。由于存在共同的经济利益，宗族内部具有较强的向心力。宗族的田产作为共同的家业，不允许分割或买卖。古代这种家族经济，是以同一家族的各个家庭进行内部分工，取得生存所需的基本生活及生产资料。中国古代聚族而居的社会格局的形成，出现了以家族及家庭为单位的小土地分散式经营模式，是中国古代小农经济的一种特殊表现形式。

4. 基本特点：小农经济的农耕文明分散且封闭

因此，在特定的自然环境中，我国从原始社会新时期时代，便开始了漫长的农耕文明的历史。历经千年，我国古代农民长期从事农业生产过程中，形成了一种适应农业生产及生活需要的国家制度、礼仪制度等的文化集合。而诞生于农耕文明之中的这种小农经济，主要是指，“以家庭或家族为组成单位，在小土地分散式经营中，通过男耕女织的生产方式，形成的一种自给自足的经济形态和特定的生产与生活格局”。[①] 这种经济形态，具有封闭性、分散性和自给自足的特点。尤其是，封建统治者为增收农业赋税，稳定农业生产秩序，使农民安心务农，故采取“抑商”之策。这也加剧了小农经济的封闭性。

（二）古代中国核心价值体系的内容

核心价值体系是一种在社会生活中居于统治地位的社会价值体系，能够反映社会现实生活与发展要求，引领人们思想行为和社会精神风尚。正是基于小农经济的农耕文明，农耕生产依赖于土地，在中国历史上，农耕民族形成了对土地特有的情感寄托，对于土地的价值亦有深刻的认识，最终形成了特有的伦理习尚与价值体系。古代中国核心价值体系，主要可归纳为：守成、和谐、仁爱、孝道及以人为本等几方面的内容。

1. 守成：安土重迁的民族情结

农耕生产是一种依赖于土地的生产，这种生产有一定的周期性。人们

① 朱筱新：《论中国古代小农经济的形成及特点》，《北京教育学院学报》2003年第4期，第16页。

要终年看护种植在土地上的庄稼，需要在土地上掘穴筑屋，建立长久性的居所，由此也形成了农耕民族的定居生活。如果没有自然灾害或社会变革，农耕民族将世代在一定的地域上居住与繁衍。因此，农民们不需要迁徙，不用四处发动战争或通过贸易来增加财富，而只需在自己土地上精耕细作，辛勤劳动，祈求风调雨顺之丰年，即可衣食无忧。同时，人们也不会轻易放弃自己原本在乡村所拥有的社会关系网络，随意将自己置于陌生的城市中。

由于这种靠天吃饭，偏安一隅的农耕文明的深刻影响，农耕文明形成了守成稳定，不思变革，封闭含蓄的价值观念。不求空间之扩张，惟望天长地久，福禄永终是农耕民族普遍的心态。

2. 和谐：天、地、人之“三才”统一

农耕文明有自身的特点，可以实现自给自足而无事外求，由此形成了一种“天人相应”、“物我一体”的观念，也体现了平和的文化特点。另一方面，从古代历史来看，中国传统文化是一种以农耕文化为基础，以游牧文化为补充的复合型文化。中原地区的农耕文明与北方游牧文明不断由冲突走向融合，也体现了一种包容与和谐的民族观念。

因此，强调人、自然与社会的和谐是中国古代重要的价值观之一。这种和谐的思想是中国传统文化对自然界与人类社会普遍现象本质的概括，强调“天人合一”，天、地、人之三才统一，以自然之和谐为真，以人人之和谐为善，以天人和谐为美是和谐价值观之最高境界。

古代农耕文明，与自然环境有一种天然而密不可分的关系，人们对自然界或自然环境有一种特有的敬畏之心和忧患意识。古人所谓“天人之际”之“天”主要指自然环境，这种价值观主要强调了“与天地合其德，与日月合其明，与四时合其序”（《周易·文言》）①，使天、地、人和谐共生，协调发展，生生不息。

和谐的思想在孔孟的言论中也有诸多体现：孔子主张“礼为用，和为贵”（《论语·学而》）以及“君子和而不同，小人同而不和”（《论语·子路》），孟子也指出“天时不如地利，地利不如人和”（《孟子·公

① 转引自甘开鹏《从中国传统文化看当代大学生的人生价值观》，《教育探索》2006年第12期，第82页。

孙丑下》）等。其中，“和”仍代表了一种文化的多样性，强调内容的丰富且协调一致。

中国古代和谐价值观在北京故宫的“太和”、“中和”、“保和”三大殿之命名中仍有较为充分的体现。其中，“太和”意指宇宙及自然万物之和谐；“中和”强调人与人之间，人与社会之间的和谐；“保和”寓意保持永远的和谐。

3. 人伦：重孝道之长幼有序

在古代社会，生产力低下，人口是农耕文明最为主要的劳动力。由于家庭宗族及定居村落的形成，人际关系之和谐尤为重要。一方面，农耕民族在农作物生长的农闲时，有较充裕的时间进行人际交往。伴随人们之间接触及交往频繁和深入，人们之间的关系也更加规范，形成了体系化的礼俗。这是根植于农耕文明，后发展为以孔孟思想为核心的伦理道德礼仪；另一方面，农耕文明是一种以长期积累的劳作经验为基础的生产活动。尽管青、壮、老年人都能参与其中，但生产生活经验更为丰富的老年人在农耕社会中有重要而突出的地位。口耳相授也成为古代传授经验最主要的方式。孝敬老人也是农耕民族最为基本和核心的伦理道德。

正如黑格尔所说：“中国纯粹建筑在这一种道德的结合上，国家的特性便是客观的家庭孝敬。”[①] 中国是具有数千年文明的礼仪之邦，而“百善孝为先”，孝的观念被认为是人伦关系之首。“人伦”概念由孟子最早提出，他认为，“父子有亲，君臣有义，夫妇有别，长幼有序，朋友有信”是基本的人伦关系。而“明人伦”是实现家庭和谐与国家统一发展的重要途径。

尤其是在古代的农耕文明的影响之下，孝的观念尤为重要。中国农民的本体性价值观是他们在日常生活中的最基本的生活要义。“在传统社会中，中国农民‘生儿育女’、‘传宗接代’和‘养儿防老’的传统价值观亘古而绵延，中国历代的老百姓也依靠这样的价值观安身立命”。[②] 这是源于中国传统社会“孝”文化的核心价值观。这是古代社会一切人际关系的精神基础和实践起点。具体来看，“孝”的观念包含了以下几层含

① 黑格尔：《历史哲学》，生活·读书·新知三联书店1965年版，第65页。

② 管爱华：《新中国成立以来农民本体性价值的变迁》，《探索与争鸣》2009年第10期。

义：敬养父母；委婉劝谏；善保己身；继其志，绍其事。因此，传统“孝”文化中传宗接代与养老送终的观念有重要的实际意义和深刻的影响。尽管这对后来“重男轻女”的观念有一定负面影响，但却是中国普通百姓最根本的人生意义和价值追求。

4. 仁爱："仁者，爱人"的人性关怀

仁爱的观念是中国传统道德价值体系中最高的原则之一，其基本要求是“舍己利人，舍己爱人”，且这种爱是无私的。“仁义礼智信”是孟子“性善论”的“善端说”的基本内容。只要保持人们这种先天善良的本性，将其发扬光大且推己及人，则可建立良好的社会秩序，实现社会之和谐。

“以民为本”是仁爱思想的另一重要体现，也是今天“以人为本”思想的源泉。老子曾说，“圣人无常心，以百姓心为心”（《老子第四十九章》），以及孟子提出“民为贵，君为轻，社稷次之”（《孟子·尽心下》）的思想都成为历代明君立国之本与治国之道。这种民本主义的思想是根植于古代中国尚农、重农的社会心理的深层结构之中，在古代社会，只有农民安居乐业，才能天下太平，朝野康宁。古代中国历代太平盛世、治世都是最为真实的写照。

综上所述，守成、和谐、孝亲、仁爱的价值观是中国古代价值体系中最为核心的内容，这对当今中国社会价值观的形成影响十分明显。除此之外，还有诸如“肥水不流外人田”的家庭观念，及封建家长制的思想等，尤其是基于农耕文明缺乏民主传统形成的中央集权制，其形成也是历史必然的选择。因为只有中央集权制，才能为农业提供一个可持续发展的稳定环境，这是农耕文明的基础所决定的。

（三）古代中国核心价值体系的基本特征

其一，以群体及社会为本位的价值主体。“天下为公”、“大同世界”都强调的是群体。在悠久的农耕文化的社会背景之下，人类生存最大的特点在于聚群而居，尤其是生产力低下的时期，人们自然而然形成了依靠群体的力量与大自然抗争的生存习惯。而这种传统文化主义中的集体主义价值观主体特点，较为突出地反映在人们浓厚的家庭观念至上。在以家本位作为社会的细胞，所有一切社会组织均以家为基本模型，人与人的关系也往往是由家庭关系扩张而成，如：同一行业的称作一家，同一学派的视若一家等。另一方面，这种封建农耕社会中形成的群体主义，对个性、个体都有所忽略和压抑。

其二，以理想人格和理想社会为价值目标。中国传统文化中理想主义的色彩较为浓厚，对于个人理想与社会理想的设计和追求也较为强烈。其中，儒家倡导具有“仁”和“义”的“内圣外王”的君子被视为具有代表性的一种理想人格，尤其是孟子“富贵不能淫，贫贱不能移，威武不能屈”的大丈夫形象成为中国历代仁人志士的座右铭；在春秋战国时，道家向往“小国寡民”的社会，而儒家提出了“大同世界”构想，这在清朝晚期康有为著《大同书》中又注入了现代人意识。这些都是中华民族无数志士仁人对理想社会的追求。

其三，以“重义轻利”、“见利思义”为价值取向。中国传统文化，“以德为本”，“以和为贵”，重伦理和道德。孔子强调“己所不欲，勿施于人”的“仁”的思想；孟子提出“生吾所欲也，义亦吾所欲也，二者不可兼得，舍生取义是也”。可见，中国传统价值取向十分重视高尚的精神境界。尽管这种价值取向不可避免地具有狭隘性和保守型，如孔子所倡导“有国有家者，不患寡而患不均，不患贫而患不安，盖均无贫，和无寡，安无倾”。这种“均”和“安”的生活原则不利于社会长远进步。

其四，以“和合”与“大一统”为价值标准。西方哲学家罗素曾说，“中国与其说是一个政治实体，不如说是一个文明实体，一个唯一幸存至今的文明”。纵观人类历史，从来没有一个大一统的帝国可以持续数千年。这是源于民族传统文化结构中“仁为体，和为用”。尤其是儒家文化中“中庸”思想对国人影响深刻。有海外研究者指出，在研究中国地名文化中发现了民族的一个独特的心理积淀。如：中国地名的用字中“安”、“宁”二字较多，长安、西安、延安、安庆、安阳、辽宁等。因此，和谐是民族历史长期形成的文化思维和精神。

纵观中国历史变迁，中华民族具有坚韧不拔，艰苦奋斗之进取精神。中华传统文化的价值观，内容浩瀚，博大精深。正如《周易》中所说，“天行健，君子以自强不息”，这种精神一直激励中华儿女奋勇向前，这更是实践民族核心价值的重要途径。

二　近现代中国核心价值体系的探索(1840—1949)

近代一百多年以来，中国屡遭列强入侵，中华民族处于亡国灭种危机中。伴随中国社会变迁，西方文化的不断侵入，中国传统核心价值体系不断趋于解体和重构。

(一) 背景:古代中国核心价值体系面临的挑战

鸦片战争打开了中国古老的大门，加速了自然经济的解体，伴随西方列强侵略的深入，经济渗透与文化传播并行，古代中国的核心价值观面临了严峻的挑战。在亡国灭种的危机面前，无数志士仁人寻求救亡图存之路。

1. 内部解体：自然经济的逐渐解体

早在明朝中后期，商品经济活跃，大量农产品和手工业品投入市场成为商品，全国涌现了一批专业性的工商业城市，对外贸易较为发达，白银成为普遍流通的货币，尤其在商品经济繁荣的江南地区出现了资本主义萌芽——工场手工业，这是封建社会内部新生事物，尽管发展缓慢，但从经济上开始瓦解着封建制度。清朝时期实行闭关锁国政策，资本主义萌芽受到封建生产关系的束缚。在鸦片战争以前，自然经济的内部解体只是一种局部的解体。尤其是外国资本主义的入侵，进一步使中国自给自足的自然经济解体加深。在外商企业的刺激及后期洋务运动的诱导下，19 世纪六七十年代，一部分中小地主、官僚、买办、商人及华侨等投资于近代工矿业；另一部分手工工场开始采用机器生产，转变为近代企业，进一步瓦解了中国传统的自然经济。

2. 外来入侵：西方列强的侵略与渗透

与清朝统治日趋腐败和衰落，国内封建统治危机加重的现状相比，英、法、美等各主要资本主义强国却发展迅速，为“不断扩大产品销路的需要，驱使资产阶级奔走于全球各地”。19 世纪 40 年代，欧美列强为扩大商品市场，争夺原料产地，加紧了征服殖民地的活动，中国的周边国家和邻近地区，陆续成为它们的殖民地或势力范围。中国作为一个幅员辽阔的古老封建政治体制下的国家，自然成为了殖民主义者侵略扩张的新对象。

1840年，英国发动了对华的鸦片战争。鸦片战争后，以英国为代表的资本主义国家加紧对中国进行商品输出，列强利用战后掠夺更多的特权，在一系列丧权辱国不平等条约的庇护之下，开放通商口岸，兴办学校、工厂、医院、教堂以及编印书刊等，在进行经济渗透的同时，西方文化传播也进一步加深，中国自然经济解体的速度进一步加快，中国逐渐成为世界资本主义的经济附庸。国内矛盾激化，国外入侵加深，为自强求存，西学东渐思潮与运动发展迅速。

3. 应对之策：西学东渐思潮的兴起

1840年的鸦片战争，在与西方资本主义国家的首次较量中，古老的中国败下阵来，夜郎自大、天朝上国的梦想破灭。国家兴亡，匹夫有责。近代中国思想先驱们为找寻富国强兵之策，将目光投向西方。作为近代中国“开眼看世界的第一人”，林则徐提出了“师夷长技以制夷”的口号。林则徐、魏源等编撰《四洲志》《华事夷言》《海国图志》等资料，介绍西方文化，却仍将西方的文化和科技称为“夷学”。西方的学术思想和技术逐渐传入中国。

（二）探索:中国该采用何种价值观

在水火交融的社会背景之下，中国开明之士对于社会价值观的选择进行了积极的探索。主要可分为三个时期：洋务运动作为西学东渐的又一高潮时期，主要在器物层次学习西方的技术；新文化运动时期，民主的思想与科学的精神在中国较为广泛地传播；民国时期，坚持马克思主义为指导的中国共产党与代表大地主大资产阶级利益的国民党之间在价值观层面出现分歧，八年联合抗日，国家利益放在首位是国共两党的共识，而内战爆发则表明了国共两党之间不可调和的矛盾，但民主与共和的思想已深入人心，专制与独裁只能被历史淘汰。

1. 洋务运动时期：中学为体，西学为用

“中体西用”是中西方文化关系较为核心的命题，也是洋务运动的指导思想。以曾国藩、李鸿章、左宗棠、张之洞等人为代表的洋务派，提出了“中学为体、西学为用”的口号。“中学”是指三纲五常为核心的儒家学说，“西学”指近代传入中国的自然科学、教育及万国公法等社会科学。为了维护清王朝的封建统治，采用西方造船炮、修铁路、开矿山等自然科学技术及文化教育方面的具体策略来挽救统治危机。尤其是张之洞在其《劝学篇》中对洋务思想作了全面系统的阐述，重申了“旧学为体，新学为用”的思想，反对政治制度的改革。

在这种价值观的影响下，西方的科学技术在中国产生了重大的影响。从魏源提出“师夷长技以制夷”，直至洋务运动中大规模的制洋器、造轮船、开铁矿，将学习和模仿西方技术转为“官方”认可和主导的行为，再到之后中国对技术的认同和广泛引进，都可见一斑。技术是中国对西方文化进行转化的较早的主体环节。西方之技术是耕植于近代商品经济及其政治体制，而中国以自然经济为基础的封建社会文化之“体”并不兼容，这种“体”与“用”之错位并不能实现真正意义上的富国强兵，而甲午战败，则宣告了洋务运动理想的破灭。

“中学为体，西学为用”，这种中西文化接触后最初的结合方式，具有一定历史的合理性。但作为一种文化整合的方案和教育的宗旨，在没有克服中、西固有的内在矛盾下的直接嫁接，必然是粗糙的。然而，“中体西用”的合法化却打破了“中学”一统天下的局面，使中国落后封闭僵化的局面得以改观。至此，“西学为用”的主张不再视为离经叛道。在学习西方器物的同时，西方政治制度及其意识形态也不可避免地渗透进来。

2. 新文化运动时期：“打倒孔家店”与全盘西化

由于辛亥革命的失败，促使先进知识分子认识到必须进行思想革命才能真正救国，必须从文化思想上冲击封建思想意识，通过普及共和思想才能实现真正的共和政体。19 世纪 20 年代，以陈独秀、李大钊、胡适、鲁迅等为代表，对儒家学说进行了强烈的批判。前期主要内容为：提倡科学和民主，反对专制、愚昧和迷信；提倡新道德，反对旧道德；提倡新文学，反对旧文学；后期为宣传俄国十月革命的胜利，中国的先进分子不约而同地把眼光从西方转向俄国，宣传马克思主义。在新文化运动内部，主要分为两派。以陈独秀和李大钊为代表的批判传统中国文化，并传播马克思主义；以胡适为代表的温和派，反对马克思主义，支持白话文运动，主张以实用主义代替儒家学说。但其矛盾都对准了传统封建思想，对孔教及儒家旧道德进行了激烈的批判，对支配中国社会千年之久的孔子之道进行了重新审视，这是一场中国历史上空前的文化启蒙与思想解放运动。

陈独秀作为一名激进的民主主义者，批判封建社会制度与伦理思想，认为要实现民主制度，必须消灭封建宗法制和道德规范。他认为中西文化是对立的，中西民族根本思想之差异在于：西方民族以战争、个人、法治、感情为本位；而东方民族以安息、家庭、实利、虚文为本位；李大钊则反对尊孔复古，倡导思想自由，号召青年不要留恋将死的社会，要努力创造青春的中国。通过中西民族心态与文明的比较，他认为，东方文明之不足有：厌世的人生观，惰性重，不尊重个性，缺乏阶级的精神，男女不平等，缺乏同情心，重神权与专制；胡适则认为东方文化之不足在于守旧，顺民，不求真理。他们认为，东洋与西洋文明尖锐对立，应当效法西方近代文明。他们以较为全面彻底的进化论和人权说为依据，揭示造成中国国民劣根性的传统文化进行猛烈的批判；胡适先生认为封建专制最大的罪恶在于压制和摧残了人的个性。鲁迅先生在其白话小说《狂人日记》中把延续千年的封建历史斥为“吃人”的历史，所谓的“仁义道德”都沾满了人民的鲜血。因此，新文化运动的领袖们，激烈地批判孔教，反对仁政与旧式的家庭制度，批判孔子学说与儒家经典。他们认为“孔子”是历代专制之护符，“孔子”是千年以来吃人的礼教法制的招牌，无论“老店”亦或“冒牌”都必须捶碎、烧去。正如陈独秀先生所说：

> 我们不满意于旧道德。是因为孝弟底范围太狭了。说什么爱有等差，施及亲始，未免太猾头了。就是达到他们人人亲其亲长其长的理想世界，那时社会的纷争恐怕更加利害；所以现代道德底理想，是要把家庭的孝弟扩充为全社会的友爱。现在有一班青年却误解了这个意思，他并没有将爱情扩充到社会上，他却打着新思想新家庭的旗帜，抛弃了他的慈爱的，可怜的老母；这种人岂不是误解了新文化运动的意思？因为新文化运动是主张教人把爱情扩充，不主张教人把爱情缩小。①

因此，打孔家店是新文化运动的矛头所向，而非“打倒孔家店”。孔教与儒家旧道德与民主政治和现代生活势不两立，必然受到强烈地抨击。

---

① 原载于《新青年》（第七卷第五号），1920年4月1日。

新文化运动在于借其名，宣传新文化，新思潮为实。孔教作为封建道德、伦理纲常和家族制度的核心，泯灭了个性，培养了人的奴性，同自由、独立、平等的人格根本对立。这从人的觉醒、人格的独立角度，反思了传统文化的弊端，在批判中呼吁人的自由和解放，揭示新民之道，塑造理想的现代人。

另外，五四时的思想家们将儒家道德理解为一种反智主义的道德，认为这种道德是反对智慧、反对知识的，所以妨碍了中国的现代化。然而儒家的道德不是反智主义，不是匹夫之德，不是迂德，而是对智有绝对要求的仁义礼智信缺一不可的全面的道德要求。然而，新文化运动时期的人们社会价值观的变革，只是停留在知识阶层的少数人范围。这一旨在颠覆传统的新文化运动，解放了人们的思想，为五四运动的兴起奠定了思想基础，为马克思主义在中国的传播创造了条件。

3. 民国时期：价值观上的国共之争

民国时期是指清朝灭亡至中华人民共和国成立这段历史。这是中国历史上大动荡大变革时期。经历了资产阶级民主革命斗争共和国家的建立，北洋军阀混战，第一次国民大革命，国共对峙，抗日战争，解放战争等重大历史事件，在这段历史进程中，国共两党从合作走向分裂，从对峙走向合作，再次决裂，这表明了两党在价值观层面仍有共同的价值取向，终究因为阶级利益的根本差异而分道扬镳。

从国共两党的历史沿革来看，兴中会、同盟会是国民党之前身，早在兴中会时，确立了“驱除鞑虏，恢复中国，建立合众政府”的目标，后孙中山先生提出了民族、民权、民生之三民主义，这是汇通古今中西之理论创新，作为民族革命的基本纲领，在同盟会的基本纲领中被完整地表述为“驱除鞑虏，恢复中华，创立民国，平均地权”。三民主义反映了半殖民地半封建社会的主要矛盾，表达了人民群众争取独立、民主和富强的愿望。当中国革命进入新民主主义阶段时，在共产国际和中国共产党的帮助下，确立了联俄、联共、扶助农工的三大政策，将旧三民主义发展为新三民主义。这也是第一次国共合作的政治思想基础。在封建军阀割据混战的时代，“打倒列强，除军阀”是国共两党共同的价值选择，更是全国人民的共同愿望。在国民党“一大”以后，经过改组的国民党，从一个单一的资产阶级政党，转变为工人、农民、小资产阶级和民族资产阶级的革命统一战线组织，成为当时革命政权和革命战争的核心力量。

但在1925年3月，孙中山先生逝世后，国民党内右翼势力抬头，他们反对三大革命政策，进行反共分裂党的活动。1927年，当北伐在共产党的积极合作与参与下取得重大胜利时，蒋介石发动了“四·一二”政变，进行反共清党活动，镇压共产党人和工农进步力量，打击国民党左翼。国共合作破裂，北伐革命失败。此时，以蒋介石、汪精卫等为首的国民党，已背叛了孙中山先生提出的三大政策，已不再是联合社会各阶层的革命统一战线组织，而成为大地主大资产阶级的政党。此后，国民党在全国建立一党专政的统治。

随着日本全面侵华，民族矛盾转化为社会的主要矛盾，促成了国共第二次合作。然而在两党合作抗战的过程中，也存在摩擦，国民党实行消极抗日，积极反共的政策。抗战结束后，中共提出了为实现国内和平，建立联合政府的积极主张。1945年8月至10月国共双方重庆谈判，1946年1月，政治协商会议召开并通过《和平建国纲领》；7月，国民党当局在美帝国主义的支持下悍然撕毁《双十协定》、政协决议与停战协定，发动全面内战。历时三年内战之后，国民党溃败，南京国民政府灭亡。1949年，中华人民共和国宣告成立。

国共两党的纷争，究其原因在于双方政党性质的不同，以至于在建国纲领等方面都存在分歧。国民党从资产阶级性质的政党转变为大地主大资产阶级性质的政党，它代表了中国民族资产阶级的利益。尽管其政治纲领中包含了反帝反封建的内容，但由于自身缺乏革命的彻底性和坚定性，对帝国主义存在幻想，又与封建主义存在联系，因此，尽管国民党曾取得了全国政权后，其三民主义的纲领与思想逐渐丧失其革命性，只是成为国民党推行一党专政独裁的工具。抗战胜利后，国民党旨在维护一党独裁专制，建立和维护一个大地主大资产阶级专政的国家，其政权具有极大的反动性；而中国共产党是无产阶级性质的政党，代表了工人阶级和广大人民群众的根本利益，符合历史发展的方向，目标是为建立社会主义和实现共产主义。尤其在抗战胜利后，中共主张建立一个民主大众的新民主主义国家，建立一个包括全国各党派以及无党派人士参加的民主联合政府，其性质是各革命阶级联合专政的新民主主义政权。这反映了社会各阶层的要求，受到全国人民的拥护。在革命的过程中，中国共产党逐渐将马克思主义基本原理同中国革命的具体实践相结合，最终领导中国人民取得了新民主主义革命的伟大胜利。历史证明，任何逆历史潮流的企图，都终究会失败。

“马克思主义哲学本质地蕴涵的非西方的人类性关怀与中国传统社会所倡导的道德化的理想人格和理想社会是紧密联系的。”[①] 马克思主义核心价值观，即“自由人联合体”，即“共产主义”，这也揭示了一个超越西方思想传统的社会理想。在《礼记·礼运》篇中，被描述为“大道之行，天下为公”的大同社会表达了传统中国人对“至德之世”的美好愿望。这与马克思主义哲学中“共产主义”理想的相容与认同实现了文化民族心理的共振。在近代中国，传统价值观念在内忧外患的冲击下，马克思的共产主义理想因其具有普世性质人类关怀与中国传统价值观念的大同理想有一种契合。为民族救亡图存，为人民解放与自由，中国共产党人坚持以马克思主义思想为指导，经过实践证明，这是历史的、正确的选择。

三　当代中国核心价值体系的重建(1949 年后)

伴随新中国的诞生，百废待兴，全国人民在中国共产党的领导下进行社会主义建设的探索。社会价值观作为社会存在的反映，尤其也受到当时国际环境的影响。随着社会主义改造完成，社会主义建设十年曲折的探索，以及“文革”十年之后，改革开放迎来了新中国的春天。社会主义核心价值体系的形成也经历了初探、扭曲与逐渐确立的过程。

(一) 20 世纪 50 年代前期:社会主义价值观的倡导

新中国成立之后，在 20 世纪 50 年代前期，中国共产党在全社会大力倡导集体主义的价值观，坚持从广大劳动人民的根本利益出发。提倡集体利益高于个人利益，当二者发生冲突时，坚持将集体利益与国家利益放在首位，个人利益服从集体利益。正是这种集体主义价值观，成为推动新中国成立之后经济与社会发展的精神动力。全体社会成员形成了较强的社会

---

① 见白萍《马克思主义哲学中国化与中国传统价值观》，《求实》2005 年第 5 期，第 11 页。

认同，且在当时，在全社会也涌现了一大批模范，如焦裕禄、雷锋等，他们已成为一个时代的象征，成为社会的标兵和榜样，至今，他们的精神仍然激励着人们，他们的故事仍然被广泛传诵。正是这种集体主义精神，照耀着一代人在集体这个大熔炉里去实现自己的人生价值。

（二）极“左”时期：社会主义价值观的扭曲

毛泽东曾指出，“超过时代，超过当前情况，在方针政策上，在行动上冒进，在斗争问题上，在发生争论的问题上乱斗，这是左”。然而，在社会主义的初级阶段，在社会主义建设的起步阶段，中国的社会主义建设在曲折中前进，社会主义价值观也被扭曲。

“左倾”错误的产生有深刻的背景及文化根源。从外部环境来看，由于20世纪50年代至70年代，国际环境的恶化，如美国对中国的封锁、包围和军事威胁长期存在，中苏关系恶化，台湾反攻大陆的企图也加剧了中国的危机感。因此，迫使中国把经济建设放在服从战备的地位，由此也产生了全国范围内的“三线建设”；中国共产党一方面相信经济建设不能离开阶级斗争，因此，在经济领域，也提出“政治统帅经济”，“抓革命，促生产”的口号。在此方针的指导下，经济工作的目标、方法、管理、领导人员和工作人员的选择，都含有阶级斗争的意义；另一方面，坚持空想社会主义的目标。伴随1958年大跃进，出现了将工农商学兵、政治经济社会结合在一种组织内的农村人民公社，企图把乡村乌托邦化，而农村农民公社曾被认为是向社会主义过渡的最好形式。并将革命化或不断革命作为经济工作的另一主题。反修、防修、批判资产阶级，防止资产阶级复辟是一切工作的中心，这也是无产阶级专政下的继续革命理论，在国内，人们只要追求革命觉悟，而不应该追求物质享受和社会富裕，因为“富则修”；在国际方面，人们要反对帝国主义、修正主义和霸权主义。而这种“左倾”思想根源的产生与中国文化的落后与民主的缺乏亦有深刻的联系。

伴随计划经济体制的确立，思想政治文化建设指导上的偏差，尤其是将政治标准作为各项工作的第一价值取向。它一方面养成了人们依赖意识，安于现状，“大锅饭”的分配模式强化了人们平均主义的观念；另一方面，造成不务实际、形式主义、追名逐利的风气盛行。对于传统价值观绝对否定以及对西方价值观的盲目排斥，使整个社会价值观相对混乱。

（三）改革开放时期:社会主义核心价值体系的提出

改革开放，拨乱反正，使中国社会在两方面发生了根本的变化：其一是计划体制向市场体制的转变；其二是以行政意志为主导的德治（人治）社会向法制化方向转变。改革开放的伟大实践，率先确立了“实事求是”的思想路线，实现了以生产力标准衡量社会进步的价值观的转变。同时坚持，“四项基本原则”的不可动摇，坚持了社会主义价值体系的一贯性。以社会主义市场经济为中心的中国现代化改革开放运动，是一场包括社会经济生活、社会政治生活和文化生活在内的社会现代化整体转型。这一社会转型必然带来全体社会成员价值观的转变。在“以经济建设为中心”的思想的指导下，市场经济取代了计划经济，人们从“左”的思想禁锢中解放出来，对于个人利益的追求更加突出，竞争、平等、自主、公平的意识增强，尤其是“实践”作为检验真理的唯一标准。在社会主义建设的新时期，具有中国特色的社会主义核心价值体系的提出，对于建设和谐社会有更为重要的指导意义。

1. 社会主义核心价值体系提出的背景

社会主义的核心价值体系是社会主义意识形态的本质体现，是全党全国各族人民团结奋斗的共同思想基础。在社会主义现代化建设的新时期，涌现了一批诸如人民公仆郑培民，航天英雄杨利伟，自立自强的洪战辉等优秀人物，他们用自身切实的行动诠释了一种理想与信念，传递了一种精神和力量。这是社会主义核心价值体系的真谛。

党的十六届六中全会通过的《中共中央关于构建社会主义和谐社会若干重大问题的决定》强调指出：“建设和谐文化，是构建社会主义和谐社会的重要任务。社会主义核心价值体系是建设和谐文化的根本。”这是根据我国社会主义的本质属性，结合我国思想道德建设的新实际，在全国人民建设社会社会主义和谐社会的伟大实践中，以胡锦涛总书记为核心的党中央提出来的科学论断。这一论断具有很强的现实针对性，是对科学发展观的丰富和发展，是与时俱进的党的思想理论的又一重大突破。它准确地把握社会主义核心价值体系的科学内涵及其精神实质，是建设社会主义核心价值体系的前提，对于倡导和谐理念，培育和谐精神，牢固全党全国各族人民团结奋斗的思想道德基础，具有极为重要而又深远的理论意义和实践意义。

因此，我国的社会主义核心价值体系，是从劳动者的立场出发，以实现人的全面发展为出发点，积极吸收现代意识形态发展的成果，在公共利益与个体权利的平衡框架内，确立社会主义的自由观、平等观、民主观，从而丰富和完善社会主义价值体系。

2. 社会主义核心价值体系的基本内容

社会主义核心价值体系是立足于社会主义经济基础之上的价值认同系统，是社会主义思想道德建设的指导方针，是激励全民族团结奋进的精神纽带。我国社会主义核心价值体系包括四个方面的主要内容，即马克思主义指导思想、中国特色社会主义共同理想、以爱国主义为核心的民族精神与以改革创新为核心的时代精神、以“八荣八耻”为主要内容的社会主义荣辱观。这四方面的内容相互联系与贯通，共同构成了辩证统一的有机整体。这在大力弘扬民族优秀文化传统，积极借鉴人类有益文明成果的基础上，把握了社会主义先进文化的前进方向，为构建社会主义和谐社会提供了强大的精神动力支持。具体来看：

马克思主义指导思想是社会主义核心价值体系的灵魂。马克思主义是发展的科学，具有与时俱进的精神与品格。中国共产党人坚持将马克思主义的基本原理同中国具体实践相结合，形成了毛泽东思想、邓小平理论、“三个代表”重要思想与科学发展观，这些马克思主义中国化的重大理论成果，指导中国革命、建设与改革开放事业取得了重大成果。因此，在时代条件下，坚持马克思主义为指导，才能准确认识和把握人类社会发展的规律。马克思主义思想是我们立党立国的根本指导思想，是社会主义意识形态的旗帜和灵魂，是建设中国特色社会主义的理论根基。

中国特色社会主义共同理想是社会主义核心价值体系的主题。中国特色的社会主义共同理想是我们党在十一届三中全会后，总结过去经验教训，根据我国社会主义初级阶段的客观现实提出来的，符合我国社会主义阶段的现实国情，体现了我国各族人民的根本利益和共同愿望，是对国家和民族美好未来发展前景的价值追求和共同愿望。它将党在社会主义初级阶段的目标、国家的发展、民族的振兴与个人幸福紧密相连，把各阶层、各群体的共同愿望有机结合，达成了广泛的共识。为实现共同理想，我们必须坚持伟大的中国共产党的领导，这是历史的、正确的选择，坚持中国特色的社会主义道路，这是走向富强的必由之路。我们坚信，实现富强民主文明和谐的社会主义国家一定能够实现。

以爱国主义为核心的民族精神和以改革创新为核心的时代精神是社会主义核心价值体系的精髓，也是对实现共同理想的动力之源的价值认同。民族精神是一个民族的生命力和凝聚力。在五千多年历史文明的变迁中，中华民族形成了以爱国主义为核心的团结统一、爱好和平、勤劳勇敢、自强不息的伟大民族精神；而伴随时代发展，民族精神与时俱进，内涵更加丰富，主要体现了解放思想、实事求是、与时俱进、勇于创新、求真务实、无私奉献的精神。其中，改革开放是中华民族繁荣富强的灵魂和动力。在社会主义现代化进程中，民族精神与时代精神相辅相成，共同服务于社会主义现代化建设。

社会主义荣辱观是社会主义核心价值体系的基础。这是对公民思想行为选择标准的价值认同。以“八荣八耻”为主要内容的社会主义荣辱观，其内涵丰富，是社会主义合格公民应该遵守的基本思想道德规范及法律规范，是一种对现代公民健康文明生活方式的高度概括。它贯穿了爱国主义、集体主义、社会主义思想，集中体现了正确的世界观、人生观、价值观和道德观，反映了中华民族精神和时代精神的根本要求。这是与社会主义市场经济相适应，与社会主义法律规范相协调，与中华民族传统美德相承接的社会主义思想道德体系。这为全体社会成员在社会主义市场经济条件下提供了基本的价值准则和行为规范。

以上四方面的内容是一个有机的统一体。这是一个层次分明，兼顾理论与实践，思想与行为的框架结构。这有利于在全社会形成思想共识，为建设和谐社会提供根本保障。

3. 社会主义核心价值体系提出的重大意义

社会主义核心价值体系的提出具有重大的理论与现实意义：

首先，这是一面精神旗帜。伴随改革开放和社会主义市场经济的进一步发展，全体社会成员思想和价值多元化明显，这一体系的提出，明确了我国社会的核心价值是不可动摇的。这一主导全社会思想和行为的价值体系，与我国当前政治、经济、文化等方面建立的根本性制度是相适宜的，这有利于促进我国现代化建设。

其次，这是牢固全党全国人民团结奋斗的共同思想基础。这是促进团结、稳定与繁荣的根本保证。有利于凝聚全社会的力量，统一认识，形成全社会团结奋进的良好氛围。同时有利于引导全社会各阶层群众共同进步，兼顾思想道德建设的先进性与广泛性，是联合全体社会成员共同的精神纽带。

最后，这是面对国际竞争，增强民族凝聚力的迫切需要。当今世界，各国竞争激烈，交流频繁，伴随经济全球化的不断深入，人们的国家观念与民族认同感都需要进一步加强。由此，才能进一步凝聚民心，在激烈的国际竞争中维护国家和民族的利益。

四 中国价值观教育

> 我们生活在一个新旧交替的时代。生活犹如一个巨大的旋转舞台，把昨天和今天，古老的和新鲜的，传统的和现代……不由分说地糅合在一起，一股脑儿地展示在我们面前。新与旧的更替与重叠，使人们的头脑中充满了太多的困惑与焦灼。我们背负着一个十字架，传统与现代的十字架。①

中华文明源远流长，反观古代中国的价值观教育之传统，与时俱进，在当今风云变幻的时代，我们应继承中国传统价值观之精华，去其糟粕，为我国构建和谐社会提供强大的精神动力和智力支持。

（一）传统中国价值观教育的传统与得失

德国社会学家涂尔干曾说，“没有一个民族的道德教育是建立在把现实社会变成与传统毫无相关的白纸之上的”。价值观教育是道德教育的核心内容。中国的传统文化是中国价值观教育之源头，而传统之核心价值观对于今天仍有重要启示。

1. 传统价值观教育的目的：顺民

价值观及其体系属于社会意识范畴，是社会意识的本质体现。它必然

① 转引自杨国枢《中国人的价值观——社会科学观点》，桂冠图书公司 1994 年版，第 65 页。

受一定社会基本制度的制约。由此形成的一定社会所倡导的理想信念、道德准则与精神风尚等都必然具有时代的特征。在古代社会，统治阶级为维护本阶级的利益，实现自己长久的统治，钳制和禁锢人们的思想。其目的在于培养为本统治阶级服务的顺民。在家庭中，强调封建等级家长制的权威；在国家层面，强调臣子对君王的忠诚与服从。因此，传统社会极为尊重权威和等级秩序，极大地忽视了个体的个性及利益，客观上有利于建立一种和谐的秩序。

2. 传统价值观教育的手段和方法：脱离人们生活实际

反思传统的价值观教育，作为教育者要反思，行政官员也需要反思。传统的价值观教育强调权威，通常以说教的方式呈现，且与人们生活实际脱离，并辅之以较为严厉的惩戒。

长期以来，价值观教育内容空洞且说教色彩严重，一味树立高大的道德标杆，往往成为一种象征且脱离民众生活。反而正如近年来涌现的王顺友、洪战辉等草根阶层这些民间挖掘的小人物，体现了生命的真实性，源于人性的内在美才能持久动人。告别居高临下的姿态，以平民的视角讲述人们自己的故事，这样的道德行动也才能在多少趋于冷漠与功利的社会底色抹上一层暖色与亮色。

3. 传统价值观教育的内容：公与私，守成与革新

中国自古以来形成了爱国主义的传统，这是以关心民生社稷、维护民族独立为基本内容的。爱国主义是人生崇高的价值。中国古代强调“忠”的思想与原则，即对他人忠心，对国家忠诚，为社会尽责，为民族尽忠。同时也有“肥水不流外人田”的“私”的观念，这是一种较为传统的家庭观念。在小农经济条件下，形成了人们安土重迁的思想，孔子也说，“父母在，不远游，游必有方”，长期以来，形成了中国人守成却变革冒险精神不足的民族性格。

总之，对于传统价值观及其教育，我们必须辩证地看待，和谐与以民为本的传统价值观至今是社会核心价值观的重要内容。尤其是直到今天，小农经济还是通常被认为是中国落后的标志，那些被认为是落后的思想，往往被冠以“小农意识”。经济学家乔万尼·阿里吉（Giovanni Arrighi）所著《亚当·斯密在北京》的理论提醒我们，这种观点如果不是错误的，至少也是片面的。小农经济是回应中国紧张的人地关系的自然结果。它看

似落后的生产关系，却孕育了中国社会对知识的重视，当中国融入当代资本主义体系之后，这个趋势的优势显现出来，成为促成中国经济赶超的重要原因。

（二）当代中国价值观教育及面临的挑战

英国文艺复兴时期伟大的剧作家、诗人莎士比亚（W. William Shakespeare；1564—1616）在十四行诗集里面就这样咏叹过，真善美便是其全部作品和人生的主题。这代表了欧洲文艺复兴时期乃至全人类迄今共同憧憬的人文理想。

在时代发展的今天，一方面，随着经济全球化的加速发展，中国与其他国家经济上的依存度将会继续加深，文化上的交流也会日益增多，未来世界，各国之间你中有我，我中有你，“阴阳互补”，全球化与多样化的并存，世界性与民族性并生；另一方面，中国经济的快速发展与人们道德滑坡形成了极为鲜明的对比。相当一部分中国人道德堤防久已失修，社会公德、职业道德与家庭美德缺失，见死不救、围观起哄、袖手旁观者大有人在，这种“集体冷漠”在市场经济快速发展的今天不断蔓延。市场经济的逐利性、西方存在主义、实用主义思潮、个人主义价值观及社会不正之风的影响，一些人，尤其是部分大学生也陷入了自我中心主义或极端的个人主义价值观的误区。在处理人与自然的关系上，现代人更加强调经济利益的增长而忽视了对自然环境和生态平衡的维护，传统价值观中的忧患意识，对大自然的敬畏之心荡然无存。实践证明，一味强调“人是自然主宰”的观念必然受到大自然的惩罚，而只有尊重自然规律，人必须形成一种高度自觉的主体意识。这不仅是一种对自我生命的完善，更是一种对社会责任的担当。

因此，在新的时代背景下，我们必须正确看待作为人类文明发展的精神产品的西方价值观，同时，必须坚持马克思主义核心价值观与中国传统文化核心价值观融合而成的新型价值观——“实现人的全面和谐发展”，正确处理个人与他人的关系，人与自然的关系，人与国家和民族的关系，这必然是中国社会主义核心价值体系中的内核。

“和谐、创新、包容、厚德”不仅仅是新时期的“北京精神”，更是中华民族传统价值观的重要内容。在发展市场经济的今天，我们必然采纳现代文明的规则，社会价值观的形成必然是随历史发展进程而与时俱进的。我们必须坚持现代文明的标准，如 1948 年的《世界人权宣言》与 1966 年的两个人权公约（《经济、社会、文化权利国际公约》《公民权利和政治权利国际公约》），这是各国政府代表与学者，不分东方、西方共同参与制定的。这两个公约体现了当今人类的共同价值取向。

正如鲁迅先生 1920 年发表的《一件小事》，表达了文人的自省与对草根道德的赞美。在今天，唤醒文化人的公共良知，引领草根大众重建价值世界同样是具有现实意义的。我国社会核心价值体系的提出，是传统文明礼仪之邦道德复兴的全民总动员。坚持马克思主义与中国社会具体实践紧密结合，与时俱进，坚持科学发展观为指导，以人为本、以和为贵、以法为基、以公为善、以劳为美、以家为安，必将实现我国社会主义现代化建设与中华民族伟大复兴。

第十章

结语:跨文化比较及其对我国社会主义核心价值观教育的启示

至此，我们分别分析了当今国际舞台有特别影响力主要国家的核心价值观及其教育实践模式。那么，这些知识对我国社会主义核心价值观教育革新有何启示呢？下面我们先在进一步做跨文化比较的基础上，结合当前我国实际，略加论述其中若干需要理论阐述的重要问题；然后再说明西方当代价值观教育主要模式的得失及其合理借鉴

一　引导学生从跨文化视角看社会主义核心价值观的若干理论问题

从认知特点来看，高校大学生与中小学生一个突出的差异，就是理论化，故应该切实强化学生对价值观问题有完整科学之深刻认识。这是我国高校价值观教育最终目标所要求。我们认为，从跨文化比较的视角，应帮助学生努力深刻认识以下问题。

(一)借鉴人类学知识,科学完整认识文化,是深化核心价值观的特别重要基础

前面各章的国别案例分析有力说明，正如袁贵仁所指出，文化是由科学、文学、法律、道德、艺术、哲学等多种因素构成的，表现为文化作品、创作方式（体制）、文化观念等多种层次，但其核心是价值观。中西文化、古今文化的不同，最根本的是价值观的不同；文化的社会作用，最主要的是价值观的作用。任何一个社会群体，都有属于自身的文化，群体成员共同拥有和信奉的价值观。任何一个社会个体，都是文化的产物，都

有自己接受和遵循的价值观。任何社会群体的形成，都是由于群体成员的文化认同，由于一种大家共同认可的价值观、一个共同追求的理想目标而走到一起①。

可见，文化是人类群体共享的思想、行动和感觉的方式及其产品，其核心是价值观——生存和发展之道，这是人生意义源泉和行动的规范和导向体系。因此，要深刻理解核心价值观，必须科学完整地认识文化现象，为价值观的深入理解奠定坚实的基础。

为此，在教学中，应参考和借鉴人类学的理论和方法。该学科以文化为核心概念，以研究文化理解人性和民族特点和需求，促进人类理解交流和谐发展为职志。作为改革者的科学，它通过研究世界各民族的文化和生活实践为人类发展提供创新理念、实践样本、交流范例和知识源泉。本学科的知识架构形成于19世纪，但其规范理念取法于古代社会。其现代分支和命题虽然层出不穷，但知识架构、核心概念和方法论高度稳定。它用实地调查方法收集资料，用跨文化比较方法分析资料，用整体论和文化相对论指导资料收集、分析和阐释，以推动跨文化的理解交流来推动人类的和谐发展。总之，该学科的生物/体质分支研究本学科基于普同的人性和人类需求而坚持生物文化整体论，基于人类多样社区的生态环境和历史经历而持守文化相对论，基于社会底边和弱势群体的公平需求而倡导社会公正，又通过阐释理解传统文化的价值探求人类与自然和谐发展的前景。这种兼跨自然科学与社会科学的知识架构，使本学科能全面理解人类活动的结构性和能动性，因而能在现代学科之林中独树一帜，值得特别借鉴②。

（二）我国社会主义核心价值观教育的完善，必须正视当今时代价值观日益多样这一挑战

多样性始终是人类社会显著特征。不过，文化多样性这一议题从来没有像在全球化的今天这样显得迫切。2005年11月突尼斯召开信息社会世界峰会（WSIS）期间，UNESCO举行的高级别辩论与会者认为，构建知

---

① 袁贵仁：《建设先进的文化和价值观》，《学习时报》第116期。

② 张海洋：《文化多样性公平传承论纲——寄语人类学民族学第16届世界大会》2008年2月28日，中央民族大学。参见网络 http：//blog. sina. com. cn/s/blog_ 48c6994f01008rm5. html。

识社会的四大支柱之一就是尊重文化和语言多样性[①]。UNESCO 将 2010 年定为“国际文化和谐年”，并发布了其成立 65 年来第一份关于文化的世界报告，即《着力文化多样性与文化间对话》。该报告指出，这种全球化背景下有一种普遍趋势，那就是具有不断变化和多重的身份，各种界限的日益模糊促成了某种游牧精神的出现。这种精神被人们视为当代文化实验的新边界[②]。

因此，与过去价值观教育极为不同的是，由于人类发展一体化态势日益增强，我国对外开放的不断深化，我们日益面临的是价值观日益多样这一挑战。特别是在当前，正如袁贵仁所指出，由于社会经济成分多样化、社会组织形式多样化、物质利益多样化和就业方式多样化，人们思想的独立性、选择性、多变性和差异性明显增强，如何使效率与公平相协调，尊重个人价值和弘扬集体主义精神相统一，鼓励一部分人先富起来与坚持走共同富裕的道路相衔接等，是理论和现实中的重大问题。

（三）为适应全球化的态势，引导大学生科学地认识各国价值观的多样性与共通性，坚信社会主义核心价值观的科学性

的确，当今全球化的态势，我国对外开放的不断深化，会使得我国大学生接触和面对各国多样性价值观。我们该如何应对待这一新形势呢？

一方面，如前国别个案所示，我们要帮助大学生科学看到，生态环境和社会历史使人类群体拥有多元多样的文化传统。但是，如何看待这种多样性呢？大致有三种基本主张：一是忽略文化意义的绝对主义（absolutism）；二是宣称所有人类行为都是由文化塑造和决定的相对主义（relativism）；三是普适主义（universalism），即各文化人们基本心理过程和机能可能是相同的，但是它们实际的表现形式可能受文化影响[③]。可见，在认

---

① 另三者是“全民优质教育机会、人人获得信息、以及以尊重人权特别是言论自由为基础的开放因特网”。——笔者注。

② UNESCO 不同文明联盟论坛：博科娃强调着力文化多样性的建设。http://www.unesco.org/new/zh/media - services/single - view/news/forum_ of_ the_ alliance_ of_ civilizations_ irina_ bokova_ emphasizes_ need_ to_ invest_ in_ cultural_ diversity。

③ J. W. Berry, et al. *Cross - cultural Psychology: Research and Application*, Cambridge: Cambridge University Press, 2002. pp. 5—6, 324—328.

识文化多样性方面，普适主义既重视文化影响，把文化作为人类多样性的根源，又看到全人类文化基础上具有的共同性。因此，该立场不但有助于认识人类不同族群的差异性（文化特殊性），也说明不同族群文化的相似性（文化普适性）。这与中国传统中“万法归一”的精神显然是相通的。因此，我们还要使学生进一步认识到，西方相对主义思潮的危害。尽管它较好地克服了过去对少数民族文化的严重歪曲，有助于反对种族歧视，尤其是超越民族中心主义的限制，尊重和保护文化多样性，对异文化的宽容和欣赏，因此有其特别的历史进步意义。但其相对主义也有其局限，尤其是表现在极端的相对主义那里，即肤浅地强调不同文化的差异性，甚至是不可通约性，这就否定人类文化的共通性和人性的普世性方面。

另一方面，我们还要进一步帮助大学生认识到，西方价值观是其生态和历史的产物。我国有自己的国情，不可机械照搬。更应帮助学生深刻认识到，我国以最广大人民的根本利益为价值取向，以爱国主义、集体主义、社会主义为价值原则。我们要始终代表先进文化的前进方向，不断形成和确立先进、正确的价值观，要始终坚持马列主义、毛泽东思想和邓小平理论在思想文化领域的指导地位，在世界各种思想文化相互激荡的形势下，在错综复杂的意识形态领域的斗争中，始终保持清醒头脑，坚持正确的方向，充分体现时代精神和创造精神，大力倡导和发展文化建设、价值观建设中的主旋律，也就是大力倡导和发展一切有利于发扬爱国主义、集体主义、社会主义的思想和精神，一切有利于改革开放和现代化建设的思想和精神，一切有利于民族团结、社会进步、人民幸福的思想和精神，一切有利于用诚实劳动争取美好生活的思想和精神。

（四）激励大学生面向世界弘扬我国治理价值观多样性的优秀传统，为建设文化强国服务

在上述基础上，我们要努力激励大学生面向世界弘扬我国治理价值观多样性的优秀传统，为建设文化强国作出自己的贡献。中国正处于前所未有的社会变迁之际，一方面，传统虽然面临内外挑战，但如地下暗河，必然继续流淌，且已经日益见天，终会复兴而汇入大海；另一方面，目前进

步，也多是从传统吸取了智慧。故在此多说传统。其实，中外人士日益认识到中国传统智慧的价值，却尚需进一步发掘和阐释。“人的文化生活是一种世代相承、愈积愈厚的历史联系，谁要想参加到这个历史联系中去通力合作，就必须对它有所了解。”①

可以说，注重多样性的和谐共生是中国文化智慧的鲜明传统。中国的五经之一《礼记·王制》在2000年前就指出，“凡居民材，必因天地寒暖燥湿广谷大川异制，民生其间者异俗，刚柔、轻重、迅速异齐，五味异和，器械异制。修其教，不异其俗；齐其政，不异其宜。中国戎夷，五方之民，皆有性也，不可推移”。这可以说是中华大地上社会制度设计的理想②。中华文明的基本元素与框架也呈现出和而不同、共处共荣的基本趋势。一方面，基本根植于本土的儒与道，从外传入、后良性生根繁茂的释与回诸教，都得以在中国各具特色，共存共生，相互交流与借取，美美与共，共同发展，从而有力彰显中华文化有容乃大、生生不息的大家气象。

在近代，西方开始全球现代扩张，东亚遭遇三千年未有之变局，天下体制土崩瓦解之际，中国仍能依靠文化力量保持了国家统一，完成了现代化转型，形成多民族统一国家的健全格局，且充满了社会文化创新能力。现代中国已经成功地创建和实践了民族区域自治、一国两制、和平发展等创新体制。今天中国又能根据全球化和开放世界的迫切需求，及时地倡导构建和谐社会暨和谐世界③。

所以，2011年召开党的第十七届中央委员会第六次全体会议深刻指出，文化是民族的血脉，是人民的精神家园。新近的十八大报告更是明确提出，要大力建设文化强国。正如费孝通先生所倡导的“文化自觉”，即“生活在一定文化历史圈子的人对其文化有自知之明，并对其发展历程和未来有充分的认识。换言之，是文化的自我觉醒、自我反省、自我创建”。这无疑是“艰巨的过程，只有在认识自己的文化，理解并接触到多

① 刘昶：《人心中的历史》，四川人民出版社1987年版，第127页。

② 张海洋：《文化多样性公平传承论纲——寄语人类学民族学第16届世界大会》2008年2月28日，中央民族大学。参见网络 http：//blog. sina. com. cn/s/blog_ 48c6994f01008rm5. html。

③ 同上。

种文化的基础上，才有条件在这个正在形成的多元文化的世界里确立自己的位置，然后经过自主的适应，和其他文化一起，取长补短，共同建立一个有共同认可的基本秩序和一套多种文化都能和平共处、各抒所长、连手发展的共处原则”。[①]

二　正视西方价值观教育模式的得失

西方价值观教育研究经过一百多年的发展，出现了许多影响深远的令人瞩目的流派和理论。下面进一步将对西方百年来关于道德心理和道德发展的一些代表性理论和流派进行一个简单的阐述和思考。应说明，我国价值观教育主要定位于思想品德教育。为便于实践操作，下面主要借鉴其道德心理学的理论模式。

（一）关于道德心理的精神分析理论

在弗洛伊德看来，人本身就是一个能量系统，决定着人的无意识、前意识、意识的心理结构和本我、自我、超我的人格模式。人出生时只有一个人格结构，即本我，与满足个人的基本欲望有关。在生命的头两年，儿童与社会环境不断进行相互作用，自我逐渐发展起来，主要是在考虑情境现实性的情况下，满足本我冲动。超我的发展是在儿童大约5岁时，即性器期的后期，这一阶段，男孩将对母亲产生强烈的乱伦欲望，对父亲的敌意会逐渐加剧，直到产生阉割焦虑才开始认同父亲，在这种认同的过程中，男孩将通过以男性自居而开始具有男性的许多特征，其中包括父亲的道德标准；同理，年幼女孩对自己的父亲也有这种情感，也会开始内化母亲的道德标准。由于大多数母亲都没有父亲严厉，女孩认同母亲的压力并没有男孩的阉割焦虑大，所以女性的超我没有男性那么强大。[②] 由于种种原因，一些人可能会没有充分建立起超我，在成长过程中或是长大成人后，就缺乏对偷盗或攻击行为的内控机制，导致违法犯罪；还有另外一些人，建立的超我过于强大，就可能会使自我担负着几乎是不可能实现的

① 费孝通：《费孝通论文化与文化自觉》，群言出版社2007年版。
② 见桑标主编《当代儿童发展心理学》，上海教育出版社2003年第6期，第418页。

完美标准，以至于不断地体验着一种永恒的羞愧和罪恶感，即道德焦虑。①

阿德勒主张人生来就有自卑感，从一开始就为克服自卑感而抗争，这就是寻求优越。阿德勒认为寻求优越是人生的推动力，所有其他的动机都可以归入其中。我们为什么想成为一个道德高尚或是受人敬重的好人，因为获得这些能使我们摆脱自卑感，我们越是自卑，寻求优越感的需要就越强。阿德勒还很强调父母在儿童人格形成（其中包括道德发展）过程中的作用以及出生顺序的影响。父母的溺爱会剥夺孩子的独立性，引起更强烈的自卑感，企图回避生活中的许多现实。阿德勒还说，在头生儿童中，我们常常发现“问题儿童、神经病患者、罪犯、酒鬼和性反常者”；他对中间儿童评价更积极，认为中间出生的儿童能发展出强烈的寻求优越的特性，中间出生的儿童往往成为取得最高成就的人。②

埃里克森认为儿童对道德的内化，不是由于性本能的冲突（恋父或恋母情结），而是社会冲突。儿童不仅仅是内化同性父母的道德准则，而是会内化父母双方乃至社会其他人的道德标准（如长者、教师，兄长或姐姐等）。埃里克森明确指出个体发展是在社会背景下进行的，认为发展是整个人生过程中一直在进行的，而非弗洛伊德所言，在成年早期就结束了。其理论包含八个阶段，每一阶段的个体发展中都有一个紧要的亟待解决的心理社会问题，即成长危机。如幼儿在学前期会经历一个尝试阶段，涵盖了八阶段中的第二、三阶段：自主对羞怯、主动对内疚。该阶段的儿童很反感父母对其行为的控制和限制，但是如果反抗又害怕会失去父母的爱。为了解决这一两难问题，儿童会压抑其敌意，并通过内化父母双方的道德准则来寻求父母的关爱。因此，可以说是社会冲突即成长危机促进了儿童对道德的内化。弗洛伊德将自我看做本我和超我之间的联系者，埃里克森则认为自我是人格中的理性成分，是所有高级心理功能的基础，其主要功能是建立并保持自我认同感和满足人控制外部环境的需要。道德是自我和超我共同作用的结果，自我力量强大

① 见［美］Jerry M. Burger《人格心理学》（第七版），陈会昌等译，中国轻工业出版社2010年第3期，第28—29页。

② 同上书，第60—62页。

的儿童道德发展更为成熟。①

（二）关于道德心理的行为主义理论

斯金纳认为人的行为是受奖励和惩罚所制约的，行为是与一连串刺激直接联结的结果，是与奖励和惩罚的经验直接联系的结果，因此行为必须被强化。斯金纳不同意人们对事实判断和价值判断的区分，认为一切价值判断实际上都是事实判断，任何道德规范都不过是强化的依随关系的反映。“善的事物就是正强化物。物理学和生理学未参照其价值而研究事物，但是事物的强化效果乃是行为科学的领域，到了它对自己施于操作的强化，那就成了价值科学。事物是善的（正强化物），大概是因为必须以强化来增加生存的可能性，以促使这种种族的进化。它是遗传的禀赋，称为‘人性’，须由特别事物以特别的方法来强化……有效的强化物乃是可观察的事物，没有人怀疑其真实性或妥当性。”（Skinner，1971）斯金纳主张的是一种外部灌输论，把个体发展等同于知识学习，教育就是按照特定的社会要求塑造学生。②

班杜拉抛弃了激进主义，认为人类是由外界刺激来塑造的被动的接受者的观点，认为大部分的行为是在没有外部强化或惩罚的情况下发生的，我们的日常行为都是由自我调节机制所控制的。班杜拉指出：“任何人如果试图把一个和平主义者变成一个挑衅者，或者是把一个虔诚的教徒变成一个无神论者的话，他很快就会意识到，要控制人的行为，就必须考虑其个人潜能。”（Bandura，1977）班杜拉称自己的理论为社会学习理论，该理论认为，人们的道德发展与其他行为一样，都是社会学习的产物，可以通过模仿榜样和观察模式而习得。道德习得的过程会受到认知发展的影响，但班杜拉更强调替代强化、自我强化、观察学习和环境等，认为道德发展主要取决于个体所处的社会环境和个人经验，而不是普遍存在的时间次序。因此基于社会学习理论的大多数研究，都关注外显的道德

---

①　见桑标主编《当代儿童发展心理学》，上海教育出版社2003年第6期，第419页。

②　见郭本禹《道德认知发展与道德教育——科尔伯格的理论与实践》，福建教育出版社1999年第8期，第65—67页。

行为。[①]

（三）关于道德心理的人本主义理论

人本主义假设人应该对其行为负主要责任，虽然我们有时候会对环境中的某些事件自动地作出一些特定的反应，有时候也会受到无意识冲动的驱使，但是我们有能力决定自己的命运和行动方向，因为我们有自由意志。人本主义理论家相信，在当我们眼前的需要得到满足后，我们会更加积极寻求发展，向着最终的满足状态前进。我们要承担相应的责任，选择相应的生活方式。当我们“获得了更多的心理品质，成为一个人能够成为的那种人”的时候，我们就达到了自我实现的境界（Maslow，1970）。人的本性就是要努力做到因满足于个人生活而保持乐观态度，对人性持人本主义的观点可以用来改进教育（Rogers，1969）和维护和平（Rogers，1982）。[②] 马斯洛和罗杰斯认为，面对当今时代的人的道德水平下降的现状，唯一的解决之道就是找到一种不依赖于人的主观价值的真正有效的道德系统。这个道德系统是在那些真正完善的人和心理和谐的人身上自然地表现出来的。因此，达到自我实现境界的人，其人性、能力和价值观可能是最高的，是超越整个人类的自然价值观。用这种价值观组成一个具有普遍意义的道德体系，就能够解决我们当今时代的各种复杂的价值问题。

（四）关于道德心理的认知发展理论

皮亚杰是第一个系统地追踪研究儿童道德认知发展的心理学家，其1932年出版的《儿童的道德判断》为儿童道德认知发展的研究奠定了基础。皮亚杰认为，道德的成熟包括两个方面：一是理解和认识社会规则；二是对人类关系中平等、互惠的关心，这是公正的基础。其研究发现，早期儿童的道德判断是根据外在道德法则作出判断的，其是非标准取决于服从或是违抗成人的命令，是一种他律水平的道德。后期儿童的道德判断就

---

① 见［美］Jerry M. Burger《人格心理学》（第七版），陈会昌等译，中国轻工业出版社2010年第3期，第226—227页。

② 同上书，第175—179页。

能够从主观动机的角度去判断，已经能用平等或不平等和公道或不公道来判断是非善恶，是一种自律水平的道德。只有儿童的道德判断达到了自律水平，才能真正称得上是道德。儿童的道德发展是从他律道德向自律道德转化的过程，同认知发展一样，也受到内在因素和外界环境因素的影响，其中儿童认知能力的发展是道德推理前进的条件，社会经验和同伴交往也有着重要的作用。皮亚杰将儿童的道德发展划分为4个阶段：（1）前道德阶段（2—4岁）。该阶段的儿童没有真正的道德概念，不能将自己从他人中分化出来。（2）道德实在论阶段（5—7岁），又称道德他律阶段。该阶段的儿童认为惩罚是天意，不管有没有人发现，违反道德规则就一定会受到惩罚；单方面遵从权威，有一种遵从成人标准的义务感。（3）道德相对论阶段（8—11岁），又称道德自律阶段。该阶段的儿童认为规则不是绝对的，是可以质疑和修正的，判断不再绝对化，惩罚也带有一定程度的补偿性。（4）青少年期，相当于形式运算阶段。该阶段儿童的道德推理开始超越了自我的水平，开始关注社会政治问题。①

科尔伯格在皮亚杰的理论基础上对道德认知发展进行了更为深入细致的研究，并在此基础上提出了自己的道德认知发展模型，构建了庞大的道德认知发展理论体系。科尔伯格主要是采用两难故事来对儿童的道德判断和道德推理水平进行评估，然后根据横向研究和跨文化研究中不同年龄儿童对两难问题的反应，将儿童道德认知发展分为前习俗水平、习俗水平和后习俗水平，每个水平包括两个阶段，每个阶段又可以划分为两个成分：社会观点和道德内容。在前习俗水平，道德推理的前提是个体必须服务于自己的需要，该水平包括他律道德（道德规则来源于权力和权威）和个人主义，工具性目的和交换（道德意味着寻求自身利益）两个阶段；在习俗水平，道德推理的基础是社会系统必须基于法律和规章，该水平包括人际遵从（道德就是让你为他人所悦纳）以及法律和秩序（合法的就是正确的）两个阶段；在后习俗水平，道德推理的假设是每个人的价值、尊严和权力必须维持，该水平包括社会契约（人的权力要先于法律）和普遍的伦理原则（道德关乎个体的良心）两个阶段。科尔伯格指出，阶段六很少有人能够达到，研究中的被试者没人表现出该阶段的特征，他假

① 见桑标主编《当代儿童发展心理学》，上海教育出版社2003年第6期，第404—408页。

设还可能存在第七阶段，这一阶段的道德认知已经超越了习俗的道德推理而进入了宗教信仰的领域。[①] 科尔伯格和同事的追踪研究还表明道德发展存在着关键期，个体的道德发展在一个特定的时期最容易从某一阶段向着下一阶段移动，不过道德发展的关键期因人而异，并没有十分明确的年龄界限。一般在个体的道德发展过程中有着两个关键期：一是9—13岁，最经常发生的是前习俗道德向着习俗道德转变；二是15—19岁，最容易发生的是习俗道德向后习俗道德的转变。在关键期中发展滞后的儿童，以后不能完全补救这种缺失，也无法获得最高水平的发展。(Kohlberg&Turiel, 1971)[②]

科尔伯格认为最重要、最高的道德原则是公正原则，道德认知发展理论就是要阐明个体在不同的发展阶段和水平上是如何看待公正立场的。道德判断最核心的结构是公正原则的结构，"每一个（道德）阶段的核心就是一个潜在的公正概念，每一个较高阶段就是更好的解决公正问题，而且每个人都承认公正是一种结构，是一种团体或社会中的平衡或和谐的模式。"(Kohlberg, 1984)[③]

在研究方法上，科尔伯格主要是运用道德两难故事法测量个体的道德判断水平，其具体评分方法经历了从简单到复杂的完善过程：理想类型评定法（1958～1971），结构问题评分法（1972～1974）和标准问题评分法(1975～1987)。但是这个经过三次重大修订确定下来的标准问题评分系统过于复杂，最新修订的《标准问题评分手册》（1992）长达1200多页，有着多达两百万个可能记分的范畴，使用它的人必须经过专门训练才能掌握。尽管测验手册中有详细的评分细则，但要准确进行数量化还是相当困难。由于意识到这些缺陷，20世纪70年代，其学生莱斯特等在标准问题评分法的基础上形成了确定问题测验，即DIT—1。该测验采用纸笔测验的方法，不仅把口头表达造成的差异降低到了最低限度，而且便于集体施测；改科尔伯格开放式的回答为有限的12个题目，既避免了被试者漫无边际的回答，又使得被试者有较大的选择余地；适合于12岁以上的儿童。

① 见桑标主编《当代儿童发展心理学》，上海教育出版社2003年第6期，第410—411页。

② 见郭本禹《道德认知发展与道德教育——科尔伯格的理论与实践》，福建教育出版社1999年第8期，第185页。

③ 同上书，第86页。

随着时代的发展和统计工具的更新，明尼苏达道德研究小组在经过艰难摸索之后，提出了确定问题测验修订版（DIT—2），更加新颖，更加简明通顺。不过，当确定问题测验获得大量的研究数据并逐步确立了基本的理论设想之后，科尔伯格理论就不能完全作为其理论支撑了，莱斯特等人需要寻求一种新的理论观点来诠释其研究结果。1999 年，莱斯特等人出版了《后习俗道德思维：新科尔伯格学派的方法》，从某种意义上标志着新科尔伯格学派的形成。

莱斯特等人认为，科尔伯格的"三水平六阶段"模式过于生硬和绝对化，于是提出"道德图式论"，将人类的道德发展概括为三种图式：个人利益图式、保持规范图式和后习俗图式。个人利益图式关注的是微观道德的关系在社会中是如何组织的，并不涉及宏观的道德问题；保持规范图式中的个体开始意识到社会规范的重要性，将这个图式延伸，就可以扩展到遵守法律、规范和权威；后习俗图式中的个体意识到，责任和权力来源于习俗背后的道德目标，规范和法律并不是一成不变的，通过一致的意见可以进行重新调整。新科尔伯格理论认为，只要是符合一些标准，如个人形成和理解法律及规则的中心道德原则、关于社会应该如何更好运作的理念等，就都可以归纳为后习俗图式。因此后习俗图式必须是开放的，是可以被质疑的，是可以被更大的社会观念系统分享的。

基于大量的研究和认识，莱斯特等人在 1999 年将人的道德判断发展分为六种类型（即道德类型论）：类型 1 指个人利益图式上的巩固，三个道德判断图式处于低度混合状态。处于这一阶段的个体频繁地使用个人利益图式；类型 2 是处于个人利益图式到保持规范图式中的过渡阶段，在这三种图式中，个人利益图式仍然具有相对较高的评定，但是被试者使用三者的频率相当，并没有稳定于某一图式；类型 3 是处于过渡阶段的保持规范图式，在这三种图式中，保持规范图式具有相对较高的评定；类型 4 是指在保持规范图式上处于巩固阶段的人，个体在这三种道德判断图式上处于低度混合状态，个体表现出对保持规范项目的偏好；类型 5 和类型 6 是指在这三种图式中，后习俗图式具有相对较高的评定，但是类型 6 的被试者高频率地使用这种图式，而类型 5 的被试者则更平均地使用这三种图式。2005 年明尼苏达道德研究小组的主要成员之一的托马又把莱斯特的 6

类型更新为7类型，新增的类型7是个体的道德发展在后习俗图式上的巩固。[①]

在被试者的选择上，科尔伯格的理论模型是建立在对男性被试的研究基础之上的，因此有些人认为其理论不能充分代表人们的道德推理。曾为科尔伯格弟子的吉利根（Gilligan，1982；1993）在其早期的一些研究中意外地发现，女性的道德发展似乎比男性要差，当她们还处于科尔伯格理论模型中的第三阶段时，通常男性的道德推理就已经达到阶段四的水平了。[②] 吉利根认为，社会对男孩和女孩不同的养育方式导致男性与女性看待道德行为的观点的基本差异。男性主要是从公平或是正义等大原则的角度看待道德，女性则根据个人责任和牺牲自我帮助他人的意愿看待道德。于是对个体的同情在女性道德行为中是一个更为突出的因素（Gilligan，Lyons，&Hammer，1990）。吉利根提出了女性的道德发展三阶段模型：第一阶段是个体生存的取向，女性首先关注的是什么是对自己最为有利的，然后逐渐由自私过渡到责任心；第二阶段是自我牺牲的善良，女性开始考虑必须牺牲自己的愿望或利益以帮助他人满足所需。这种转变也将导致女性进入第三阶段，即非暴力道德，这时候女性在他人和自己之间建立起道德等价性，这是道德推理最复杂的形式。吉利根的阶段顺序与科尔伯格明显有很大差别，但是男性与女性的道德取向究竟如何有所不同，人总体上道德发展的性质究竟是什么，我们还远远没能了解清楚（Haviv&Leman，2002）。[③]

被誉为“建构主义道德心理学的第三代”（Smetana，2006）的社会认知领域理论是目前道德心理学的最新发展取向之一，其集大成者是美国发展心理学家特瑞尔。特瑞尔曾经是科尔伯格早期最重要最得力的弟子，对科尔伯格的道德认知发展理论作出了突出贡献。正是在对科尔伯格理论深刻理解的基础上，特瑞尔（Turiel，1987；1998）追本溯源，转向皮亚杰的理论，并进一步发展，形成了领域理论的大致模型。其理论要点大致

① 见杨韶刚《西方道德心理学的新发展》，上海教育出版社2007年第10期，第162—238页。

② 见［美］David R. Shaffer《发展心理学——儿童与青少年》（第六版），邹泓等译，中国轻工业出版社2005年第2期，第541页。

③ 见［美］罗伯特·费尔德曼《发展心理学——人的毕生发展》（第四版），苏彦捷等译，世界图书出版公司2007年第7期，第390—391页。

可以概括如下：道德推理包含着道德领域和社会领域两种不同领域的社会认知。道德领域的道德推理主要包括与公道和正义相关的问题，如说谎、偷盗、谋杀等；社会领域的道德推理则包括指引人们社交关系的规则，如礼貌、称呼得当等。在特瑞尔的领域模型中分别对应着道德规则和社会习俗。儿童在很小的时候就能区分道德推理中的道德领域和社会领域了，他们对道德规则和社会习俗的理解受其成长环境和个体经验的影响。特瑞尔特别强调文化的重要性，不同文化中的儿童都能在很小的时候区分出道德认知的道德领域和社会领域，但不同的文化中道德规则和社会习俗的内容是有显著差异的。①

在上述道德心理三要素中，道德认知和道德行为的相关研究几乎主导了众多教科书，道德情感方面的研究相对薄弱，20 世纪 80 年代以来美国心理学家霍夫曼在移情与道德发展方面有着丰硕的研究成果，使这一情况稍微有所改观。霍夫曼从个体情感发展以及它作用于个体使之产生具有道德意义的行为动机的角度来探讨移情问题。霍夫曼认为，道德移情是在情感性唤起的和对他人的社会认知能力的基础上产生和发展的，并表现出不同的阶段：阶段 1 是普遍性移情，约在 0—1 岁。个体能通过最简单的情绪唤起方式体验到他人正在遭遇的不幸。阶段 2 是自我中心移情，约在 1—2岁。儿童能区分自我与他人，能分别形成自我的表象和他人的表象，这使普遍性移情发生变化。阶段 3 是对他人情感的移情，约在 2—3 岁。儿童开始能承担角色和使用语言了，这使得个体能更多地对涉及他人真实情感的诸多线索作出反应，用语言表达各种日益复杂的情绪。阶段 4 是对他人生活状况的移情，个体进入童年晚期，认识到自己和他人各有其历史和个性，能从更广阔的生活经历来看待他人所感受的愉悦和痛苦。霍夫曼认为，道德移情对道德认知的影响是通过激活人头脑中特定的道德准则而发生作用的，同理，道德移情也是调节个体道德行为的重要因素。②

---

① 见桑标主编《当代儿童发展心理学》，上海教育出版社 2003 年第 6 期，第 414 页。

② 见常宇秋、岑国桢《霍夫曼的道德移情及其功能述略》，《上海师范大学学报》（教育版）2000 年第 9 期，第 11—13 页。